明太祖宝训

〔明〕朱元璋 著

中国友谊出版公司

图书在版编目（CIP）数据

明太祖宝训 ／（明）朱元璋著． -- 北京 ：中国友谊
出版公司，2023.2
ISBN 978-7-5057-5608-3

Ⅰ．①明… Ⅱ．①朱… Ⅲ．①朱元璋（1328-1398）
-语录 Ⅳ．①K827=48

中国国家版本馆CIP数据核字(2023)第024808号

书名	明太祖宝训
作者	[明] 朱元璋
出版	中国友谊出版公司
发行	中国友谊出版公司
经销	新华书店
印刷	三河市龙大印装有限公司
规格	880×1230 毫米 32 开
	11.75 印张 200 千字
版次	2023 年 2 月第 1 版
印次	2023 年 2 月第 1 次印刷
书号	ISBN 978-7-5057-5608-3
定价	49.80 元
地址	北京市朝阳区西坝河南里 17 号楼
邮编	100028
电话	(010) 64678009

版权所有，翻版必究
如发现印装质量问题，请与承印厂联系调换
电话 (010) 59799930-601

贤才不备，不足以为治

朱元璋坐像

目录

C O N T E N T S

第一卷

第1章　论治道

戊戌十二月癸巳。辟儒士范祖干、叶仪。既至，祖干持《大学》以进。

太祖问："治道何先？"

对曰："不出乎此书。"

太祖命祖干剖析其义，祖干以为帝王之道，自修身、齐家以至于治国、平天下，必上下四旁均齐方正，使万物各得其所，而后可以言治。

太祖曰："圣人之道，所以为万世法。吾自起兵以来，号令赏罚一有不平，何以服众？夫武定祸乱，文致太平，悉此道也。"甚加礼貌，命二人为咨议。仪以疾辞，祖干亦以亲老辞，太祖皆许之。

丙午三月甲辰。太祖语太史令刘基、起居注王祎曰："天下兵争，民物创残，今土地渐广，战守有备，治道未究，甚切于心。"

基对曰："战守有备，治道必当有所更革也。"

太祖曰："丧乱之后，法度纵弛，当在更张，使纪纲正而条目举，然必明礼义、正人心、厚风俗以为本也。"

祎对曰："昔汤正桀之乱而修人纪①，武王正纣之乱而叙彝伦②。王上之言，诚吻合于前古也。"

吴元年十月癸丑。右御史大夫邓愈等各言便宜事。

太祖览之，谓愈等曰："治天下，当先其重且急者，而后及其轻且缓者。今天下初定，所急者衣食，所重者教化。衣食给而民生遂，教化行而习俗美。足衣食者在于劝农桑，明教化者在于兴学校。学校兴，则君子务德；农桑举，则小人务本。如是为治，则不劳而政举矣。今卿辈所言，皆国家之不可阙者，但非所急。卿等国之大臣，于经国之道，庇民之术，尚当为予尽心焉。"

洪武元年正月丁丑。太祖御奉天殿大宴群臣，宴罢，因召群臣谕之曰："朕本布衣以有天下，实由天命。当群雄初起，所在剽掠，生民惶惶，不保朝夕。朕见其所为非道，心常不然。既而与

---

① 人纪：即人之纲纪，指立身处世的道德规范。
② 彝伦：常理，常道。

诸将渡江，驻兵太平，深思爱民安天下之道。自是十有余年，收揽英雄，征伐四克，赖诸将辅佐之功，尊居天位。念天下之广，生民之众，万几方殷，朕中夜寝不安枕，忧悬于心。"

御史中丞刘基对曰："往者四方未定，劳烦圣虑。今四海一家，宜少纾其忧。"

太祖曰："尧、舜圣人，处无为之世，尚且忧之，矧^①德匪唐虞，治匪雍熙，天下之民方脱创残，其得无忧乎？夫处天下者当以天下为忧，处一国者当以一国为忧，处一家者当以一家为忧。且以一身与天下国家言之，身小也，所行不谨，或致颠蹶；所养不谨，或生疢疾。况天下国家之重，岂可顷刻而忘警畏耶？"

戊寅。太祖谕中书省臣曰："成周之时，治掌于冢宰，教掌于司徒，礼掌于宗伯，政掌于司马，刑掌于司寇，工掌于司空。故天子总六官，六官总百执事，大小相维，各有攸属，是以事简而政不紊，故治。秦用商鞅，变更古制，法如牛毛，暴其民甚，而民不从，故乱。卿等任居宰辅，当振举大纲，以率百寮^②，赞^③朕为治。"

四月丙辰。太祖谓侍臣曰："吾见史传所书，汉唐末世，皆为

---

① 矧（shěn）：连词，况且。
② 寮：通"僚"，属僚、同僚。
③ 赞：帮助。

宦官败蠹，不可拯救，未尝不为之恍叹。此辈在人主之侧，日见亲信，小心勤劳，如吕强、张承业之徒，岂得无之？但开国承家，小人勿用，圣人之深戒。其在宫禁，止可使之供洒扫、给使令、传命令而已，岂宜预政典兵？汉唐之祸，虽曰宦官之罪，亦人主宠爱之使然。向使宦官不得典兵预政，虽欲为乱，其可得乎？"

七月辛巳。太祖与侍臣论及创业之难，太祖曰："朕赖将帅之力，扫除祸乱，以成大业。今四海渐平，朕岂不欲休养以自娱？然所畏者天，所惧者民。苟所为一有不当，上违天意，下失民心，驯致其极，而天怒人怨，未有不危亡者矣。朕每念及之，心中惕然。"

十月己卯。民有告富人谋反者。命御史台臣、刑部勘问，皆不实。台臣言："告者事在赦前，宜编戍远方。"

刑部言："当抵罪。"

太祖以问秦裕伯，对曰："元时凡告谋反不实者，罪止杖一百，以开来告之路。"

太祖曰："不然。奸徒若不抵罪，天下善人为所诬多矣。自今凡告谋反不实者，抵罪。有司著为令。"

洪武二年正月庚子。太祖御奉天门，召元之旧臣问其政事得失。马翼对曰："元有天下，以宽得之，亦以宽失之。"

太祖曰："以宽得之，则闻之矣。以宽失之，则未之闻也。夫步急则蹶，弦急则绝，民急则乱。居上之道，正当用宽。但云宽则得众，不云宽之失也。元季君臣耽于逸乐，循至沦亡，其失在于纵，元实非宽也。大抵圣王之道，宽而有制，不以废弃为宽；简而有节，不以慢易为简。施之适中，则无弊矣。"

洪武四年六月庚戌。太祖御奉天门，谓吏部尚书詹同曰："论行事于目前，不若鉴之往古。卿儒者，宜知古先帝王为治之道，试为朕言之。"

同对曰："古先帝王之治，无过于唐虞、三代可以为法也。"

太祖曰："三代而上，治本于心；三代而下，治由于法。本于心者，道德仁义，其用为无穷；由乎法者，权谋术数，其用盖有时而穷。然为治者，违乎道德仁义，必入乎权谋术数。甚矣，择术不可不慎也。"

洪武十一年三月壬午。太祖谓礼部臣曰："《周书》有言：'人无于水鉴，当于民监。'人君深居独处，能明见万里者，良由兼听广览，以达民情。胡元之世，政专中书，凡事必先关报，然后奏闻。其君又多昏蔽，是致民情不通，寻至大乱，深可为戒。大抵民情幽隐，猝难毕达。苟忽而不究，天下离合之机系焉，甚可畏也。所以古人通耳目于外，监得失于民，有见于此矣。尔礼部其定奏式，申明天下。"

洪武十二年三月己巳。太祖与礼部尚书朱梦炎论治民之道。太祖曰："君之于民，犹心于百体，心得其养，不为淫邪所干，则百体皆顺令矣。苟无所养，为众邪所攻，则百病生焉。为君者能亲君子、远小人，朝夕纳诲，以辅其德，则政教修而恩泽布人，固有不言而信、不令而从者矣。若惑于恬壬①，荒于酒色，必怠于政事，则君德乖而民心离矣，天下安得而治？"

梦炎对曰："陛下所谕甚切，实帝王为治之要。"

十一月己亥。太祖御奉天门视朝毕，顾谓翰林待制吴沉曰："人主治天下，进贤纳谏，二者甚切要事也。"

沉对曰："诚如圣谕。但求之于古，能行者亦鲜。是以乱日常多，治日常少。"

太祖曰："使其真知贤者能兴其国，何有不好？真知谏者在于患己，何有不纳？唯其知之不真，是以于己难入。若诚能好贤，则不待招徕，而贤者自至；诚能纳谏，则不待旌赏，而谏者必来。"

沉对曰："陛下此言，诚国家兴治之要。"

---

① 恬（xiān）壬：即奸佞。壬，通"佞"。

洪武十三年六月庚申朔。太祖谓侍臣曰："人主能清心寡欲，常不忘博施济众之意，庶几民被其泽。"

侍臣对曰："陛下此心，即天地之心也。惟人主之心无欲，故能明断万事。万事理，则天下生民受其福。"

太祖曰："人之不能明断者，诚以欲害之也。然明断亦不以急遽苛察为能。苟见有未至，反损人君之明；求之太过，则亏人君之量。"

洪武十四年十一月乙巳。苏州府民有上治安六策者。太祖览之，以示近臣曰："此人有忠君爱国之心，但于理道未明耳。盖人主之心，当以爱物为主；治国之道，当以用贤为先。致治在得人，不专恃法。今此人首言用法，不知务矣。"

洪武十七年三月甲辰。太祖谕侍臣曰："天下无难治，惟君臣同心一德，则庶事理而兆民安矣。唐虞三代之时，君臣同心一德，故能致雍熙太和之盛。后世庸主，治不师古，君臣之间动相猜疑，以致上下乖隔，情意不孚。君有所为，而臣违之；臣有所论，而君拂之。如此欲臻至治，何可得也？朕今简用贤能，以任天下之政，思与卿等同心一德，协于政治，以康济斯民。卿等勉之，以副朕怀。"群臣皆顿首谢。

七月戊戌。太祖御东阁，翰林待诏朱善等侍。

太祖曰："人君能以天下之好恶为好恶，则公；以天下之智识为智识，则明。"又曰："人之常情，多矜以能，多言人过。君子则不然。扬人之善，不矜己之善；贷人之过，不贷己之过。"又曰："万事不可以耳目察，惟虚心以应之；万方不可以智力服，惟诚心以待之。"善等顿首称善。

八月丙寅朔。太祖谓廷臣曰："治天下者，不尽人之财，使人有余财；不尽人之力，使人有余力。斯二者，人皆知之。至于不尽人之情，使人得以适其情，人或未知也。夫使人得以适其情者，不以吾之所欲而妨人之所欲。盖求竭吾之所欲者，所求必得而所禁必行。如此，则人有不堪。于是求有所不得，禁有所不止，则下之奉上者其情竭，而上之待下者其情疏矣。上下之情乖，而国欲治者，未之有也。"

十一月乙丑。太祖御东阁，从容谓侍臣曰："责难之辞，人所难受，明君受之，为无难；谄谀之语，人所易从，昏主信之，为易入。朕观唐虞君臣赓歌责难之际，气象雍容，后世以谄谀相劝，如陈后主、江总辈污秽简策，贻讥千古，此诚可为戒。"

右春坊右赞善董伦对曰："诚如陛下所谕，惟明主则能慎择。"

太祖曰："责难不入于昏君，而谄谀难动于明主。人臣以道事君，惟在守之以正。若患得患失，则无所不至矣。"

洪武十八年九月庚午。太祖御华盖殿，命文渊阁大学士朱善讲《周易》。至《家人》，太祖曰："齐家治国，其理无二。使一家之间长幼内外各尽其分，事事循理，则一家治矣。一家既治，达之一国，以至天下，亦举而措之耳。朕观其要，只在诚实而有威严，诚则笃亲爱之恩，严则无闺门之失。"

善对曰："诚如圣谕。"

洪武十九年正月己巳。太祖与侍臣论治道。太祖曰："治民犹治水，治水者顺其性，治民者顺其情。人情莫不好生恶死，当省刑罚、息干戈以保之；莫不厌贫喜富，当重农时、薄赋敛以厚之；莫不好佚恶劳，当简兴作、节徭役以安之。若使之不以其时，用之不以其道，但抑之以威，迫之以力，强其所不欲，而求其服从，是犹激水过颡^①，非其性也。"

洪武二十二年三月壬辰。太祖御谨身殿观《大学》之书，谓侍臣曰："治道必先于教化，民俗之善恶，即教化之得失也。《大学》一书，其要在于修身。身者，教化之本也。人君身修，而人化之，好仁者耻于为不仁，好义者耻于为不义。如此，则风俗岂

---

① 颡（sǎng）：额头，脑门。

有不美？国家岂有不兴？苟不明教化之本，致风陵俗替①，民不知趋善，流而为恶，国家欲长治久安，不可得也。"

洪武二十五年七月庚辰朔。太祖御右顺门，与侍臣论治道，因及理乱。太祖曰："为治之道有缓急。治乱民不可急，急之则益乱；抚治民不可扰，扰之则不治。故烹鲜之言虽小，可以喻大；治绳之说虽浅，可以喻深。"

侍臣对曰："诚如圣谕。"

洪武二十七年正月辛酉。太祖退朝，顾谓翰林学士刘三吾曰："朕历年久而益惧者，恐为治之心有懈也。懈心一生，百事皆废，生民休戚系焉。故日慎一日，惟恐弗及，如是而治效犹未臻。甚矣，为治之难也。自昔先王之治，必本于爱民，然爱民而无实心，则民必不蒙其泽。民不蒙其泽，则众心离于下，积怨聚于上，国欲不危，难矣。朕每思此，为之惕然。"

三月辛丑。太祖谓侍臣曰："人主之聪明，不可使有壅蔽。一有壅蔽，则耳目聋瞀，天下之事，俱无所达矣。"

翰林学士刘三吾对曰："人君惟博采众论，任用贤能，则视听

---

① 风陵俗替：指风土变迁，习俗替改。风陵，地名，在山西永济，一说因有风后之陵而得名，一说因有女娲之陵而得名。

广而聪明无所蔽。若信任憸邪，隔绝贤路，则视听偏而聪明为所蔽矣。"

太祖曰："人主以天下之耳目为视听，则是非无所隐，而贤否自见。昔唐玄宗内惑于声色，外蔽于权奸，以养成安史之乱。及京师失守，仓皇出幸，虽田夫野老皆能为言其必有今日者。玄宗虽恍然悔悟，亦已晚矣。夫以田夫野老皆知，而玄宗不知，其蔽于聪明甚矣。使其能广视听，任用贤能，不为邪佞所惑，则乱何滋生矣。"

第2章 敬天

洪武元年正月甲戌。太祖将告祀南郊，戒饬百官执事曰："人以一心对越^①上帝，毫发不诚，怠心必乘其机；瞬息不敬，私欲必投其隙。夫动天地，感鬼神，惟诚与敬耳。人莫不以天之高远、鬼神幽隐而有忽心。然天虽高，所鉴甚迩；鬼神虽幽，所临则显。能知天人之理不二，则吾心之诚敬自不容于少忽矣。今当大祀，百官执事之人各宜慎之。"

洪武二年三月戊戌。翰林学士朱升等奉敕撰斋戒文，上曰："凡祭祀必先斋戒，而后可以感动神明。戒者禁止其外，斋者整齐其内。沐浴更衣，出宿外舍，不饮酒，不茹荤，不问疾，不吊丧，不听乐，不理刑名，此则戒也。专一其心，严畏敬慎，不思他事，

① 越：表示程度。

苟有所思，即思所祭之神，如在其上，如在其左右，精白一诚，无须臾间，此则斋也。大祀斋戒七日，前四日为戒，后三日为斋。中祀斋戒五日，前三日为戒，后二日为斋。"既进览。

太祖曰："凡祭祀天地、社稷、宗庙、山川等神，是为天下生灵祈福，宜下令百官一体斋戒。若自有所祷于天地百神，不关于民者，恐百官斋戒不致专精，则不下令。"

又谓省部臣曰："朕每祭享天地、百神，惟伸吾感戴之意，祷祈福祉，以佑生民，未尝敢自徼惠也。且斋戒所以致诚，诚之至与不至，神之格与不格，皆系于此。故朕每致斋，不敢有一毫懈怠。今定斋戒之期，大祀以七日，中祀以五日，不无太久。大抵人心久则易怠，怠心一萌，反为不敬。可止于临祭斋戒三日，务致精专，庶几可以感格神明矣。"

命太常著为令。

五月癸卯夏至。祀皇地祇于方丘，礼成。

太祖御便殿，谓侍臣曰："上天之命，朕不敢知。古人有言，天命不易，又曰天命无常。以难保无常之天命，付骄纵淫佚之庸主，岂有不败？朕尝披览载籍，见前代帝王，当祭祀时，诚敬或有未至，必致非常妖孽，天命亦随而改。每念至此，心中惕然。"

十一月己巳冬至。祀昊天上帝于圜丘，奉仁祖淳皇帝配位，礼成。

太祖御奉天殿，百官行庆成礼。既毕，出御奉天门，谓群臣曰："祭祖在乎诚敬，不在乎物之丰薄。物丰矣而诚有未至，神不享焉；物虽薄而诚至，神则享之。所谓东邻杀牛，不如西邻之礿祭，尝闻以德受福，未闻以物徼福者也。昔陈友谅服衮冕，乘玉辂，丰牲帛，而行郊祀之礼。彼恣行不道，毒虐生灵，积恶于己，而欲徼福于天，可乎？朕凡致祭，其实为国为民，非有私求之福。苟诚意未至，徒尚礼文，而欲徼福于己，岂不获罪于天耶？"

洪武四年十一月丙辰冬至。祀昊天上帝于圜丘，礼成。

太祖谓群臣曰："帝王奉天以君临兆民，当尽事天之道。前代或三岁一祀，或历年不举。今朕岁以冬至祀圜丘，夏至祀方丘，遵古典礼，将以报覆载之大德。惟夙夜寅威，冀精神昭格，庶阴阳和，风雨时，以福斯民。"

群臣咸顿首曰："陛下敬天勤民，古未有也。"

洪武十年十月壬子。观心亭成。

太祖亲幸焉，召致仕翰林学士承旨宋濂语之曰："人心易放，操存为难。朕日酬庶务，罔敢自暇自逸，况有事于天地庙社，尤用祗惕。是以作为此亭，名曰观心。致斋之日，端居其中。吾身在是，而吾心即在是，却虑凝神，精一不二，庶几无悔。卿为朕记之，传示来裔。"

洪武二十年正月甲子。大祀天地于南郊，礼成。天气清明，圣情悦豫。

侍臣进曰："此陛下敬天之诚所致。"

太祖曰："所谓敬天者，不独严而有礼，当有其实。天以子民之任付于君，为君者欲求事天，先必恤民。恤民者，事天之实也。即如国家命人任守令之事，若不能福民，则是弃君之命，不敬孰大焉。"又曰："为人君者，父天母地子民，此职分之所当尽。祀天地，非祈福于己也，实为天下苍生也。"

第3章　孝思

甲辰四月乙未。中书省臣进宗庙祭享及月朔荐新礼仪，太祖御白虎殿，览毕退，自殿西步自戟门东，忽悲怆流涕。谓宋濂、孔克仁曰："吾昔遭世艰苦，饥馑相仍。当时二亲俱在，吾欲养而力不给。今赖祖宗之佑，化家为国，而二亲不及养，追思至此，痛何可言？"因命并录皇考妣忌日，岁时享祀，以为常。

吴元年四月辛亥。仁祖忌日。

太祖诣庙祭毕，退御便殿，泣下不止。起居注詹同侍侧，再三慰之。

太祖曰："往者吾父以是月六日亡，兄以九日亡，母以二十二日亡，一月之间，三丧相继，人生值此，其何以堪？终天之痛，念之罔极。"愈呜咽不胜，左右皆不能仰视。

丁卯。仁祖后忌日。

太祖诣庙祭毕，退御便殿，谓侍臣朱升曰："昔吾母终时，吾年甫十七，侍母病，昼夜不离侧。吾次兄经营家事，母遣呼与偕来，嘱曰：'我今病，度不起，汝兄弟善相扶持，以立家业。'言讫而终。今大业垂成，母不及见，语犹在耳，痛不能堪也。"因悲咽泣下，群臣莫不感恻。

洪武元年正月乙亥。追尊四代考妣，祭讫。

太祖顾谓李善长曰："朕荷先世积累之勤，庆及于躬，抚临亿兆。今遵行令典，尊崇先代，斋肃一心，对越神灵，所谓焄蒿凄怆①，若或见之。"

善长对曰："陛下诚孝感通，达于幽显。"

太祖曰："奉先思孝，祭神如在。诚敬无间，神灵其依。苟或有间，非奉先思孝之道也。"

二月壬子。定宗庙时享之礼，既而太常又进宗庙月朔荐新礼。

太祖览毕，谓群臣曰："宗庙之祀，所以隆孝思也。然祭之于后，不若养之于先，朕今不及矣。尝闻为人子者，愿为人兄，其意谓为兄待膝下之日，早于养之日也。朕于子为人弟，亲存而幼，不能以养，及长而富有天下，则亲殁矣！虽欲以天下养，其可得

---

① 焄（xūn）蒿凄怆：指祭祀时在升腾的香气中，人们感到悲伤。焄，同"熏"。

乎？"因悲叹久之，命以月朔荐新仪物著之常典，俾子孙世承之。

洪武二年四月乙亥。太祖因侍臣言及医者吮痈事，曰："朕尝思人子于其亲，一体而分者也。思念之笃，精诚之至，必相感通。朕思遭兵乱，母后之坟为兵所发，朕收遗骸，失一指骨于坟近地，遍求不可得。忽得一骨，然未敢必其是。闻世有以指血验之者，遂啮指滴血其上，果透入其中。及以他骨验之，则血不入。乃知亲之气血相感如是，与他人自不同也。故古人有母搤臂噬指，而子即心痛，理有之矣。今人父子兄弟一遇利害，或悖戾不相顾者，独何心哉？"

九月己酉。太祖圣诞日。朝罢，退御便殿，谓侍臣曰："朕昔丧亲，适值艰难之际，今富有天下，不能为一朝之养，此终身之痛也。朕昨梦见客亲聚处之欢，一如平生。益父母子孙，本同一气，精神所格，有感必应，孰谓幽明异途耶？"

侍臣曰："此陛下孝诚感通，形诸梦寐，非偶然也。"

洪武四年正月己巳。命建奉先殿。

太祖谓礼部尚书陶凯曰："朕闻事死如事生。朕祖考陟遐已久，不能致其生事之诚，然于追养之道，岂敢怠忽？"复感叹曰："养生之乐，不足于生前；思亲之苦，徒切于身后。今岁时祭享，则于太庙。至于晨昏谒见、节序告奠，古必有其所。尔其考论以闻。"

洪武八年三月丙寅。命皇太子及诸王往凤阳祭皇陵。

太祖恻然曰："吾祖宗去世既远，吾父母又相继早亡，每念劬劳鞠育之恩，惟有感痛而已。今日虽尊为天子，富有四海，欲致敬尽孝，为一日之奉，不可得矣。哀慕之情，昊天罔极。今凤阳陵寝所在，特命尔等躬诣致祭，以代朕行。孔子曰：'事死如事生，事亡如事存。'尔等敬之。"因悲咽不自胜，太子诸王皆感泣。

洪武三十一年四月己丑。享太庙毕。

太祖步出庙门，徘徊顾立，指桐梓谓太常臣曰："往年种此，今不觉成林。凤阳陵树，当亦似此。"因感怆泣下。又曰："昔太庙始成，迁主就室。礼毕，朕退而休息，梦朕皇考呼曰：'西南有警。'觉即视朝，果得边报。祖考神明，昭临在上，无时不存。尔等掌祭祀，宜加敬慎，旦暮中使供洒扫，奉神主。恐有不虔，当以时省视，务宜斋洁，以安神灵。"

第4章　谨好尚

洪武元年闰七月丁卯。太祖谓侍臣宋濂等曰："自古圣哲之君，知天下之难保也，故远声色，去奢靡，以图天下之安，是以天命眷顾，久而不厌。后世中材之主，当天下无事，侈心纵欲，鲜克有终。至如秦始皇、汉武帝，好尚神仙，以求长生，疲精劳神，卒无所得。使移此心以图治，天下安有不理？以朕观之，人君清心寡欲，勤于政事，不作无益以害有益，使民安田里，足衣食，熙熙皞皞而不自知，此即神仙也。功名垂于简册，声名流于后世，此即长生不死也。夫恍惚之事难凭，幽怪之说易惑，在谨其所好尚耳。朕常夙夜兢业，图天下之安，其敢游心于此！"

濂对曰："陛下斯言，足以祛千古之惑。"

洪武六年正月辛酉。太祖谓儒臣詹同曰："朕尝思声色乃伐性之斧斤，易以溺人。一有溺焉，则祸败随之，故其为害甚于鸩毒。朕观前代人君，以此败亡者不少。盖为君居天下之尊，享四海之富，靡曼之色，窈窕之声，何求而不得？苟不知远之，则人乘间纳其淫邪，不为靡惑者几人焉？况创业垂统之君，为子孙之所承式，尤不可以不谨。"

同对曰："不迩声色，昔成汤所以垂裕后昆。陛下此言，乃端本澄源之道、万世子孙之法也。"

洪武十六年四月乙亥。太祖谓侍臣曰："人君不能无好尚，要当慎之。盖好功则贪名者进，好财则言利者进，好术则游谈者进，好谀则巧佞者进。夫偏于好者，鲜有不累其心。故好功不如好德，好财不如好廉，好术不如好信，好谀不如好直。夫好得其正，未有不治；好失其正，未有不乱。所以不可不慎也。"

洪武二十年八月戊申朔。太祖谓侍臣曰："人君一心，当谨嗜好，不为物诱，则如明镜止水，可以鉴照万物。一为物诱，则如镜之受垢，水之有滓，昏翳汩浊，岂能照物？"

侍臣对曰："陛下谨嗜好，正心之道，莫过于此。"

太祖曰："人亦岂能无好，但在好所当好耳。如人主好贤，则在位无不肖之人；好直，则左右无谄位之士。如此，国无不治。苟好所不当好，则正直疏而邪佞进，欲国不乱，难矣。故嗜好之间，治乱所由生也。"

洪武二十九年四月丙申。太祖谓侍臣曰："朕观古人于声色之好，亦不能无，如公刘之于货，太王之于色，好之不过其度也。若太康之盘游，桀纣之内嬖，秦汉以下，耽于宫室苑囿及畋猎祷祠、奇伎淫巧之类，此好之失其度也。好失其度，所以败亡。要之不迩声色，不殖货利，惟成汤得其正也。"

十一月乙卯朔。太祖御武英殿，谓侍臣曰："夫好憎者，人情所不能无也。然好得其正，憎得其实，斯不陷于一偏。至于喜怒，莫不皆然。一有所偏，则人得而中之矣。大抵人能不偏于好憎喜怒，则此心廓然大公，不为物累，是以耳目聪明犹如神矣。"

第5章　谦德

甲辰正月丙寅朔。群臣以上功业日隆，屡表劝进。

太祖曰："戎马未息，疮痍未苏，天命难必，人心未定。若遽称尊号，诚所未遑。昔武王克商，戢干戈，橐弓矢，归马于华山之阳，放牛于桃林之野，大告武成，然后与民更始，曷尝遽自称尊？今日之议且止，天下大定，行之未晚。"群臣固请不已，乃即吴王位。

吴元年七月甲申。相国李善长劝太祖即帝位，太祖未之许。

善长等力请曰："殿下起濠梁，不阶尺土，遂成大业。四方群雄刬削殆尽，远近之人莫不归心，诚见天命所在。愿早正位号，以慰臣民之望。"

太祖曰："我思功未覆于天下，德未孚于人心，一统之势未成，四方之涂尚梗。若称大号，未惬舆情。自古帝王之有天下，知天命之已归，察人心之无外，犹且谦让未遑，以俟有德。常叹陈友谅初得一隅，妄自称尊，志骄气傲，卒致亡灭，贻讥于后，吾岂得更自蹈之！若天命在我，固自有时，无庸汲汲也。"

十二月丙寅。宣国公李善长预进仪卫，太祖见仗内旗有"天下太平，皇帝万岁"字，顾谓善长曰："此夸大词也。古者九旗之制，各有其属，若日月、蛟龙、熊虎、鸟隼、龟蛇之类，所以昭仪物，辨等威。若'太平、万岁'之名，此直夸耳，莫若以'天佑邦家，海宇康宁'易之，庶几顺理。"既而复谕之曰："此亦近夸，宜并去之。"

洪武四年二月癸巳。淮安、宁国、扬州、台州府并泽州各献瑞麦共二十本，群臣皆贺。

太祖曰："朕为民主，惟思修德致和，以契天地之心，使三光平，寒暑时，五谷熟，人民育，为国家之瑞。盖国家之瑞，不以物为瑞也。昔尧舜之世，不见祥瑞，曾何损于圣德？汉武帝获一角兽，产九茎芝，当时皆以为瑞，乃不能谦抑自损，抚辑民庶，以安区宇，好功生事，卒使国内空虚，民力困竭，后虽追悔，已无及矣。其后神爵、甘露之侈，致山崩地震，而汉德于是乎衰。由是观之，嘉祥无征而灾异有验，可不戒哉！"

十月甲戌。甘露降于钟山，群臣称贺。

太祖曰："休咎之征，虽各以类应，朕德凉薄，乌足以致斯。"

翰林应奉睢稼对曰："圣人之德，上及太清，下及太宁，中及万灵，则膏露降。陛下恭敬天地，辑和人民，故嘉祥显著。"

起居注魏观曰："帝王恩及于物，顺于人而甘露降。陛下宽租赋，减徭役，而百姓欢豫，神应之至，以此故也。"

翰林侍读学士危素曰："王者敬养耆老，则甘露降，而松柏受之。今甘露降于松柏，乃陛下尊贤养老之所致也。宜告于宗庙，颁示史馆，以永万亿年无疆之休。"

太祖曰："卿等援引载籍，言非无征。然朕心存警惕，惟恐不至，乌敢当此？一或忘鉴戒而生骄逸，安知嘉祥不为灾之兆乎？告诸宗庙，颁之史馆，非所以垂示于天下后世也。"

群臣皆顿首谢。

洪武三年五月丁巳。凤翔府宝鸡县进瑞麦一茎五穗者一本，三穗者一本，二穗者十有余本。

太祖谓廷臣曰："向者凤翔饥馑，朕闵其民，故特遣人赈恤。曾未数月，遽以瑞麦来献。借使凤翔民未粒食，虽有瑞麦何益？苟其民皆得所养，虽无瑞麦何伤？朕尝观自古以来，天下无金革斗争之事，时和岁丰，家给人足，父慈子孝，夫义妇德，兄爱弟敬，风俗淳美，此足为瑞。若此麦之异，特一物之瑞耳，非天下之瑞也。"

八月丁丑。礼部尚书陶凯等言进膳举乐。

太祖曰："古之帝王功业隆盛，治洽生民，上下之间，熙然太和，虽日举乐，未为过也。今天下虽定，人民未苏，北征将士尚在暴露之中，此朕宵旰忧勤之不暇，岂可忘将士之劳而自为佚乐也哉？俟大兵凯还，士卒无战伐之劳，人民罢转输之苦，然后以乐侑膳，未晚也。"

洪武四年闰三月壬午。太祖阅翰林所撰《武臣诰》文，有"佐朕武功，遂宁天下"之语，即改作"辅朕戎行，克奋忠勇"。

因诏词臣谕之曰："卿此言太过。尧舜犹病博施，大禹不自满假，朕何敢自侈大之言乎？自今措词，务在平实，毋事夸张。"

洪武五年六月癸卯。句容县民献嘉瓜二，同蒂而生。

太祖御武楼，中书省臣率百官以进，礼部尚书陶凯奏曰："陛下临御，同蒂之瓜产于句容。句容，陛下祖乡也，实为祯祥。盖由圣德和同，国家协庆，故双瓜联蒂之瑞独见于此，以彰陛下保民爱物之仁，非偶然者。"

太祖曰："草木之瑞，如嘉禾并莲、合欢连理、两岐之麦、同蒂之瓜，皆是也。卿等以此归德于朕，朕否德，不敢当之。纵使朕有德，天必不以一物之祯祥示之。苟有过，必垂象以谴告，使我克谨其身，以保其民，不至于祸殃。且草木之祥，生于其土，亦惟其土之人应之，于朕何预？若尽天地间时和岁丰，乃王者之祯。"

故遂为赞，并赐其民钱而遣之。

洪武八年十一月甲戌。甘露降于南郊，群臣咸称贺，献歌诗以颂德。

太祖曰："人之常情，好祥恶妖。然天道幽微莫测，若恃祥而不戒，祥未必吉；睹妖而能惩，妖未必皆凶。盖闻灾而惧，或者蒙休；见瑞而喜，可以致咎。何则？凡人惧则戒心常生，喜则侈心易纵。朕德不逮，惟图修省之不暇，岂敢以此为己所致哉？"

洪武十八年四月乙未。五色云再见，礼部请率百官表贺。

太祖谕之曰："天下康宁，人无灾害，祥瑞之应，固和气所召。昔舜有《卿云》之歌，在当时，有元恺、岳牧之贤相与共治，雍熙之治。朕德不逮，治化未臻，岂可遽以是受贺？前代帝王喜言祥瑞，臣下从而和之，往往不知省惧，以至灾异之来，不复能弭。盖夸侈之心生，则戒惧之志怠，故鲜克终，可以为戒。"

洪武二十一年五月乙酉。五色云见，翰林学士刘三吾进曰：

"云物之祥，征乎治世。舜之时形于诗歌，宋之时以为贤人之符。此实圣德所致，国家之美庆也。"

太祖曰："古人有言，天降灾祥在德。诚使吾德靡悔，灾亦可弭。苟爽其德，虽祥无福。要之国家之庆，不专于此也。"

洪武二十八年七月戊戌。河南汝宁府确山县野蚕成茧，群臣贺表。

太祖曰："人君以天下为家，使野蚕成茧，足以衣被天下之人，朕当受贺。一邑之内偶然有之，何用贺为？"

洪武二十九年正月乙丑。太祖罢朝，从容问左右民间事。

礼部尚书阁克新对曰："圣泽深广，天下之民各安生业，幸蒙圣治。"

太祖曰："虽尧舜在上，不能保天下无穷民。若谓民皆安业，朕恐未然，何得遽言至治？"

克新对曰："圣德谦虚，不自满假，则天下之民受福无穷矣。"

第6章 经国

壬寅六月戊寅。元中书平章察罕帖木儿遣使前来致书。

太祖谓左右曰："予观察罕书，词婉而媚，是欲诒我。我岂可以甘言诱哉？况徒以书来，而不还我使者，其情伪可见。吾观天下事势，若天未厌元，而彼之所为有以厌服人心，则事未可知。今其所为违天悖理，岂能有成？且人谋不如天从。天与人，人不得违。人贪天，天必不与。我之所行，一听于天耳。夫天下犹器也，众人争之必裂，一人持之则完。今张士诚据浙西，陈友谅据江汉，方国珍、陈友定又梗于东南，天下纷纷，未有定日。予方有事之秋，未暇与较，姑置不答。"

甲辰正月戊辰。太祖还朝，谓左相国徐达等曰："卿等为生民计，推戴予。然建国之初，当先正纪纲。元氏昏乱，纪纲不立，主荒臣专，威福下移，由是法度不行，人心涣散，遂致天下骚乱。今将相、大臣辅相于我，当鉴其失。宜协心为治，以成功业。毋苟且因循，取充位而已。"又曰："礼法，国之纪纲。礼法立，则人志定，上下安。建国之初，此为先务。吾昔起兵濠梁，见当时主将皆无礼法，恣情任私，纵为暴乱，不知驭下之道，是以卒至于亡。今吾所任将帅，皆昔时同功一体之人，自其归心于吾，即与之定名分，明号令，故诸将皆听命，无敢有异者。尔等为吾辅相，当守此道，无谨于始而忽于终也。"

乙巳四月庚子。太祖谓孔克仁曰："汉高祖起自徒步，终为万乘，何也？"

克仁对曰："由其知人，善任使。"

太祖曰："卿言汉高止此乎？"

克仁对曰："然。"

太祖曰："周室陵夷，天下分裂，秦能一之，弗能守之。陈涉作难，豪杰蜂起，项羽矫诈，南面称孤，仁义不施，而自矜功伐。高祖知其强，忍而承以柔逊，知暴虐，而济以宽仁，卒以胜之。及羽死东城，天下传檄而定，故不劳而成帝业。譬犹群犬逐兔，高祖则张罟而坐获之者。方今天下用兵，豪杰非一，皆为勍敌。我守江左，任贤抚民，伺时而动。若徒与之角力，则猝然难定。"

五月乙亥。平章常遇春取安陆，克之。

先是，太祖命遇春往取安陆及襄阳，谕之曰："安陆、襄阳横据上流，跨连巴蜀，控扼南北，自古所必争之地。今置不取，将贻后忧，汝往取之。夫坚城之下，难以猝攻，缓之则顿三军之锐气，急之恐驱人以冒矢石。宜相机招徕，以辑宁其民。"

复调江西行省右丞邓愈为湖广行省平章政事，领兵继其后。

使人谓愈曰："今遣遇春取安陆、襄阳，汝当以兵继之。凡得州郡，汝宜驻兵以抚降附。近闻王保保集兵汝宁，彼之所为，如筑堤壅水，惟恐渗漏。汝之往也，能爱军恤民，则仁声义闻被于远近。人心之归，犹水走下，正如穿穴其堤，使所聚之水泄漏，用力少而成功多也。若襄阳未下，则令遇春分兵，半集沔阳，半集景陵。汝居湖广，使声援相应，以遏寇之奔轶。"愈奉命遂行。

至是，遇春攻安陆，遂克其城。

丙申四月癸亥。太祖谓侍臣孔克仁等曰："壬辰之乱[①]，生民涂炭，中原诸将若孛罗帖木儿，拥重兵犯城阙，乱伦干纪，行已夷灭。扩廓帖木儿[②]挟太子以动兵，是以子抗父，且急于私仇，无敌忾之志，糜烂其民，终无成就。李思齐、张思道辈固碌碌不足数，然窃据一方，民受其敝。他如张士诚，外假元名，内实寇心，

① 壬辰之乱：即 1232 年，蒙古军围攻汴京，金哀帝出奔蔡州。两年后，宋蒙联军攻蔡州，金朝遂灭亡。
② 扩廓帖木儿：即王保保。

反复两端，情状可见。明王珍父子据有巴蜀，僭称大号，喜于自用而无远谋，观其所为，皆不能有成。中原扰扰，孰为拯之？予揆天时，审人事，有可定之机，令师西出襄樊，东逾淮泗，首尾相应，击之必胜，而九事①可定。伐敌制胜，贵先有谋，谋定事举，敌无不克矣。然中原固不难定，但民物雕丧，千里丘墟，既定之后，生息犹难，方劳思虑耳。"

庚午。太祖谒陵还邸舍，谓博士许存仁等曰："吾昔微时，自谓缘身田野间，农民耳。及遭兵乱，措身行伍，亦不过为保身之计，不意今日成此大业。自吾去乡里，十有余年，今始得扫省陵墓，复与诸父老子弟相见。追思曩②时，诚可感也。然吾向在军中，见当时群雄皆纵令其下夺人妻女，掠人财物，心常非其所为。及吾自率兵渡江，克取诸郡，禁戢士卒，不许剽掠，务以安辑为心。上天鉴之，幸底成事耳。"

存仁等曰："王上一念之仁，故天人为之属心。今归故乡，顾念桑梓，抚谕亲故，眷眷不舍。虽汉高之待沛中父老，恩义不是过也。"

吴元年四月丁未。太祖以兵革未戢，生民未遂苏息，顾侍臣

---

① 九事：即九鼎之事。指天下。
② 曩（nǎng）：从前，过去。

叹曰："军旅未息，供馈不休，生民之劳甚矣。"

起居注王袆对曰："主上威德昭著，远近之人延颈徯苏，民虽劳而无怨，正当乘势长驱，廓清中原，乃得休息。"

太祖曰："建大事者必勤远略，不急近功，故高山之高，非篑土可成。江河之广，由勺水所积；天下之大，非一日可定也。自古帝王之兴，皆上察天运，下顺民心，从容待成，曷当急遽？予用兵征讨，十有余年，开基江左，命将四征。今虽西平陈友谅，而扩廓帖木儿驻兵河南，王信父子窃据沂州，谭右丞貊高辈各假息州郡，若遽欲长驱，顾张士诚未下，东吴未平。静观元臣，依违者十八九。假恢复为名，惟扩廓帖木儿耳。又为诸将所沮，势不能展，久不进兵，必生疑间。况其下皆四集之民，师老于外，人心离合之间，稍有不利，众必瓦解，将不过一匹夫耳。而彼尚拘吾信使，挠我边境，岂识时务者哉？中原数子吾未暇与较，姑置之度外。但所念者，彼土之民尚阻兵革，未得休息也。"

正月甲寅。诸将言："陈友定窃据闽中，擅作威福，宜乘势取之。若因循日久，使得自固，则难为力矣。"

太祖曰："吾固知之，然方致力姑苏，而张氏降卒新附，未可轻举。且陈友定据闽已久，积粮负险，以逸待劳。若我师深入，主客势殊，万一不利，进退两难。兵法贵知彼知己，用力不此，万全之策，吾前已计之审矣。徐而取之，未晚也。"

九月壬寅。太祖谓太史令刘基、学士陶安曰："张氏既灭，南方已平，宜致力中原，平一天下。"

基对曰："土宇日广，人民日众，天下可以席卷矣。"

太祖曰："土不可以恃广，人不可以恃众。吾起兵以来，与诸豪杰相逐，每临小敌，亦若大敌，故能致胜。今王业垂就，中原虽板荡，岂可易视之？苟或不戒，成败系焉。"

基曰："近灭张氏，彼闻而落胆。乘势长驱中原，孰吾御者？所谓迅雷不及掩耳。"

太祖曰："深究事情，方知通变。彼方犄角，相为声援，岂得遽云长驱？必凭一战之功，乃乘破竹之势。若谓天下可以径取，他人先得之矣。且当观之，彼有可亡之机，而吾执可胜之道，必加持重，为万全之举，岂可骄忽，以取不虞也。"

十月乙巳。太祖御戟门，与给事中吴去疾等论政务，因谓之曰："吾以布衣起兵，与今李相国、徐相国、汤平章皆乡里，所居相近，远者不过百里。君臣相遇，遂成大功，甚非偶然。今扫除群雄，拥有江南，人免离乱之苦。每终夜思之，不能安枕，人心难安而易动，事机难成而易坏。苟抚之失宜，施之不当，乱由是生。今中原未平，正焦劳之日，岂能坐守一方而忘远虑乎？正当练兵选将，平定中原。诸将小心忠谨者，惟徐达听受吾言，可任斯寄。常遇春果勇有为，可以佐之。其余或有偏裨，或以守城，皆有可用之才。天若辅吾，诸将足以了之。"

去疾对曰："知臣莫如君。皇上知人善任使，平定之功不难矣。"

庚申。太祖将命诸将北伐，谓信国公徐达等曰："自元失其政，君昏臣悖，兵戈四兴，民坠涂灰。予与诸公仗义而起，初为保身之谋，冀有奠安生民者出。岂意大难不解，为众所附，乃率众渡江，与群雄相角逐，遂平陈友谅，灭张士诚，闽广之地，将以次而定。念中原扰攘，人民离散。山东则有王宣父子狗偷鼠窃，反侧不常。河南则有王保保，名虽尊元，实则扈跋，擅爵专赋，上疑下叛。关陇则有李思齐、张思道，彼此猜忌，势不两立，且与王保保互相嫌隙。元之将亡，其机在此。今欲诸公北伐，计将如何？"

鄂国公常遇春对曰："今南方已定，兵力有余，直捣元都，以我百战之师，敌彼久逸之卒，挺竿而可以胜也。都城既克，有破竹之势，乘胜长驱，余皆建瓴而下矣。"

太祖曰："元建都百年，城守必固。苟如卿言，悬师深入，不能即破，顿于坚城之下，馈饷不继，援兵四集，进不得战，退无所据，非我利也。吾欲先取山东，撤其屏蔽。旋师河南，断其羽翼。拔潼关而守之，据其户槛。天下形势，入我掌握，然后进兵元都，则彼势孤援绝，不战可克。即克其都，鼓行而西，云中、九原以及关陇可席卷而下。"

诸将皆曰："善。"

太祖顾谓信国公徐达曰："兵法以庙算胜者，得算多也，卿其识之。"

洪武元年六月庚子朔。大将军徐达自河南至行在。

太祖劳之曰："将军率师征讨，勤劳于外，古人所谓忠尔忘身，国尔忘家，诚将军之谓也。朕闻河朔之民日夕望吾师至，将军宜与诸将乘时进取而安辑之。朕观天道人事，元都可不战而克，大丈夫建功立业，各有其时。撅时之会，不失事机，在将军等勉之。"达顿首谢。

既退，太祖复召问达："今取元都，计将安出？"

达对曰："臣自平齐鲁，下河洛，王保保逡巡太原，徒为观望。今潼关又为我有，张思道、李思齐失势西窜，元之声援已绝。臣等乘势捣其孤城，必然克之。"

太祖据图指示曰："卿言固是，然北平土旷，利于骑战，不可无备。宜选偏裨，提精兵为先锋，将军督水陆之师继其后，下山东之粟以给馈饷，由邺趋赵，转临清而北，直捣元都。彼外援不及，内自惊溃，可不战而下。"

达又曰："臣虑进师之日，恐其北奔，将贻患于后，必发师追之。"

太祖曰："元起朔方，世祖始有中夏，乘气运之盛，理自当兴。彼气运既去，理固当衰，其成其败，俱系于天。若纵其北归，天命厌绝，彼自渐尽，不必穷兵追之。但出塞之后，即固守疆围，防其侵扰耳。"

达乃受命而还。

洪武三年十一月戊戌。太祖大宴诸功臣，宴罢，因曰："创业之际，朕与卿等劳心苦力，艰难多矣。今天下已定，朕日理万几，不敢斯须自逸。诚思天下大业以艰难得之，必当以艰难守之。卿等今皆安享爵位，优游富贵，不可忘艰难之时。人之常情，每谨于忧患而忽于晏安，然不知忧患之来，常始于宴安也。明者能烛于未形，昧者犹蔽于已著。事未形，犹可图；患已著，则无及矣。大抵人处富贵，欲不可纵，欲纵则奢；情不可佚，情佚则淫。奢淫之至，忧危乘之。今日与卿宴饮极欢，恐久而忘其艰难，故相戒勉也。"

明日，魏国公徐达率诸将诣阙谢。太祖退御华盖殿，赐达等侍坐，从容宴语。

太祖曰："今成一统之业，皆尔诸将功劳。"

达等顿首曰："臣等起自畎亩，际风云之会，每奉承算，出师征伐，用兵次第，如指诸掌。及其成功，不差毫发。此天赐陛下圣智，非臣等所能与也。"

太祖曰："曩者四方纷乱，群雄竞起，朕与卿等初起乡土，本图自全，非有意于天下。及渡江以来，观群雄所为，强者纵于暴横，弱者不能自立，荒淫者迷于子女，贪残者耽于货宝，奢侈者溺于富贵，剽贼者喜于战斗。兹数者无救患之心，徒为生民之患。若张士诚，尤为巨蠹。士诚恃其财富，侈而无节；友谅恃其兵强，暴而无恩。朕无所恃，惟不嗜杀，布信义，守勤俭，所恃者卿等一心共济艰危，故来者如归。尝与二寇相恃，人有劝朕先击士诚，以为士诚切近，友谅稍远，若先击友谅，则士诚先乘我后。此亦一计。然不知友谅剽而轻，士诚狡而懦。友谅之志骄，士诚之器小。志骄则好生事，器小则无远图。故友谅有鄱阳之役，与战宜速，吾知士诚必不能逾姑苏一步以为之援也。向使先攻士诚，则姑苏之城并力坚守，友谅必空国而来，我将撤姑苏之师以御之，是我疲于应敌，事有难为。朕之所以取二寇者，固自有先后也。二寇既除，兵力有余，鼓行中原，宜无不如志。或劝朕荡平群寇，乃取元都，若等又欲直走元都，兼举陇蜀，皆未合朕意。所以命卿等先取山东，次及河洛者，先声既震，幽蓟自倾。且朕亲驻大梁，止潼关之兵者，知张思道、李思齐、王保保皆百战之余，未肯遽降，急之非北走元都，则西走陇蜀，并力一隅，未易定也。故出其不意，反旆而北，元众胆落，不战而奔。然后西征，李、张二人，望绝势穷，故不劳而克，惟王保保犹力战以拒朕师。向使若等未平元都而先与之角力，彼人望未绝，困兽犹斗，声势相闻，胜负未可知也。事势与友谅、士诚又正相反。至于闽广，传檄而定，区区巴蜀，恃其险远，此特余事耳，若等可以少解甲胄之劳矣。"

于是达等皆顿首谢。

洪武四年闰三月乙丑。命吏部定内官监等官品秩。

太祖谓侍臣曰："古之宦竖在宫禁，不过司晨昏、供役使而已。自汉邓太后以女主称制，不接公卿，乃以阉人为常侍、小黄门通命，自此以来，权倾人主。及其为患，有如城狐社鼠，不可以去。朕谓此辈但当服事宫禁，岂可假以权势，纵其狂乱。吾所以防之极严，但犯法者，必斥去之，不令在左右，慎履霜坚冰之意也。"

八月庚子。太祖因与侍臣论用将曰："秦裕伯尝言：'古者帝王之用武臣，或使愚使贪。'其说虽本于孙武，然其言非也。夫武臣量敌制胜，智勇兼尽，岂可谓愚？攻城战野，捐躯殉国，岂可谓贪？若果贪愚之人，不可使也。"

洪武九年三月乙卯朔。太祖谓群臣曰："智力虽足以取天下，而不足以得人心。朕每忆斯言，竟夕不寐，静观往事，无不皆然。朕当取天下之初，论智不如张士诚之狡，论力不如陈友谅之众。而朕一以诚心待之，未尝以诈力加人，然二人卒为吾所擒者，要之智力有穷，惟至诚人自不能违耳。"

群臣顿首称善。

洪武十七年七月丁酉朔。敕内官毋预外事，凡诸司毋与内官监文移往来。

太祖谓侍臣曰："为政必先谨内外之防，绝党比之私，庶得朝廷清明，纪纲振肃。前代人君不鉴于此，纵宦寺与外臣交通，觇视动静，夤缘为奸，假窃威权以乱国家，其为害非细故也。间有发奋欲去之者，势不得行，反受其祸，延及善类。汉唐之事，深可叹也。夫仁者治于未乱，智者见于未形。朕为此禁，所以戒未然耳。"

丁未。河南吏人上书言利民事，所言卑陋，又多摭拾①陈言。

太祖谓群臣曰："谋国之道，习于旧闻者当适时宜，狃于近俗者当计远患。苟泥古而不通今，溺近而忘于远者，皆非也。故凡政事设施，必欲有利于天下，可贻于后世，不可苟且，惟事目前。盖国家之事，所系非小。一令之善，为四海之福；一令不善，有无穷之患，不可不慎也。"

---

① 摭（zhí）拾：挑剔。

第7章 封建

洪武三年四月辛酉。以封建诸王告太庙，礼成，宴群臣于奉天门及文华殿。

太祖谕廷臣曰："昔者元失其驭，群雄并起，四方鼎沸，民遭涂炭。朕躬率师徒以靖大难，皇天眷佑，海宇宁谧。然天下之大，必建藩屏，上卫国家，下安生民。今诸子既长，宜各有爵封，分镇诸国。朕非私其亲，乃遵古先哲王之制，为长久长治之计。"

群臣稽首对曰："陛下封建诸王以卫宗社，天下万世之公议。"

太祖曰："先王封建，所以庇民，周行之而久远，秦废之而速亡。汉晋以来，莫不皆然。其间治乱不齐，特顾施为何如耳。要之为长久之计，莫过于此。"

第8章　兴学

洪武二年三月戊午。诏增筑国子学舍。初，即应天府学为国子学。至是，太祖以规制未广，谕中书省臣曰："太学，育贤之地，所以兴礼乐，明教化，贤人君子之所自出。古之帝王，建国君民，以此为重。朕承困弊之余，首建太学，招徕师儒，以教育生徒。今学者日众，斋舍卑隘，不足以居，其令工部增益学舍，必高明轩敞，俾讲习有所，游息有地，庶达材成德者有可望焉。"

十月辛巳。太祖谕中书省臣曰："学校之教，至元其弊极矣。使先王衣冠礼乐之教，号为夷狄，上下之间，波颓风靡，故学校之教，名存实亡。况兵变以来，人习于战斗，惟知干戈，莫识俎豆。联恒谓治国之要，教化为先；教化之道，学校为本。今京师虽有太学，而天下学校未兴，宜令郡县皆立学，礼延师儒，教授生徒，以讲论圣道，使人日渐月化，以复先王之旧，以革污染之习。此最急务，当急行之。"

洪武六年正月庚申。礼部奏增广国子生。

太祖曰："须先择国子学官。师得其人，则教养有效，非其人，增广徒多何益？盖瞽者不能辨色，聋者不能辨声，学者而无师授，亦如聋瞽之于声色。朕观前代学者出为世用，虽由其质美，实亦得师以造就之。后来师不知所以教，弟子不知所以学，一以记诵为能，故卒无实。今民间俊秀子弟，可以充选者虽众，苟无端人正士为之模范，求其成材，难矣。故曰：'务学不如务求师。'今祭酒乏人，卿等宜为朕询采天下名士通今博古、才德兼备、宜为人师者，以名闻。"

洪武八年三月戊辰。命国史台官选国子生分教北方，太祖谕之曰："致治在贤，风俗本乎教化。教化行，虽闾阎可使为君子；教化废，虽中材或坠于小人。近北方丧乱之余，人鲜知学，欲求方闻之士，甚不易得。今太学诸生中，年长学优者，卿宜选取，俾往北方各郡分教，庶使人知务学，人材可兴。"

于是选国子生林伯雲等三百六十六人，给廪食、赐衣服而遣之。

洪武十五年四月丙戌。诏天下通祀孔子，赐学粮，增师生廪膳。太祖谕礼部尚书刘仲质曰："孔子明帝王之道以教后世，使君君臣臣、父父子子纲常以正，彝伦攸叙，其功迈于天地。今天下郡县庙学并建，而报祀之礼止行京师，岂非阙典？卿与儒臣其定释奠礼仪，颁之天下学校，令以每岁春秋仲月通祀孔子。"

洪武二十一年十一月壬子。命礼部给赐国子生钞。北平、陕西、山西、山东、广东、广西、四川、福建之人，在监三年以上者，人五锭；二年，人二锭。俾制冬衣。复命工部于国子监前造别室一区，凡百余间，具灶釜、床榻以处诸生之有疾者，令膳夫二十人给役。

侍臣进曰："陛下作兴学校，椎心悯下，无所不至，从古未有。"

太祖曰："诸生去乡土，离亲戚，远来务学，日久衣必敝；或有疾，无人具汤药。朝廷作养之，必使之得所，然后可必其成材。盖天生人材，皆为世用；人君育材，当有其实。惟能有以作养之，则未有不成材者也。"

洪武二十四年六月戊寅。命礼部颁书籍于北方学校。

太祖谕之曰："农夫舍耒耜，则无以为耕；匠氏舍斤斧，则无以为业；士子舍经籍，则无以为学。朕尝念北方学校缺少书籍，士子有志于学者，往往病无书读，向尝颁与'四书''五经'，其他子史诸书未赐予，宜于国子监印颁。有未备者，遣人往福建购与之。"

第二卷

第9章 尊儒术

洪武元年二月丁未。诏以太牢祀先师孔子于国学，仍遣使诣曲阜致祭。使行，太祖谓之曰："仲尼之道，广大悠久，与天地相并，故后世有天下者，莫不致敬尽礼，修其祀事。朕今为天下主，期在明教化，以行先圣之道。今既释奠国学，仍遣尔修祀事于阙里，尔其敬之。"

四月戊申。元国子监祭酒孔克坚来朝。先是，大将军徐达至济宁，克坚称疾，遣其子希学见达于军门。达送希学赴京。

希学奏言："臣父久病不能，令臣先入见。"

太祖乃以敕往谕之曰："朕闻尔祖孔子垂教于世，扶植纲常。孔子非常人等也，故历数十代，往往作宾王家，岂独今日哉？胡元入主中国，蔑弃礼义，彝伦攸斁，天实厌之，以丧其师。朕率中土之士，奉天逐胡，以安中夏，以复先王之旧。虽起自布衣，实承古先帝王之统，且古人起布衣而称帝者，汉之高祖也。天命所在，人孰违之？闻尔抱风疾，果然否？若无疾而称疾，则不可。谕至思之。"会克坚亦自来朝，行至淮安，遇敕使，拜命惶恐，兼程而进。既至，召对谨身殿。

太祖从容慰问："尔年几何？"

克坚对曰："臣年五十有三。"

太祖曰："尔年虽未耄，而疾婴之，今不烦尔官。但尔家先圣之后，为子孙者不可以不务学。朕观尔子资质温厚，必能承家，尔更加诲谕，俾知进学，以振扬尔祖之道，则有光于儒教。"

克坚顿首谢。即日赐宅一区，马一匹，月给米二十石。

又明日，复召至谕之曰："尔祖明先王之道，立教经世，万世之下，君君臣臣、父父子子，实有赖焉。故尔孔氏高出常人。常人且知求圣贤之学，况孔氏子孙乎？尔宜勉尔族人，各务进学。"因顾谓群臣曰："朕不授孔克坚以官者，以其先圣之后，特优礼之，故养之以禄而不从之以事也。"

洪武二年四月己巳。命博士孔克仁等授诸子经，功臣子弟亦令入学。

太祖谕之曰："人有积金，必求良冶而范之；有美玉，必求良工而琢之。至于子弟，有美质，不求明师教之，岂爱子弟不如金玉耶？盖师所以模范学者，使之成器，因其才力，各俾造就。朕诸子将有天下国家之责，功臣子弟将有职任之寄，教之之道，当以正心为本，心正则万事皆理矣。苟导之不以正，为众欲所攻，其害不可胜言。卿等宜辅以实学，毋徒效文士记诵词章而已。"

洪武六年九月庚戌。诏禁四六文词。先是，太祖命翰林儒臣择唐宋名儒表笺可为法者，翰林诸臣以柳宗元《代柳公绰谢表》及韩愈《贺雨表》进，太祖命中书省臣录二表，颁为天下式。

因谕群臣曰："唐虞三代，典谟训诰①之词质实不华，诚可为千万世法。汉魏之间，犹为近古。晋宋以降，文体日衰，骈丽绮靡，而古法荡然矣。唐宋之时，名儒辈出，虽欲变之，而卒未能尽变。近代制诰表章之类，仍蹈旧习。朕尝厌其雕琢，殊异古体，且使事实为浮文所蔽。其自今凡告谕臣下之词，务从简古，以革弊习。尔中书宜播告中外臣民，凡表笺奏疏，毋用四六对偶，悉从典雅。"

洪武十四年三月辛丑。颁"五经""四书"于北方学校。

太祖谓廷臣曰："道之不明，由教之不行也。夫'五经'载圣人之道者也，譬之菽粟布帛，家不可无。人非菽粟布帛，则无

---

① 典谟训诰：对《尚书》中《尧典》《舜典》《大禹谟》《皋陶谟》诸篇，以及六体中训与诰的统称。泛指经典。

以为衣食；非'五经''四书'，则无由知道理。北方自丧乱以来，经籍残缺，学者虽有美质，无所讲明，何由知道。今以'五经''四书'颁赐之，使其讲习。夫君子而知学，则道兴；小人而知学，则俗美。他日收效，亦必本于此也。"

洪武十五年五月乙丑。太祖诣国子监谒先师孔子，释菜礼①成。

谕学官曰："中正之道，无逾于儒。上古圣人不以儒名，而德行实儒。后世儒之名立，虽有儒名，或无其实。孔子生于周末，身儒道，行儒行，立儒教，率天下，后世之人，皆欲其中正。惜乎鲁国君臣无能用之者。当时独一公父文伯之母知其贤，责其子之不能从，则一国之君臣可愧矣。卿等为师表，正当以孔子之道为教，使诸生咸趋于正，则朝廷得人矣。"

复命取《尚书·大禹》《皋陶谟》《洪范》亲御讲说，反复开谕，群臣闻者莫不悚悦。

十一月壬戌。太祖命礼部臣修治国子监旧藏书板，谕之曰："古先圣贤，立言以教后世，所存者书而已。朕每观书，自觉有益。尝以谕徐达，达亦好学，亲儒生，囊书自随。盖读书穷理于

---

① 释菜礼：也叫舍采、祭菜，是一种简约朴素的祭礼。古代入学必向先师行释菜之礼，因不以牲牢币帛，而以蘋蘩之属祭奠，故称。

日用事物之间，自然见得道理分明，所行不至差谬。书之所以有益于人也如此。今国子监旧藏书板多残缺，其令诸儒考补，仍命工部督匠修治之，庶有资于学者。"

洪武十八年十月甲辰。太祖谓工部臣曰："孟子传道，有功名教，历年既久，子孙甚微。近有以罪输作者，朕闻即命释之。假令朕不知之，或致死亡，则贤者之后寝以微灭，是岂礼先贤之意哉？尔等宜加询问，凡有圣贤之后在输作^①者，依例释之。"

洪武二十年正月己未。诏修阙里孔子庙宇。

太祖曰："春秋之世，人纪废坏。孔子以至圣之资删述'六经'^②，使先王之道晦而复明，万世永赖，功莫大焉。夫食粟则思树艺之先，衣帛则思蚕缫之始，皆重其所出也。孔子之功，与天地并立，故朕命天下通祀，以致崇报之意，而阙里又启圣降神之地，庙宇废而不修，将何以妥神灵，诏来世？尔工部其即为修理，以副朕怀。"

---

① 输作：因犯罪而罚作劳役。
② 六经：指《诗经》《尚书》《周礼》《周易》《乐经》《春秋》的合称，因《乐经》亡佚，故后世只有"五经"。

第10章　圣学

丙申五月庚寅。太祖尝命有司访求古今书籍，藏之秘府，以资览阅。

因谓侍臣詹同等曰："三皇五帝之书，不尽传于世，故后世鲜知其行事。汉武帝购求遗书，而'六经'始出，唐虞三代之治，始得而见。武帝雄才大略，后世罕及，至表章'六经'，开阐圣贤之学，又有功于后世。吾每于宫中无事，辄取孔子之言观之，如'节用而爱人，使民以时'，真治国之良规。孔子之言，诚万世之师也。"

吴元年四月庚戌。太祖至白虎殿，见诸子有读《孟子》书者，顾问许存仁曰：《孟子》何说为要？"

对曰："劝国君行王道，施仁政，省刑薄赋，乃其要也。"

太祖曰："孟氏专言仁义，使当时有一贤君能用其言，天下岂不定于一乎？"

洪武二年三月乙未朔。太祖与儒臣论《易》，至"天地养万物，圣人养贤以及万民"。太祖曰："人主职在养民，但能养贤，与之共治，则民皆得所养。然知人最难。若所养果贤，而使之治民，则国无虚禄，民获实惠。苟所养非贤，反厉其民，何辅于国哉？故人主养贤非难，知贤为难。"

辛丑。太祖与翰林待制秦裕伯等论学术。

太祖曰："为学之道，志不可满，量不可狭，意不可矜。志满则盈，量狭则骄，意矜则小。盈则损，骄则惰，小则卑陋。故圣人之学，以天为准；贤人之学，以圣为则。苟局于小而拘于凡近，则亦岂能充广其学哉？"

裕伯对曰："诚如圣言。"

洪武三年二月辛酉。太祖御东阁，翰林学士宋濂、待制王祎等进讲《大学》，传之十章，至"有土有人"，濂等反复言之。

太祖曰："人者国之本，德者身之本。德厚则人怀，人安则国固。故人主有仁厚之德，则人归之，如就父母。人心既归，有土有财，自然之理也。若德不足以怀众，虽有财，亦何用哉？"

洪武五年十二月己卯。太祖谓礼部侍郎曾鲁曰："朕求古帝王之治，莫盛于尧舜。然观其授受，其要在于允执厥中[1]。后之儒者，讲之非不精，及见诸行事，往往背驰。"

鲁曰："尧舜以此道宰制万事，如执权衡，物之轻重长短，自不能违，而皆得其当，此所以致雍熙之治也。后世鲜能此道，于处事之际，欲求其一一至当，难矣。"

太祖曰："人君一心，治化之本。存于中者无尧舜之心，而欲施之于政者有尧舜之治，决不可得也。"

鲁又曰："尧舜之道，载之典谟者，无以加矣。至于修身理人，本末次第，具在《大学》一书。"

太祖曰："《大学》，平治天下之本，其可舍此而他求哉？"

洪武七年十二月甲辰。《御注道德经》成，太祖对儒臣举《老子》所谓"五色令人目盲，五音令人耳聋"，与圣人"去甚、去奢、去泰"之类，曰："《老子》此语，岂徒托之空言，于养生治国之道，亦有助也。但诸家之注，各有异见，朕因为注，以发其义。"

洪武十七年四月庚午。太祖谓侍臣曰："朕观《大学衍义》[2]一书，有益于治道者多矣。每披阅，便有做省，故令儒臣日与太子

---

① 允执厥中：言行符合不偏不倚之中正之道。
②《大学衍义》：南宋理学家真德秀专为封建帝王所著政治哲学类书籍，共四十三卷，成书于绍定二年（1229），在南宋以后产生了较大影响。

诸王讲说，使鉴古验今，穷其得失。大抵其书先经后史，要领分明，使人观之，容易而悟，真有国之龟鉴也。"

洪武十八年五月辛酉朔。太祖御华盖殿，文渊阁大学士朱善进读《心箴》^①毕。

太祖曰："人心道心，有倚伏之几。盖仁爱之心生，则忮害之心息；正直之心存，则邪诐^②之心消；羞恶之心形，则贪鄙之心绝；忠悫^③之心萌，则巧伪之心伏。故人常持此心，不可为情欲所蔽，则至公无私，自无物我之累矣。"

洪武十九年二月己丑。太祖坐东阁，因与侍臣论仁智。太祖曰："圣人笃于仁，贤者不舞智。若姑息之仁，不为爱物，奸欺之智，足以祸身。"

又论天人相与之际，太祖曰："天人之理无二，人当以心为天。"

论俭，太祖曰："不可俭者祭祀，然祭不可渎；不可俭者赏赉，然赏不可滥。"

---

① 《心箴》：宋范浚所作，此文对朱熹影响很大。范浚，字茂明，兰溪香溪（今浙江兰溪）人，人称"兰溪先生"。
② 邪诐（bì）：偏邪不正。
③ 忠悫（què）：忠诚朴实。

洪武二十年五月丁卯。太祖御华盖殿，侍臣进讲，因论人之善恶感召，亦有不得其常者。

太祖曰："为恶或免于祸，然理无可违之恶；为善或未蒙福，然理无不可为之善。人惟修其在己者，祸福之来，则听于天。彼为善而无福、为恶而无祸者，特时有未至耳。"

洪武二十一年三月乙亥朔。太祖与侍臣观史，因论田子方①贫贱骄人之说。

太祖曰："富贵者固不可骄人，贫贱者又岂可骄人？夫骄，凶德也。富贵而骄人，则不足以得天下之士；贫贱而骄人，适足以取辱于己。要之，君子当以恭敬为本。子方之言，抑扬太过，盖有所激而言。"

侍臣对曰："诚如圣谕。"

辛巳。太祖召考试官陈宗顺等坐武英门赐食，谕之曰："今日观《列子》邻人窃铁之事，因思人之信疑皆生于心，信心必出于忠厚，疑心必起于偏私。夫信其所好，疑其所恶，乃人之常情，是故不可不察也。君之于臣，好而信之，谗言虽至而不入，恶而疑之，毁谤不召而自来。苟能以大公至正之心处己待人，则自无独信偏疑之私，其或反乎公道而不得好恶之正，未有不流于一偏

---

① 田子方：名无择，字子方，魏国人，拜孔子学生子贡为师，以道德学问闻名于诸侯。

者也。惟能好其所当好，恶其所当恶，信其所当信，而疑其所可疑，则人无浸润之谗、形似之责矣。"

又论五性之德，太祖曰："小忠非仁，小节非义，足恭非礼，苛察非智，谅而不贞，不可谓之信。"遂给纸笔，令诸儒撰《疑信论》。

第11章　褒功臣

吴元年二月甲戌。大将军徐达遣人自军中来请事。

太祖敕劳之曰："古者帝王之兴，必有命世之士以为辅佐。成周伐罪，鹰扬奋兴。炎汉伏义，群策毕举，所以克集大功，启基隆祚者也。将军自昔相从，忠义出乎天性，然且沉毅有谋，端重有武，故能遏绝乱略，消弭群慝，建无前之功，虽古豪杰之士，不能过也。今克期来，所请事悉欲禀命而行，此贤臣事君之道，吾甚嘉之。但所请事多可便宜行者，而识虑周详，不肯造次有违，诚社稷之庆，邦家之福。然将在外，君不御，乃古道也。自后军中缓急，将军从宜行之。"

十月丁巳。太祖宴功臣于西楼，既罢，谕诸将曰："自古豪杰开基创业，非用贤能，何以集事？吾起于布衣，赖诸将相，化家为国。但累岁征伐，跋涉戎马间，其劳甚矣。近讨张氏，始不复亲行阵。大将军平章遇春等，能出死力擒王缚将，以成厥功，为一代元勋，光著史册，名垂不朽。吾推心腹以任之，彼竭心膂以佐吾，上下一心，故能至此。往年陈友谅既灭，惟诛其首恶，余有才者悉用之，岂但待以不死，虽剖心与语，而终自怀疑。间有英雄，一见与语，即复输心，出入左右，待之如一，无间新旧，使反侧自安。又若张氏之臣，不思为国尽力，惟贪金帛子女以肥其家，一旦摧败，万事瓦解，此近事明鉴也。及张氏既灭，惟大将军于货宝无所取，妇女无所近，其深谋远略，盖谓中原未平，民未苏息，岂可遽恃为安乎？尔等当如大将军所存，共图大勋，康济宇内。"

于是诸将皆顿首谢。

第12章　教太子诸王

吴元年八月丙寅。太祖祀山川毕，出斋次，颁胙于群臣。将还宫，顾谓诸子曰："人情贵则必骄，逸则忘劳，圣人所以戒盈满而谨怠荒。夫贵而不骄，逸而知劳，智周万物，心体众情，斯为人上之道。故天道下济而岁功成，人道克敏而德业盛。历观往古，取法于上而治化于下者，皆由于此。今国家初定，民始息肩，汝能知其劳乎？能谙人情，则不至骄惰。今甲士中夜而起，扈从至此，皆未食。汝可步归，谙劳逸，他日不至骄惰。"

诸子趋至，卫士闻之，莫不感悦。

十月乙丑。太祖遣世子标、次子樉往临濠谒陵墓，因谕之曰："世称商高宗、周成王为贤君者，汝知之乎？高宗旧劳于外，知民疾苦。成王早闻无逸之训，知稼穑之艰难，故其在位不敢暇逸，能修勤俭之政，为商周令主。汝诸子生于富贵，未涉艰难，人情习于宴安，必生骄惰。况汝他日皆有国家，不可不戒。今使汝等于旁近郡县游览山川，经历田野，因道途之险易，以知鞍马之勤劳；观小民之生业，以知衣食之艰难；察民情之好恶，以知风俗之美恶；即祖宗陵墓之所，访求父老，问吾起兵渡江时事，识之于心，以知吾创业之不易也。"

于是命中书择官辅导以行。

十一月甲午。太祖沐浴出观圜丘，顾谓起居注熊鼎等曰："此与古制合否？"

对曰："小异也。"

太祖曰："古人于郊，扫地而祭，器用匏陶，以示俭朴，周有明堂，其礼始备。今予创立斯坛，虽不必尽合古制，然一念事天之诚，不敢顷刻怠矣。"

鼎对曰："主上创业之初，首严郊丘之祀，既斟酌时宜，以立一代之制，又始终尽诚敬，此诚前代之所未及。"

太祖曰："郊祀之礼，非尚虚文，正为天下生灵祈福，予安敢不尽其诚。"时世子从行。太祖因命左右导之，遍历农家，观其居处、饮食、器用。还，谓之曰："汝知农家之劳乎？夫农动四体，务五谷，身不离畎亩，手不释耒耜，终岁勤动，不得休息，其所居不过茅茨草榻，所服不过练裳布衣，所饮食不过菜羹粝食，而国家经费，皆其所出，故令汝知之。凡一居处服用之间，必念农之劳，取之有制，用之有节，使之不至于饥寒，方尽为上之道。若复加之横敛，则民不胜其苦矣。故为民上者，不可不体下情。"复指道旁荆楚谓之曰："古者用此为扑刑，盖以其能去风，虽伤不至过甚。苟用他物，恐致殒生，此古人用心之仁，亦宜知之。"

洪武元年正月戊寅。刘基、陶安言于太祖曰："适闻中书及都督府议仿元旧制设中书令，欲奏以太子为之。"

太祖曰："取法于古，必择其善者而从之。苟惟不善而一概是从，将欲望治，譬犹登高冈而却步，渡长江而回楫，岂能达哉？元氏胡人，事不师古，设官不以任贤，惟其类是与，名不足以副实，行不足以服众，岂可取法？且吾子年未长，学未充，更事未多，所宜尊礼师傅，讲习经传，博通古今，识达机宜。他日军国重务，皆令启闻，何必仿彼作中书令乎？"

乃命詹同取东宫官制观之，谓同等曰："朕今立东宫官，取廷臣勋德老成兼其职。老成旧人，动有其则。若新进之贤者，亦选择参用。夫举贤任才，立国之本；崇德尚齿，尊贤之道。辅导得人，人各尽职。故连抱之木，必以授良匠；万金之璧，不以付拙工。"

同对曰："陛下立法垂宪之意，实深远矣。"

于是以李善长等皆兼东宫官，乃谕善长等曰："朕于东宫官属，不别议府寮，而以卿等兼之者，盖军旅未息，朕若有事于外，必留太子监国。若设府寮，卿等在内，事当启闻太子，或有听断不明，而与卿等意见不同，卿等必谓府寮导之，嫌隙将由是而生。朕所以特置宾客、谕德等官，以辅成太子德性，且选名儒为之宾友。昔周公教成王，告以克诘戎兵，召公教康王，告以张皇六师，此居安虑危，不忘武备。盖继世之君，生长富贵，泥于安逸，军旅之事多忽而不务，一有缓急，罔知所措。二公所言，不可忘也。"

丙戌。太祖御文楼，太子侍侧，因问近与儒臣讲说经史何事，对曰："昨讲《汉书》七国叛事。"遂问此曲直孰在？

对曰："曲在七国。"

太祖曰："此讲官一偏之说。宜言景帝为太子时，尝设博局杀吴王世子，以激其怒。及为帝，又听晁错之说，轻意黜削诸侯土地，七国之变，实由于此。若为诸子讲此，则当言藩王必上尊天子，下抚百姓，为国家藩辅，以无挠天下公法。如此，则为太子者知敦睦九族、隆亲亲之恩，为诸子者知夹辅王室以尽君臣之义。"

十月乙未。以梁贞、王仪为太子宾客，秦铺、卢德明、张易为太子谕德。

太祖谕之曰："范金砻玉，所以成器；尊师重傅，所以成德。朕命卿等辅导太子，必先养其德性，使进于高明。于帝王之道、礼义之教及往古成败之迹、民间稼穑之事，朝夕与之论说，日闻谠言，无非僻之干，积久以化，他日为政，自然合道。卿等勉之。"

洪武二年五月丙午。太祖召孔克仁等赐坐。因曰："昨到钟山，令侍御仆从先往，中有一小僮，亦前趋，记其姓名。今日召至，以示诸子曰：'此小僮与尔等年相若，已能奔走服役，尔曹^①不可恃年幼，怠惰不学，当朝夕勤励可也。'朕之意，惟恐居富贵、耽逸乐耳。"

克仁对曰："陛下此言，即无逸之戒也。"

九月己亥。太祖谕皇太子曰："自古帝王以天下为忧者，惟创业之君、中兴之主及守成贤君能之。其寻常之君，不以天下为忧，反以天下为乐，国亡自此而始。何也？崛起帝王之初，天必授于有德者。然频履忧患而后得之，其得之也难，故其忧之也深。若守成继体之君，常存敬畏，以祖宗忧天下之心为心，则能永受天命。苟生怠慢，败亡必至，可不畏哉？"

---

① 曹：等，辈。

洪武三年四月丙寅。太祖召东宫官属及王府官属，谕之曰："辅导之臣，犹法度之器，先必正己而后正人。盖德义者，正人之法度；善恶者，修身之衡鉴。汝等辅导诸子，必匡其德义，明其善恶，使知趋正而不流于邪，如此，则能尽辅导之职。观之梓匠，虽有材木，必加绳削，乃能成器。太子诸王，必得贤辅开导赞助，乃能成德。朕择尔等为官僚，各宜尽心。又加经史中古人已行之事可为鉴戒者，采摭其事，编次成集，朝夕观览，以广智识，亦有助于辅导。"群臣顿首，受命而退。

又谕秦王右相郑九成等曰："朕封建诸子，选用傅相，委托匪轻，凡与王言，当广学问以充其行义，陈忠孝以启其良心。事有弗善，必求其善；政有未美，必求其美，使其聪明无蔽，上下相亲，庶几道德有成，以弘长世之业，而辅相者亦克尽其职矣。"

复顾刘基等曰："朕观古圣贤之君，虽治平之世，不忘修省，诚以富贵易至于骄奢，必至于荒纵，未有荒纵而无颠覆者。故尝戒太子、诸王，以为士不能正身修德，则殃及身家，为士且然，况于为君、为王者乎？"

基顿首对曰："陛下此言，万世之福也。"

七月戊子。太祖谓皇太子曰："天子之子，与公、卿、士、庶人之子不同。公、卿、士、庶人之子，系一家之盛衰；天子之子，系天下之安危。尔承主器之重，将有天下之责也。公、卿、士、庶人不能修身齐家，取败止于一身一家。若天子不能正身修德，其败岂但一身一家之比？将宗庙社稷有所不保，天下生灵皆受其殃，可不惧哉！可不戒哉！"

十二月辛巳。礼部尚书陶凯请选人专任东宫官属，罢兼领之职，庶于辅导有所责成。

太祖曰："古者不备其官，惟贤能是用。朕以廷臣有才望勋德者兼东宫官，非无谓也。尝虑廷臣与东宫官属有不相能，遂成嫌隙，或主奸谋，离间骨肉，其祸非细。若江充之事，可为明鉴。朕今立法，令省台、都督府官兼东宫赞辅之职，父子一体，君臣一心，庶几无相构之患也。"

洪武四年闰三月己未。太祖谕省台臣曰："朕诸子日知务学，必择端谨文学之臣兼官僚之职，日与之居，讲说经史，蓄养德性，博通古今，庶可以承藉天下国家之重。但人之相与，气习易移，与正人处，则日习于正，如行康衢，自不为偏歧所惑。若与邪人处，则日习于邪，如由曲径，往而不返，不觉入荆棘中矣。"

省臣对曰："知人最难，邪正未易辨。"

太祖曰："尊德乐义，斯为正也；便佞亵慢，斯为邪也。故骄奢淫佚，鲜不由于亵慢；而端庄中正，必皆本于好德。"

洪武六年五月壬寅朔。《祖训录》成，太祖因谓侍臣曰："朕著《祖训录》，盖所以垂示子孙。朕更历世故，创业艰难，常虑子孙不知所守，故著是书，日夜以思，具悉周至，绅绎六年，始克成编。后世子孙守之，则永保天禄。苟作聪明，乱旧章，是违《祖训》矣。"

侍臣对曰："自古创业之主，其虑事周详，立法垂训，必有典则。若后世子孙不知而轻改，鲜有不败。故《诗》云：'不愆不忘，率由旧章。'"

太祖曰："日月之能久照，万世不改其明；尧舜之道不息，万世不改其行。三代因时损益者，其小过不及耳。若一代定法，有不可轻改，荒坠厥绪，几于亡夏；颠覆典刑，几于亡商。后世子孙，当思敬守祖法。"

九月己酉。以侍御史文原吉为秦府右相，国子助教朱复为燕府参军。

谕曰："王今长，宜朝夕左右辅养其德，二三年后，遣王之国。汝等宜尽心所事，取鉴于古，何者为善，何者为不善，采摭古人仕为王臣，孰能以正辅导，孰为不能，编次成集，朝夕览观。遇有所行，则择其善而去其不善，务引王于当道。尔等与天言，待臣下则以谦和，抚民人则以仁恕，劝耕耨以省馈饷，御外侮以藩帝室。如此，则能尽其职矣。"

又曰："汝尔职事清简，非朝廷剧任之比。若文武全才，更可演习武事，发舒精神。若素儒生，但谨守礼法，陈善闭邪而已。苟巧诈无实，欺蔽谄谀，此招咎之道，所宜戒也。汝其慎之！"

乙卯。命诸司今后常事启皇太子，重事乃许奏闻。

太祖谓皇太子曰："人君统理天下，人情物理，必在周知，然后临事不惑。吾自起田里，至于今日，凡治军旅，理民事，无不尽心，恒虑处事未当，故尝思念古人为治，必广视听。凡言之善者，吾即行之；不善者，吾虽不行，亦思绎至再；果不可行，然后置之。夫虑事贵明，处事贵断，庶几不眩。况尔生长官掖，未涉世故，若局于见闻，则视听不广。且目虽能视，所见不逾于阈；耳虽能听，所闻不越于庭。而欲区区智识决天下之务，能一一当理，难矣。汝宜亲贤乐善，以广聪明。逆己之言，必求其善；顺己之言，必审其非。如此，则是非不混，理欲判然，天下之事可得而治矣。汝其敬之，毋忘朕训。"

壬戌。太祖谓秦府右相文原吉等曰："蓄药所以防病，积货所以防贫，用贤所以辅德。朕为诸子择贤以为之辅，尔等居左右，宜朝夕规诲，以成其德。人情于大事或能谨之，而常忽于细微。夫细行不谨，大德必亏；姑息小过，大愆必至。故塞水者，必于其源，源塞而绝；伐木者，必于其根，根断而木拔矣。设王有所违失，尔若曰所失者小，可勿言也，则是大失将至。俟其大失将至，然后规之，救有所弗及矣。夫善虽小，可以成名；恶虽小，足以亡身。凡历代贤王著名方册，其臣亦皆贤者，故能同济其美。尔等职任辅导，宜尽心所事。"

洪武七年正月乙亥。太祖召太子宫臣谕之曰："汝知所谓重器乎？"

对曰："岂非商彝周鼎乎？"

太祖曰："汝所谓商彝周鼎者，此非重器乎？太子者，天下之重器。人有彝鼎，尚知宝爱，太子承主器之重，岂得不宝爱之乎？宝爱之者，必择端人正士以为辅翼，朝夕与居，使其熟闻善言，不迩诐行，自然渐渍，以成其德。若惟委之于便嬖近习，是委重器于涂，而不可宝爱之矣。汝等日辅太子，讲论诵说之时，必导之以正，使其道明德立，才器充广，庶几他日克胜重任，则可以副朕所望。"

洪武九年正月丁巳。太子诸王侍，太祖顾谓之曰："汝等闻修德进贤之道乎？"

太子对曰："每闻儒臣讲说，知其略矣，未领其要。"

太祖曰："藻率杂佩为身之容，恭逊温良为德之容，见于外者，可以知其内也。古之君子，趋跄有节，升降有数，周旋踤步而不违于矩矱者，由其德充于内而著乎外也。所以器识高明，而善道日跻；恶行不见，而邪僻益远。己德既修，自然足以服人，贤者汇进而不肖者自去。能修德进贤，则天下国家未有不治。不知务此者，鲜不取败。夫货财声色为戕德之斧斤，谗佞谄谀乃杜贤之荆棘，当拒之如虎狼，避之如蛇虺。苟溺于所好，则必为其陷矣。汝等其慎之。"

洪武十年六月丙寅。命群臣自今大小政事，皆先启皇太子处分，然后奏闻。

太祖语皇太子曰："人君治天下，日有万几，一事之得，天下蒙其利；一事之失，天下受其害。自古以来，惟创业之君历涉勤劳，达于人事，周于物理，故处事之际，鲜有过当。守成之君，生长富贵，若非平日练达，临政少有不谬者。故吾特命尔日临群臣，听断诸司启事，以练习国政。惟仁则不失于躁暴，惟明则不惑于奸邪，惟勤则不溺于安逸，惟断则不牵于文法。凡此皆以一心为之权度，则未有不失其当。今有人指石以为玉，当辨之曰：'果玉乎？果石乎？'知其为非玉，乃石也。如此，则的然莫敢吾欺。若信其言以为玉，则是非之心不明，失其权度矣。况人虽有明敏之资，自非历练，临事率意而行，未免有失，知悔而改，亦已晚矣。吾自有天下以来，未尝暇逸于诸事务，惟恐毫发失当，以负上天付托之意，戴星而朝，夜分而寝，日有未善，寝亦不安，此尔所亲见也。亦能体而行之，天下之福，吾无忧矣。"

洪武十一年三月。是月，太祖训诸子曰："昔有道之君，皆身勤政事，心存生民，所以保守天下。至其子孙，废弃厥德，色荒于内，禽荒于外，政教不修，礼乐崩弛，则天弃于上，民离于下，遂失其天下国家。为吾子孙者，当取法于古之圣帝哲王，兢兢业业，日慎一日，鉴彼荒淫，勿蹈其辙，可以长享富贵矣。"

洪武十二年三月戊辰朔。太祖御华盖殿，皇太子侍。

太祖问曰："比日①讲习何书？"

对曰："昨看书至商周之际。"

太祖曰："看书亦知古人为君之道否？"因谕之曰："君道以事天爱民为重，其本在敬身。人君一言一行，皆上通于天，下系于民，必敬以将之，而后所行无不善也。盖善，天必鉴之；不善，天亦鉴之。一言而善，四海蒙福；一行不谨，四海罹殃。行言如此，可不敬乎？汝其识之。"

洪武十六年二月庚辰。太祖谕皇太子诸王曰："凡听讼贵明，不明则刑罚不中，罪加良善，人心怨咨，有伤天和。或有大狱，必当详审，庶免构陷之非，锻炼之弊。"又曰："凡功赏要当，则

---

① 比日：连日，近日。

人心常服。盖赏与罚二事，治天下之大权也。"

十一月甲午。太祖谓皇太子诸王曰："纯良之臣，国之宝也；残暴之臣，国之蠹也。自古纯良者为君造福，而残暴者为国致殃。何谓纯良？处心公忠，临民恺悌，虽材有不逮者，亦不至于伤物，所谓日计不足，月计有余者也。何谓残暴？恣睢击搏，遇事风生，锻炼刑狱，掊克聚敛，虽若快意一时，而所伤甚多。故武帝任张汤而政事衰，光武褒卓茂而王业盛。此事甚明，可为深鉴。"

洪武二十四年三月癸卯。太祖谓皇太子诸王曰："人君之有天下者，当法天之德也。天之德，刚健中正，故运行不息。人君体天之德，孜孜不倦，则庶事日修。若怠惰侈肆，则政衰教弛，亏损天德，而欲长保天位者，未之有也。昔元世祖东征西讨，混一华夏，是能勤于政事。至顺帝，偷情荒淫，天厌人离，遂至丧灭。诗曰：'殷鉴不远，在夏后之世。'尔等当克勤克慎，他日庶可永保基业。"

第13章 正家道

洪武元年正月乙亥。册皇后马氏。

太祖谓侍臣曰："昔汉光武劳冯异曰：'仓卒芜蒌亭豆粥、滹沱河麦饭，厚意久不报，君臣之间，始终保全。'朕念皇后起布衣，同甘苦，尝从朕在军仓卒，自忍饥饿，怀糗饵食，朕比之豆粥麦饭，其因尤甚。昔唐太宗长孙皇后当隐太子构隙之际，内能尽孝勤，承诸妃消释嫌猜。朕数为郭氏所疑，朕径情不恤，将士咸以服用为献，后先献郭氏，慰悦其意。及欲危朕，后辄为弥缝，卒免于患，殆又难于长孙皇后者。朕或因服御诘怒小过，辄为朕曰：'主忘昔日之贫贱耶？'朕复为之恻然。家之良妻，犹国之良相，岂忍忘之！"

三月辛未朔。命翰林儒臣修《女诫》①。

太祖谓学士朱升等曰："治天下者，修身为本，正家为先。正家之道，始于谨夫妇。后妃虽母仪天下，然不可使干政事。至于嫔嫱之属，不过备职事、侍巾栉。若宠之太过，则骄恣犯分，上下失序，故历代宫闱，政由内出，鲜有不为祸乱者也。夫内嬖惑人，甚于鸩毒，惟贤明之主能察之于未然，其他未有不为所惑者。卿等为我纂述《女诫》及古贤妃之事可为法者，使后世子孙知所持守。"

洪武十三年二月辛未。太祖谕皇太子诸王曰："吾持身谨行，汝辈所亲见。吾平日无优伶近之狎，无酣歌夜饮之娱。正宫无自纵之权，妃嫔无宠幸之昵，或有浮词之妇，察其言非，即加诘责，故各自修饬，无有妒忌。至若朝廷政事，稽于众论，参决可否，惟善是从。或燕闲之际，一人之言，尤加审察，故言无偏听，政无阿私。每旦星存而出，日入而休，虑患防危，如履薄冰。苟非有疾，不敢怠惰。以此自持，犹恐不及。故与尔等言之，使知持守之法。"

---

① 《女诫》：东汉班昭所著，教导班家女性为人处世之书，内容包括卑弱、夫妇、敬慎、妇行、专心、曲从、叔妹七章，因文采斐然，书成顿起传抄之风，被誉为"女四书"（《女诫》《内训》《女论语》《女范捷录》）之首。此书虽有规教之用，然亦禁锢女性思想与天性。

第14章　厚风俗

洪武四年六月戊申。太祖退朝御东阁，从容与群臣论及礼乐之事。谓廷臣曰："世之治乱，本乎人情风俗。故忠信行则民俗淳朴，佻巧作则习尚诈伪。京师天下之统会，万民之瞻仰，四方所取则者也。而积习之弊，卒以奢侈相高，浮藻相诱，情日肆而俗日偷，非所以致理也。"

礼部尚书陶凯对曰："仲尼有云：'道之以政，齐之以刑。'今欲整齐风俗，使佻巧不得作，必以政刑先之，然后教化可行。"

太祖曰："教化必本诸礼义，政刑岂宜先之？苟徒急于近效而严其禁令，是欲澄波而反汩之也。"凯顿首称善。

洪武八年正月癸酉。淮安府山阳县民有父得罪当杖，请以身代，太祖谓刑部臣曰："父子之亲，天性也。然不亲不逊之徒，亲遭患难，有坐视而不顾者。今此人以身代父，出于至情，朕为孝子屈法，以劝励天下，其释之。"

洪武二十年闰六月甲寅。太祖谓礼部尚书李原吉曰："尚齿所以教敬，事长所以教顺。虞夏商周之世，莫不以齿为尚，而养老之礼未尝废。是以人兴于孝弟，风俗淳厚，治道隆平。曩者朕诏天下行养老之政，凡耆民年八十以上、乡党称善、贫无产业者，月给米三斗，肉五斤；九十以上者加帛一疋，绵一斤。若有田产能自赡者，止给酒肉絮帛。其应天、凤阳二府富民九十以上赐爵社士，八十以上赐爵里士，咸许冠带，复其家。尚虑有司奉行不至，尔礼部以朕命谕之。"

洪武二十一年五月乙未。太平府民有兄弟相讦告者。
刑部奏请罪之，太祖曰："兄弟骨肉至亲，岂有告讦之理？此一时愚昧，或因货利，或私妻子，争长竞短，怒气相加，遂至此耳。然人心天理未尝泯灭，姑系之狱，待其忿息，善心复萌，必将自悔。"
明日，刑部奏二人果哀求改过。
太祖曰："此彼之真情发见也，俱释之。"
兄弟和好如初。

洪武二十四年七月乙巳。龙江卫吏以过罚书写，值母丧，乞守制。吏部尚书詹徽不听，吏击登闻鼓诉之。

太祖召徽切责之曰："吏虽罚役，天伦不可废，使其母死不居丧，人子之心终身有慊。夫与人为善，犹恐其不善，若有善而沮之，何以为劝？诗曰：'孝子不匮，永锡尔类。'乃独不然耶？"

徽大惭，吏遂得终丧。

洪武二十五年正月甲辰。天策卫卒吴英父得罪系狱，英诣阙陈情，愿没入为官奴，以赎父罪。

太祖谕英曰："汝之情固有可矜，但汝平时何不劝谏汝父，使不犯法。今罪不可贷，然念汝爱父之至，特曲法宥之。汝自今凡遇父有不善，当即谏止。若不听，必再三言之，使不陷于非义，斯为孝也。"又顾谓侍臣曰："此卒非知书者，能如此，亦可谓难矣。故特曲法以宥其父，将以励天下之为人子者。"

洪武二十八年二月己丑。太祖谕户部臣曰："古者风俗淳厚，民相亲睦，贫穷患难，亲戚相救，婚姻死丧，邻保相助。近世教化不明，风俗颓敝，乡邻亲戚不能周恤，甚者强凌弱，众暴寡，富吞贫，大失忠厚之道。朕即位以来，恒申明教化，于今未臻其效，岂习俗之固未易变耶？朕置民百户为里，一里之间，有贫有富，凡遇婚姻、死丧，富者助财，贫者助力，民岂有穷苦急迫之忧？又如春秋耕获之时，一家无力，百家代之，推此以往，百姓宁有不亲睦者乎？尔户部其谕以此意，使民知之。"

第15章　议礼

洪武元年十一月丙午。中书及礼部定奏：天子亲祀圜丘、方丘、宗庙、社稷，若京师三皇孔子、风云雷雨、圣帝明王、忠臣烈士、先贤等祀，则遣官致祭。郡县宜立社稷，有司祭里社土谷之神，及祖父母、父母并得祀灶，载诸祀典。余不当祀者，并禁之。

太祖因谕群臣曰："凡祭享之礼，载牲致帛，交于神明，费出己帑，神明歆之。如庶人陌钱办香，皆可格神，不以菲薄而不享者，何也？所得之物，皆己力所致也。若国家仓廪府库所积，乃生民脂膏，以此尊醪俎馔，充实神庭，徼求福禄，以私于身，神可欺乎？惟为国为良祷祈，如水旱、疾疫、师旅之类是也。"

癸亥。太祖欲举行耕籍田礼[1]，谕廷臣曰："古者天子籍田千亩，所以供粢盛备馈饎[2]。自经丧乱，其礼已废，上无以教，下无以劝。朕莅祚以来，悉修先王之典，而籍田为先，故首欲举而行之，以为天下劝。"

时监察御史有历班而言曰："耕籍田则力本者知所重矣。"

太祖曰："欲财用之不竭，国家之常裕，鬼神之常享，必也务农乎！故后稷树艺稼穑，而《生民》之诗作；成王播厥百谷，而《噫嘻》之颂兴。有国家者，其可弃是而不讲乎？"遂命以来春举籍田礼行之。

洪武二年六月庚午。太祖读《叔孙通传》，至鲁两生不肯行，因谓侍臣曰："叔孙通虽云窃礼之糠秕，然创制礼仪于煨烬之余，以成一代之制，亦可谓难矣。如两生之言，不无迂耶？若礼乐必待百年而后可兴，当时朝廷之礼废矣。朕闻先王之礼，因时制宜。孔子亦曰：'期月三年必世。'盖亦因时制宜之谓。必待百年，则迂矣。"

洪武三年正月癸巳。先是，太祖以天下初定，欲通群下之情，日诏百官，悉侍左右，询问民情，咨访得失，或考论古今典礼制

---

① 耕籍田礼：即籍田礼。在封建时代，按礼制，每年农历二月，皇帝都要率百官祭祀农神，并亲自下田耕地，故称。

② 馈饎（fēn chì）：煮饭做酒。

度，故虽小官，亦得上殿，至有逾越班次者。

太祖乃谓宰臣曰："朝廷之上，礼法为先，殿陛之间，严肃为贵。朕始欲咨访庶事，故令百官入侍左右，至班序失次，非所以肃朝仪也。自今文武百官入朝，除侍从、中书省、大都督府、御史台、指挥使、六部尚书、侍郎等官许上殿，其余文武官五品以下，并列班于丹陛，违者纠仪官举正之。"

八月庚申。太祖谕廷臣曰："古者帝王之治天下，必定礼制，以辨贵贱，明等威。是以汉高初兴，即有衣锦绣绮縠、操兵乘马之禁，历代皆然。近世风俗相承，流于僭侈。闾里之民，服食居处与公卿无异，而奴仆贱隶往往侈肆于乡曲。贵贱无等，僭礼败度，此元之失政也。中书其以房舍、服色等第，明立禁条，颁布中外，俾各有所守。"

洪武五年三月辛亥。太祖谓礼部臣曰："礼者，所以美教化而定民志。成周设大司徒，以五礼防万民之伪而教之中。夫制中莫如礼，修政莫如礼，齐家莫如礼。故有礼则治，无礼则乱。居家有礼，则长幼叙而宗族和；朝廷有礼，则尊卑定而等威辨。元兴，以夷变夏，民染其俗，先王之礼几乎熄矣。而人情狃于浅近，未能猝变。今命尔稽考典礼合于古而宜于今者，以颁布天下，俾习以成化，庶几复古之治也。"

洪武六年三月甲辰。礼官上所定礼仪，太祖谓尚书牛谅曰："礼者，国之防范，人道之纪纲，朝廷所当先务，不可一日无也。自元氏废弃礼教，因循百年，而中国之礼交易几尽。朕即位以来，夙夜不忘，思有以振举之，以洗污染之习。故尝命尔礼部定著礼仪，今虽已成，宜更与诸儒参详考议，斟酌先王之典，以复中国之旧。务合人情，永为定式，庶几惬朕心也。"

九月丙午。礼部奏定百官常朝班次及奏事等礼仪。

太祖谓中书省臣曰："朝廷之礼，所以辨上下，正名分，不以贱加贵，不以卑逾尊。百官在列，班序有伦，奏对雍容，不失其度。非惟朝廷之尊，抑亦天下四方瞻仰所在也。今文武百官朝参奏事，有未闲礼仪者，是礼法不严于殿陛，何以肃朝廷乎？自今凡新任官及诸武臣于礼仪有不闲习者，合侍仪司官，日于午门外演习之。且命御史二人监视，有不如仪者，纠举之；百官入朝失仪者，亦纠举如律。"

洪武七年十二月壬戌朔。《孝慈录》成。先是，贵妃薨，敕礼官定丧服之制。

礼部尚书牛谅等奏曰："《周礼·仪礼》：'父在为母服期年，若庶母，则无服。'"

太祖曰："父母之恩一也，而丧服低昂若是，其不近于人情甚矣。"因敕翰林学士宋濂曰:"养生送死,圣王之大政,讳忘忌疾,衰世之陋习。三代丧礼节文尤详,而散失于衰周,厄于暴秦。汉唐以降,莫能议此。夫人情有无穷之变,而礼为适变之宜,得人心之所安,即天理之所在。尔等其考定丧礼。"

于是,濂等考得古人论服母丧者凡四十二人,愿服三年者二十八人,服期年①者十四人,奏之。

太祖曰:"三年之丧,天下之通丧。今观愿服三年丧,比服期年者加倍,则三年之丧,岂非天理人情之所安乎?"乃立为定制。

洪武十二年正月己卯。合祀天地于南郊大祀殿,礼成。

敕中书省臣曰:"立纲陈纪,治世驭民,斯由上古之君立,至今相承而法则焉。凡有国者,必以祀事为先,祀事之礼,起以古先圣王。其周旋上下、进退奠献,莫不有仪。然仪必贵诚,而人心叵测,至诚者少,不诚者多,暂诚者或有之。若措礼设仪,文饰太过,使礼烦人倦,而神厌弗享,非礼也。故孔子曰:'禘自既灌而往者,吾不欲观之矣。'朕周旋祀事十有一年,见其仪太烦,乃以仪更其仪式,合祀社稷,既祀,神乃欢。今十二年春,始合天地大祀,而上下悦,若有胗蠁②答于朕心。尔中书下翰林令儒臣纪其祀事,以彰上帝皇祇之昭格,而锡黔黎之福,朕与卿等尚夙

---

① 期(jī)年:即一年。
② 胗蠁(xī xiǎng):散播,弥漫。多指声响、气体的传播。

夜无怠，以答神明之休祐焉。"

洪武二十年七月丁酉。礼部奏请如前代故事，立武学，用武举，仍祀太公，建昭烈武成王庙。

太祖曰："太公周之臣，封诸侯，若以王祀之，则与周天子并矣，加之非号，必不享也。至于建武学，用武举，是析文武为二途，自轻天下无全才矣。三代之上，士之学者，文武兼备，故措之于用，无所不宜，岂谓文武异科，各求专习者乎？即以太公之鹰扬而授丹书，仲山甫之赋政而式古训，召虎之经营而陈文德，岂比于后世武学，专讲韬略，不事经训，专习干戈，不闲俎豆，拘于一艺之偏之陋哉？今欲循旧用武举，立庙学，甚无谓也。太公之祀止，宜从祀帝王庙。"

遂命去王号，罢其旧庙。

洪武二十一年二月甲寅。诏以历代名臣从祀帝王庙。先是，礼官奏以风后、力牧、皋陶、夔龙、伯夷、伯益、伊尹、傅说、周公旦、召公奭、太公望、方叔、召虎、张良、萧何、曹参、周勃、邓禹、诸葛亮、房玄龄、杜如晦、李靖、郭子仪、李晟、赵普、曹彬、韩世忠、岳飞、张浚、博尔忽、博尔术、赤老温、伯颜、阿术、安童，凡三十六人，皆宜从祀于帝王庙。

太祖曰："古之君臣同德者，终始一心，载在史传，万世不灭。国家祀典，必合公论，不可徒观其迹而不究其实也。若宋赵普，负太祖，为不忠，不可从祀。元臣四杰，木华黎为首，不可以其孙从祀，而去其祖，可祀木华黎而罢安童。既祀伯颜，其阿术亦不必祀。如汉陈平、冯异，宋潘美，皆节义，兼善始终，可从庙祀。"

于是定以风后、力牧、皋陶、夔龙、伯益、伯夷、伊尹、傅说、周公旦、召公奭、太公望、召虎、方叔、张良、萧何、曹参、陈平、周勃、邓禹、冯异、诸葛亮、房玄龄、杜如晦、李靖、李晟、郭子仪、曹彬、潘美、韩世忠、岳飞、张浚、木华黎、博尔忽、博尔术、赤老温、伯颜，凡三十有七人，从祀历代帝王庙。

洪武二十五年四月丁卯。命礼部右侍郎张智申肃朝仪。

太祖谓之曰："礼仪者朝廷之表，有虞之时，群后德让，百僚师师。卿其申谕百官，景行古人，无败礼失度，以取咎责。"

第16章　兴礼乐

吴元年七月乙亥。先是，命选道童俊秀者充乐舞生，至是始集。太祖御戟门，召学士朱升、范权领乐舞生入见，设雅乐阅试之。太祖亲击石磬，命升辨识五音，升不能审，以宫音为徵音。

太祖曰："升每言能审音，至辨石音，何乃以宫作徵耶？"

起居注熊鼎对曰："八音之中，石声最难和，惟后夔能和磬声，故《书》曰：'于予击石拊石，百兽率舞。'"

太祖曰："石声固难和，然乐以人声为主。人声和，即八音谐和矣。"因命乐生登歌一曲。太祖复叹曰："古者作乐以和民声，格神人，而与天地同其和。近世儒者鲜知音律之学，欲乐和，顾不难耶？"

鼎复对曰："乐音不在外求，实在人君一心。君心和，则天地之气亦和；天地之气和，则乐亦无不和矣。"

洪武四年六月戊申。吏部尚书詹同、礼部尚书陶凯制宴享九奏乐章成，上之。其曲一曰"本太初"，二曰"仰大明"，三曰"民初生"，四曰"品物亨"，五曰"御六龙"，六曰"泰阶平"，七曰"君德成"，八曰"圣道成"，九曰"乐清宁"。先是，太祖厌前代乐章率用腴词，以为容悦，甚者鄙陋不称，乃命凯等更制其词。既成，太祖命协音律者歌之。

谓侍臣曰："礼以道敬，乐以宣和，不敬不和，何以为治？元时古乐俱废，惟淫词艳曲更唱迭和，又使胡虏之声与正声相杂，甚者以古先帝王祀典神祇饰为舞队，谐戏殿廷，殊非所以导中和、崇治体也。今所制乐章颇协音律，有和平广大之意。自今一切流俗喧哓淫亵之乐，悉屏去之。"

洪武十四年二月丁丑。命礼部申明乡饮酒礼。

太祖谓礼官曰："乡饮之礼，所以序尊卑、别贵贱。先王举以教民，使之隆爱敬、识廉耻、知礼让也。朕即位以来，虽以举行，而乡闾里社之间恐未遍习。今时和年丰，民间无事，宜申举旧章，其府、州、县则令长官主之，乡闾里社则贤而长者主之，年高有德者居上，高年淳笃者次之，以齿为序。其有违条犯法之人，列于外坐同类者成席，不许杂于善良之中。如此则家识廉耻，人知礼让，而父慈子孝、兄友弟恭、夫和妇顺之道，不待教而兴。所谓宴安而不乱，和乐而不流者也。孔子曰：'吾观于乡而知王道之易易。'政谓此也。"

洪武十七年六月庚午。太祖御奉天门，谕群臣曰："治天下之道，礼乐二者而已。若通于礼而不通于乐，非所以淑人心而出治道；达于乐而不达于礼，非所以振纪纲而立大中。必礼乐并行，然后教化醇一。或者曰：'有礼乐，不可无刑政。'朕观刑政二者，不过辅礼乐为治耳。苟为治徒务刑政而遗礼乐，在上者虽有威严之政，必无和平之风；在下者虽存苟免之心，终无格非之诚。大抵礼乐者治平之膏粱，刑政者救弊之药石。卿等于政事之间，宜知此意，毋徒以礼乐为虚文也。"

甲午。太祖谕礼部臣曰："近命制大成乐器，将以颁天下学校，俾诸生习之，以祀孔子。朕思古人之乐，所以防民欲；后世之乐，所以纵民欲。其故何也？古乐之诗章和而正，后世之歌词淫以夸；古之律吕协天地自然之气，后世之律吕出人为智巧之私。天时与地气不审，人声与乐声不比，故虽以古之诗章，用古之器数，亦乖戾而不合，陵犯而不伦矣。手击之而不得于心，口歌之而非出于志，人与乐判然为二，而欲以动天地鬼神，岂不难哉？然其流已久，救之甚难。卿等宜究心于此，俾乐成而颁之，诸生得以肄习，庶几可以复古人之意。"

089

第17章　崇教化

洪武二年二月庚午。先是，太祖问户部天下"民孰富、产孰优"。户部臣对曰："以田税之多寡较之，惟浙西多富民厚产。"

太祖曰："民富多豪强，故元时此辈欺凌小民，武断乡曲，人受其害，宜召之来，朕将勉谕之。"至是，诸郡富民至，入见。

太祖谕之曰："汝等居田里、安享富税者，汝知之乎？古人有言，民生有欲，无主乃乱，使天下一日无主，则强凌弱，众暴寡，富者不得，自安贫者不能自存矣。今朕为尔等立法更制，使富者得以保其富，贫者得以全其生。尔等当循分守法，能守法则能保身矣，毋凌弱，毋吞贫，毋虐小，毋欺老，孝敬父兄，和睦亲族，周给贫乏，逊顺乡里，如此则为良民。若效昔之所为，非良民矣。"众皆顿首，谢。于是赐酒食而遣之。

时，翰林学士宋濂、詹同及侍制王祎、起居注陈敬等侍左右。

太祖顾谓之曰："朕谕此辈，欲勉之为善耳。"

祎对曰："自古帝王皆兼君师之任，三代而下为人主者，知为治而不知为教。今陛下训谕之，不啻严师之教弟子，恩至厚也，诚所谓兼'治教之道'矣。"

六月辛巳。令民间立义冢，太祖谕礼部臣曰："古者圣王治天下，有掩骼埋胔之令，推恩及于朽骨。近世狃于胡俗，死者或以火焚之，而投其骨于水，孝子慈孙于心何忍？伤恩败俗，莫此为甚，其禁止之。若贫无地者，所在官司择近城宽闲地为义冢，俾之葬埋。或有宦游远方不能归葬者，官给力费，以归葬之。"

洪武十七年十一月庚午。太祖谓礼部臣曰："近命辽东立学校，或言边境不必建学。夫圣人之教，犹天也。天有风雨、霜露，无所不施，圣人之教，亦无往不行。昔箕子居朝鲜，施八条之约，故男遵礼义，女尚贞信。管宁居辽东，讲诗书，陈俎豆，饰威仪，明礼让，而民化其德。曾谓边境之民，不可以教乎？夫越与鲁相去甚远，使越人而居鲁久，则必鲁矣；鲁人而居越久，则必越矣。非人性有鲁越之异，风俗所移然也。况武臣子弟久居边境，鲜闻礼教，亦恐渐移其性。今使之诵诗书，习礼让，非但可以造就其才，他日亦可资用。"

洪武二十三年五月己酉。播州、贵州宣慰使司并所属宣抚司官各遣其子来朝，请入太学。

太祖敕国子监官曰："移风善俗，礼为之本，敷训导民，教为之先。故礼教明于朝廷，而后风化达于四海。今西南夷土官各遣子弟来朝，求入太学，因其慕义，特允其请耳。尔等善为训教，俾有成就，庶不负远人慕学之心。"

洪武二十七年三月癸亥。有儒士初授知县，陛辞，太祖问之曰："试言莅民之道，何先？"

对曰："教化为先。"

曰："教化何施？"

对曰："奖劝之。"

太祖曰："治民固以教化为本，而身又为教化之本。长一邑则系一邑之望，民率视己以为则，己身不正，民将何法？虽多为奖劝，彼不见信，故曰：'以身教者从，以言教者讼。'尔其试之。"

第三卷

第18章　任官

甲辰十一月辛酉。太祖谓中书省臣曰："立国之初，致贤为急。中书百司纲领总率群属，须择贤者与之共理。但任人之道，小大轻重，各适其宜。若委重于轻，是以栱桷^①而为梁栋；委大于小，是以钟庾^②而盛斗筲^③。"

省臣对曰："人有才者，施于任使，宜无不可。"

太祖曰："莫邪之利，能断犀象，以之斫石，则必缺；麒麟之驶，能致千里，以之服耒，则必蹶。要必处之得其宜，用之尽其才可也。"

丙午正月。是月，命中书省臣录用诸司劾退官员。

---

① 栱桷（gǒng jué）：即栱和桷。泛指细微之材。
② 钟庾：即钟和庾，两种容量单位。泛指数量小。
③ 斗筲（shāo）：古代十升为一斗，一斗二升为一筲。泛指数量大。

省臣傅瓛等曰："今天下更化，庶事方殷，诸司官吏非精勤明敏者，不足以集事。此辈皆以迁缓不称职为法司劾退，岂宜复用？"

太祖曰："人之才能各有长短，故治效亦有迟速。夫质朴者多迁缓，狡猾者多便给。便给者虽善办事，或伤于急促，不能无损于民；迁缓者虽于事或有不逮，而于民则无所损也。"

吴元年十二月。是月，太祖以山东郡县既下，命官往抚辑之。

谕之曰："百姓安否在守令，守令之贤者以才德。有才则可以应变集事，有德则足以善治。为治之道，亦有难易。当天下无事，民狃于奢纵，治化为难。及更丧乱，斯民凋敝，抚绥尤难。元之所以致乱者，虽上失其操柄，亦州郡官吏不得其人。懦者不立，流于纵弛；强者急遽，发于暴横。又皆以胡人为之长，不惟尸位而已，反为奸吏愚弄，假威窃权，以生乱阶。今山东郡县新附之民望治，犹负疾者之望良医。医之为术，有攻治，有保养。攻治者伐外邪，保养者扶元气。今民出丧乱，是外邪去矣，所望休养生息耳。休养生息，即扶元气之谓也。汝等今有守令之寄，当体予意，以抚字为心，毋重困之。"

洪武元年正月辛丑。天下来朝，府、州、县官陛辞。

太祖谕之曰："天下初定，百姓财力俱困，譬犹初飞之鸟不可拔其羽，新植之木不可摇其根，要在安养生息之。然惟廉者能约己而利人，贪者必浚人而厚己。况人有才敏者或泥于私，善柔者或昧于欲，此皆不廉害之也。尔等当深戒之。"

四月癸亥。置山东行中书省，调江西参政汪广洋为山东参政，以翰林学士陶安为江西参政。

太祖因谓安曰："朕渡江之初，卿首率父老见于军门，为朕敷陈王业，论当世之务，深合朕心。由是朝夕相近，幕府军旅之事裨益良多。继入翰林，益闻谠论。今调汪广洋为山东参政，而江西乃上游都会，可以代之者宜莫如卿，其为我抚治之。"

安对曰："臣以微陋，叨蒙甄录，俾居左右，幸望过矣。今复委以重任，恐付托不效，有负上恩。"

太祖曰："躬擐甲胄，决胜负于两阵之间，此武夫之事，非儒生所能。至若承流宣化，绥辑一方之众，此儒者之事，非武夫所能也。朕之用人，用其所能，不强其所不能。卿才宜膺是任，故以授卿，我岂私卿一人而不爱一方乎？"

安乃顿首受命。

闰七月辛酉。广东何真率其官属入朝，诏授真江西行省参政。

太祖谕之曰："天下纷争，所谓豪杰有二：易乱为治者，上也；保民达变，识所归者，次也。负固偷安，流毒生民，身死不悔，斯不足论矣。顷者师临闽越，卿即输诚来归，不烦一旅之力，使兵不血刃，民庶安堵，可谓识时达变者矣。”

真叩头谢曰：“昔者武王代暴救民，诸侯不期而会者八百。今主上除乱以安天下，天命人归，四海是从。臣本蛮邦之人，始者逢乱，不过结聚乡民，为保生之计，实无他志。今幸遇大明丽天，无幽不烛，臣愚岂敢上违天命。”

太祖曰：“夫能不贾祸于生灵者，必世享其泽。朕嘉以忠诚，念江西地近广东，是用特授尔江西行省参政，以表来归之诚。古云：‘令名，德之舆也。’卿令名已著，尚懋修厥德，以辅我国家。”

八月丙子。太祖谓中书省臣曰：“任人之道，因材而授职。譬如良工之于木，大小曲直，各当其用，则无弃材。夫人亦然，有大器者或乏小能，或有小能不足以当大事。用之者，在审察其宜耳。骅骝之材，能历险致远，若使攫兔，不如韩卢。铅刀之割，能破朽腐，若解全牛，必资利刃。故国家用人，当各因其材，不可一律也。不能，则人材不得尽其用，而朝廷有乏人之患矣。”

洪武二年二月庚寅。太祖谓廷臣曰：“累黍可以成寸，积善可以成德。故小善可以成大善，小恶必至成大恶。”又曰：“积善如积土，久而不已，则可以成山；积恶如防川，微而不塞，必至于

098

滔天。卿等皆时之俊乂[①]，与朕康济天下，虽有小善，朕必录之，若有不善，勿吝速改。人能改过迁善，如镜之去垢，光辉日增。不然，则终身蒙蔽，罪恶日积，灾咎斯至矣。可不戒哉？"

五月癸丑。置福建行省。以福、汀、漳、泉、建宁、邵武、兴化、延平八府隶之。命中书省参政蔡哲为参政。

太祖谕之曰："君子立身行己，莫先于辨义利。夫义者，保身之本；利者，败名之源。常人则惟利是趋，而不知有义。君子则惟义是守，而竟忘乎利，此所以异于常人者也。福建地濒大海，民物富庶，番舶往来，私交者众。往时官吏多为利诱[②]，陷于罪戾。今命卿往，必坚所守，毋蹈其罪。"

哲对曰："臣以菲薄，叨承恩命，敢不尽公以报。"

太祖曰："公，即无私义之谓也；私，即亡公利之谓也。要公之一字，亦未易言。此心如止水明镜，无分毫私意累之，然后揆事度物，廓然无滞。若使胸中微有芥蒂，即不得为公矣。卿宜勉之。"

八月己巳。太祖令吏部定内侍诸司官制。

谕之曰："朕观《周礼》所记，未及百人。后世至逾数千，卒

---

① 俊乂：贤能杰出之辈。
② 利诱（xù）：即利诱。

为大患。今虽未能复古，亦当为防微之计。古时此辈所治，止于酒浆、醯醢①、司服、守祧②数事。今朕亦不过以备使令，非别有委任，可斟酌其宜，毋令过多。"又顾谓侍臣曰："此辈自古以来，求其善良，千百中不一二见。若用以为耳目，即耳目蔽矣；以为腹心，即腹心病矣。驭之之道，但当戒饬，使之畏法，不可使之有功。有功则骄恣，畏法则检束，检束则自不为非也。"

洪武四年正月己卯。御史台进拟宪纲四十条，太祖览之，亲加删定，诏刊行。因谓台臣曰："元时任官，但贵本族。轻中国之士，南人至不得入风宪③，岂是公道？朕之用人，惟才是使，无间南北。风宪非朕耳目，任得其人，则自无壅蔽之患。"

殿中侍御史唐铎对曰："臣闻元时遣使宣抚百姓，初出之日，四方惊动。及至，略无所为。而出，百姓为之语曰：'奉使宣抚，问民疾苦。来若雷霆，去若败鼓。'至今传以为笑。今陛下一视同仁，任官惟贤，尤重风宪，明立法度。所以安百姓，兴太平，天下幸甚。臣等敢不精白一心，钦承圣意。"

四月辛卯。太祖谓中书省臣曰："或言刑名、钱谷之任，宜得长于吏材者掌之。然吏多狡狯，好舞文弄法，故悉用儒者。且

---

① 醯醢（xī hǎi）：此处指用肉、鱼等制成的肉酱。
② 守祧（tiāo）：古官名。掌守先王先公的祖庙。后泛指祭祀祖先宗庙。
③ 风宪：指御史之职。古代御史掌纠弹百官，正吏治之职，故称。

自古以来，兴礼乐，定制度，光辅国家，成至治之美，皆本于儒。儒者知古今，识道理，非区区文法吏可比也。然今所用之儒，多不能副朕委任之意，何也？岂选任之际不得实材欤？朕每遇事，无不究心。近调兵北征沙漠，西取川蜀，兵未出门，连夜不寝。身虽不往，而心则往矣。惟恐委任非当，或规画未善，不能了事。卿等为朕股肱，于铨材授任，亦当夙夜究心，苟非其材，勿轻选任。"

五月丁巳。以李守道、詹同为吏部尚书。

谕之曰："吏部者，衡鉴之司。鉴明，则物之妍媸无所遁；衡平，则物之轻重得其当。盖政事之得失在庶官[1]，任官之贤否由吏部。任得其人，则政理民安；任非其人，则瘝官旷职[2]。卿等居持衡秉鉴之任，宜在公平，以辨别贤否。毋但庸庸碌碌，充位而已。"

洪武七年正月庚午。吏部奏主事员多，欲改主事王性任户部。

太祖不许，曰："自古设官分职，以理庶务，政有烦简，故官有多寡，当因时制宜，岂得尽拘一律乎？况初入仕者，政非素习，事何由治，职何由称哉？自今六部官毋得轻调，如有年老者，就

---

① 庶官：各种官职，泛指百官。
② 瘝（guān）官旷职：即渎职素餐，贪禄怠事。

本部升用。”

六月戊午。汰北方府州县官。

太祖命吏部臣曰：“古称任官惟贤材，凡郡得一贤守，县得一贤令，足以致治。如颖川有黄霸、中牟有鲁恭，何忧不治！今北方郡县有民稀事简者，而设官与烦剧同，禄入供给未免疲民，可量减之。”

于是吏部议减北方府州县官三百八人。

洪武九年六月乙未。莒州日照县知县马亮考满入觐，州上其考曰：“无课农兴学之绩，而长于督运。”吏部以闻。

太祖曰：“农桑，衣食之本；学校，风化之原。皆守令先务，不知务此，而曰长于督运，是弃本而务末，岂其职哉？苟任督责以为能，非恺悌之政也。为令而无恺悌之心，民受其患者多矣。宜黜降之，使有所惩。”

庚戌。山西汾州平遥县主簿成乐官满来朝，本州上其考曰：“能恢办商税。”吏部以闻。

太祖曰：“地之所产有常数，官之所取有常制。商税自有定额，何俟恢办？若额外恢办，得无剥削于民？主簿之职，本佐理县政，抚安百姓，岂以办课为能？若止以办课为能，其他不见可称，则失职矣。州之考非是。尔吏部其移文讯之。"

洪武十年七月甲申。置通政使司，掌出纳诸司文书、敷奏、封驳之事。时官制初立，太祖重其任，颇难其人。刑部主事曾秉正，新擢陕西参政，未行，太祖遂命秉正为通政使，以应天府尹刘仁为左通政。

谕之曰："壅蔽于言者，祸乱之萌；专恣于事者，权奸之渐。故必有喉舌之司，以通上下之情，以达天下之政。昔者虞之纳言，唐之问下者，皆其职也。今以是职命卿等，官以通政为名，政犹水也，欲其常适，无壅遏之患。卿其审命令以正百司，达幽隐以通庶务。当执奏者，勿忌避；当驳正者，勿阿随；当敷陈者，无隐蔽；当引见者，无留难。毋巧言以取容，毋苛察以邀功，毋谗间以欺罔。公清直亮，以处厥心，庶不负委任之意。"

秉正等顿首谢曰："臣等驽钝，幸蒙圣眷，膺兹重任，敢不尽心，图报万一。"

洪武十一年正月。是月，徵天下布政使司官及各府知府来朝。

太祖谓廷臣曰："古者帝王治天下，必广聪明以防壅蔽。今布政使司官，即古方伯之职。各府知府，即古刺史之职。所似承流宣化，抚安吾民者也。然得人则治，否则瘝官旷职，病吾民多矣。朕今令之来朝，使识朝廷治体，以警其玩愒之心。且以询察言行，考其治绩，以观其能否。苟治效有成，即为贤材，天下何忧不治。"

廷臣对曰："皇上忧民之切，任官之重，此尧舜询事考言之道。"

三月丁丑。河间府知府杨冀安等考绩来朝。

太祖命吏部曰："考绩之法，所以旌别贤否，以示劝惩。今官员来朝，宜察其言行，考其功能，课其殿最，第为三等。称职而无过者为上，赐坐而宴；有过而称职者为中，宴而不坐；有过而不称职者为下，不预宴，序立于门，宴者出，然后退。庶使有司知所激劝。"

洪武十六年六月辛巳。太祖与侍臣论用人之道。

太祖曰："人主以明为治，而不自用其明，当取众人之见以为明。夫爝火之光，岂胜于烈炬？众人之见，必广于一人。故用天下之贤材以为治，使天下之情幽隐毕达，则明无不照，而治道成矣。苟自作聪明而不取众长，欲治道之成，不可得也。"

洪武十三年九月丙午。始置四辅官，告太庙，以王本、杜佑、龚敩为春官，杜敩、赵民望、吴源为夏官。

敕曰："昔之耕莘者为政，社稷永安；筑岩者在朝，君仁民康。二臣继出于殷商，致君六百年之大业。是贤者虽处同出异，其忠君济民之道则一。朕政有未周，化有未洽，访近臣而求士，故召尔等来朝，命为四辅官，兼太子宾客。位列公、侯、都督之次，必欲德合天人，均调四时，以臻至治，其敬慎之。"

十二月。是月，吏部奏，天下郡县所举聪明正直、孝弟力田①、贤良方正、文学才干之士至京者八百六十余人。

太祖命各授以官，因谕之曰："人之才能，少得全备。如宽厚慈祥者，使之长民；勤敏通达者，使之集事。量能授官，庶有成绩。若使才不称职，位不达才，国家虽有褒德录贤之名，而无代天理物之实，非所以图治也。尔其审之。"

于是授职各有差。

洪武十四年十一月甲辰。太祖召吏部、兵部臣，谕之曰："三代学者无所不集习，故其成材，文武兼备。后世九流判立，士习始分。服逢掖者或不闲于武略，被介胄者或不通于经术。兼之者，其惟达材乎！三代而下，若诸葛孔明、羊祜、杜预、李靖辈，文武兼资，难概以一律。夫木直者可以中绳，曲者可以中矩。人有学问，则亦何事不可为也。今武臣子弟，朕尝命之讲学，其间岂无聪明贤智有志于学者，若概视为武人不用，则失之矣。卿等其

———————————
① 力田：努力耕种。泛指勤于农事。

105

审择用之。"

洪武十五年四月癸卯。以儒士吴颙为国子监祭酒。

太祖谕之曰："国学者，天下贤材所萃，而四方之所取正，必师道严而后模范正。师道不立，则教化不行，天下四方何所取则？卿宜崇重道义，正身率下，俾诸生有所模范。若徒以文辞为务，记诵为能，则非所以教矣。为夫钟鼓扬则闻于远，德义著则人乐从。尔其慎之，勉副朕意。"

洪武十七年七月壬子。吏部奏考满官二员绩最当迁。

太祖曰："任官之法，考课为重。唐虞、成周之时，所以野无遗贤，庶绩咸熙者，用此道也。若百司之职，贤否混淆，无所惩劝，则何以为政？故鉴物必资于明镜，考人当定以铨衡。尔等考覆，务存至公，分别臧否，必循名责实。其政绩有异者，即超擢之，庶几贤者在位，而人有所劝矣。"

洪武十八年八月丙辰。太祖御华盖殿，与群臣论及治天下之道。

文渊阁大学士朱善进曰："古者人主致治，重在任人。盖择众贤为耳目，则听视周乎四海；任众智为计虑，则利泽施于万民。今天下太平，惟选任贤材，宜留圣虑。"

太祖曰："然。任人之道，当严于简择，简择严，则庸鄙之人不进；当专于任使，任使专，则苟且之意不行。然必贤者乃可以专任之，非贤而专任者，必生奸也。是以任人为难。然人亦有谨于始而怠于终者，亦有过于前而改于后者，则固不能保始终。惟终始如一者，其怀忠报国之心坚如金石，安得不任之？若臣诈似信、怀奸若忠者，决不可任也。"

洪武二十一年正月戊寅。召前诸城知县陈允恭于云南。

太祖谕吏部臣曰："为国以任人为本，作奸者不以小才而贷之。果贤者，不以小庇而弃之。奸者必惩，庶不废法。宥过而用，则无弃人。陈允恭前任诸城，以薄书之过谪戍云南，比有言其治县时能爱民。夫长民者能爱民，虽有过，可用也。"

于是召允恭还复其官。

洪武二十二年九月戊辰。太祖御奉天门。廷臣有言，比来儒士起自田里，而擢用骤峻，非朝廷爱重名爵之意。

太祖曰："朝廷爵禄，所以待士，彼有卓越之才，岂可限以资格？朕但期得贤，名爵非所怀。若曰起自田里，不当骤用，如伊尹在莘野，孔明在陇中，一旦举之，加于朝臣之上，遂至建功立业，何尝拘于官职？朕所患不得贤耳，诚得贤而任之，品秩非所限也。"

洪武二十三年八月辛酉。给事中有荐士者。

太祖问宜何官，对曰："宜牧民。"

又问其所长，对曰："其人才高年力少，勇于敢为。"

太祖曰："才高者多过中，勇敢者少循理。遽使牧民，未见其可。夫素操刀者乃可使割，善制锦者乃可使裁。素未学而欲使入政，可乎？后生年少，未尝历练，恃才轻忽，用其血气之勇，鲜有不生事扰民者。且令就学，以养其德性，变化气质，俟学成用之。"

洪武二十四年七月甲寅。太祖与群臣论治道，谕之曰："构大厦者必资于众工，治天下者必赖于群才。然人之才有长短，亦犹工师之艺有能否。善斫木者不能攻石，善断轮者不能为舟。若任人之际量能授官，则无不可用之才矣。卿等皆朕股肱耳目，宜为朕广求贤才，以充任使，毋求备于一人可也。"

太祖谕吏部臣曰："用人之道，在于随材任使，则天下无弃人矣。"又曰："观人之法有数等：材德俱优者，上也；材德不及者，其次也；材有余而德不足，又其次也。苟二者俱无，此不足论也矣。若逐势变移，好作威福，言是而行非，此小人，不可用也。"

第19章 守法

甲辰三月丁卯。太祖谓廷臣曰："剽悍骄暴，非人之性也，习也。苟有礼法以一之，则剽悍者可使善柔，骄暴者可使循帖。若蹄啮之马，调御有道，久则自然驯熟。属兹草创，苟非礼法，人无所守，故必当以此洗涤渐染之习。然制礼立法非难，遵礼守法为难。人知遵礼，自无暴悍。能守法，则不至暴悍。夫三尺童子，至弱也，遇强暴而不敢欺者，以有礼法故耳。方今所当急者，此为先务，不可后也。"

吴元年十一月壬寅。太祖谓省台官曰："近代法令极繁，其弊滋甚。今之法令，正欲得中，毋袭其弊。如元时，条格烦冗，吏夤缘出入为奸，所以其害不胜。且以七杀言之，谋杀、故杀、斗殴杀，既皆死罪，何用如此分析？但误杀有可议者，要之与戏杀、过失杀亦不大相远。今立法，正欲矫其旧弊，大概不过简严。简则无出入之弊，严则民知畏而不敢轻犯。尔等其体此意。"

十二月甲辰。太祖谕群臣曰："读书所以穷理，守法所以持身。故吏之称循良者不在于威严，在于奉法循理而已。卿等既读书，于律亦不可不谙达。大抵人之犯法者，违理故也。君子守理，故不犯法。小人轻法，故蹈重刑。今卿等各有官守，宜知所谨。"

洪武二十八年一月戊子。刑部臣奏，律条与条例不同者，宜更定，俾所司遵守。

太祖曰："法令者，防民之具，辅治之术耳，有经有权。律者，常经也；条例者，一时之权宜也。朕御天下将三十年，命有司定律久矣，何用更定。"

第20章　求言

　　戊戌十二月庚辰。太祖自宣至徽，召故老耆儒，访以民事。有儒士唐仲实、姚琏者来见。

　　太祖问之曰："丧乱以来，民多失业，其心望治，甚于饥渴，吾深知之。"

　　仲实对曰："自大军克复，民获所归矣。"

　　又问曰："邓愈筑城，百姓怨否？"

　　仲实对曰："颇怨。"

　　太祖曰："筑城以卫民，何怨之有？必愈所为迫促，以失人心。"即命罢之。又问："尔能博通今古，必谙成败之迹。若汉高祖、光武、唐太宗、宋太祖、元世祖，此数君者，平一天下，其道何如？"

　　仲实对曰："此数君者，皆以不嗜杀人，故能定天下于一。主公英明神武，兼数君之长，驱除祸乱，未尝妄杀，出民膏火，措之于衽席之上。开创之功，超于前代。然以今日观之，民虽得所归，而未遂生息。"

太祖曰："此言是也。我积少而费多，取给于民，甚非得已。然皆为军需所用，未尝以一毫奉己。民之劳苦，恒思所以休息之，曷尝忘也。"

仲实对曰："诚如是，民之生息可待矣。"

太祖曰："有不便者，盍尽言之。"

仲实等皆拜谢，乃赐诸父老布帛，抚慰之而去。

甲辰四月庚子。太祖谓徐达等曰："人之行事，固欲尽善。然一时智虑未周，及既行之后，思之有未尽善，亟欲更之，已无及矣。与其追悔于既往，曷若致谨于初。大抵更涉世故则智明，久历患难则虑周。近日纪纲法度粗若有绪，其间有未尽善者，诸公宜执正论，亟为更张。庶几上下之间，各得其便。苟有不善，岂徒予之过，亦汝等之责也。"

六月戊戌。太祖谓廷臣曰："治国之道，必先通言路。言犹水也，欲其长流。水塞，则众流障遏；言塞，则上下壅蔽。今予以一人而酬应上下之务，非兼听广询，何以知其得失？《诗》曰：'先民有言，询于刍荛。'夫刍荛，至贱者也，古人尚取于其言。

况左右、前后之人与共事者，岂无一得之长乎？诸公有所建明，当备陈之。"

戊午。太祖谓谕朝臣曰："国家政治得失，生民之休戚系焉。君臣之间，各任其责，所行未当，速改，不宜有所隐避。若隐避不言，相为容默，既非事君之道，于己亦有不利。自今宜各尽乃心，直言毋隐。"

洪武元年正月壬午。太祖谕群臣曰："忠臣爱君，谠言为国。盖爱君者有过必谏，谏而不切者，非忠也。为国者遇事必言，言而不直者，亦非忠也。比来朕每发言，百官但唯诺而已。其间岂无是非得失，而无有直言者，虽有不善，无由以闻。自今宜尽忠谠，以匡朕不逮。若但唯唯，非人臣事君之义也。"

二月己未。太祖谕侍御史文原吉等曰："比来台臣久无谏诤，岂朝廷庶务皆尽善，抑朕不能听受，故尔嘿嘿乎？尔等以言为职，所贵者忠言。忠言日闻，有益于天下国家。若君有过举，而臣不言，是臣负君。臣能直言，而君不纳，是君负臣。朕每思一介之士，于万乘之尊，其势悬绝。平居能言，奏对之际，或畏避不能尽其词，或仓卒不能达其意。故尝霁色以纳之，惟恐其不尽言也。至于言无实者，亦略而不究。盖见秦汉以来季世末主，护短

113

恶谏，诛戮忠直。人怀自保，无肯为言者。积咎愈深，遂至不救。夫日月之行，犹有薄食；人之所为，安能无过？惟能改过，便可成德。"

原吉对曰："陛下此心，即大禹好闻善言，成汤不吝改过之心也。言而无实，略之不究，尤见天地之量。"

太祖曰："有其实而人言之，则当益勉于善。无其实而人言之，则当益戒于不善。但务纳其忠诚，何庸究其差谬。"

洪武七年八月辛丑。北平按察司副使刘崧言，宛平驿当要道，而驿马之数与非要道之驿同，宜减他驿马，以增宛平驿。太祖可其奏。

顾谓侍臣曰："驿传劳逸不均，甚为民弊。崧以为言，民获惠矣。朕以一身任天下之事，闻见计虑，岂能周偏？尔等宜体此，竭心为朕访察民间利病，何事当兴，何事当革，具为朕言。朕当行之，毋为容默，但保禄而已。"

侍臣对曰："陛下乐从直言，天下之福也。"

洪武九年六月壬寅。太祖谕侍臣曰："舍己从人，改过不吝，帝王之美事。故大禹以五声听治，为铭于笋簴曰：'教我以道者，击鼓。教我以义者，击钟。以事者，振铎。以忧者，击磬。以狱者，挥鞀。'禹，圣人也，虚己求言，如此之切，故闻善言则拜。

114

朕乐闻嘉谟，屡敕廷臣直言无讳，至今少有以启沃朕心者。"

侍臣对曰："陛下聪明天纵，孜孜为治，事无缺失。群臣非不欲言，但无可言者。"

太祖曰："朕日总万几，安能事事尽善？所望者，左右之臣尽忠补过耳。如卿所言，非朕所望也。"

侍臣顿首谢。

十二月丙辰。太祖谕群臣曰："朕每事必详审而后行，既行而又有相妨者，以一人之智虑欲周天下之事情，固知其难当。事机丛脞①，左右之人能竭尽诚意相与可否，岂不事皆尽善，人受其惠？若固位偷安，默而不言，自谓得计，殊不知百世之下，难逃清议，如张禹、孔光之徒，岂不惜哉？"

群臣皆顿首。

洪武十年六月丁巳。太祖谕中书省臣曰："清明之朝，耳目外通；昏暗之世，聪明内蔽。外通则下无壅遏，内蔽则上如聋瞽。国家治否，实关于此。朕常患下情不能上达，得失无由以知，故广言路以求直言。其有言者，朕皆虚心以纳之。尚虑微贱之人敢言而不得言，疏远之士欲言而恐不信，如此则所知有限，所闻不广。其令天下臣民，凡言事者，实封直达朕前。"

---

① 丛脞（cuǒ）：琐碎，杂乱。

洪武二十三年十一月戊午。太祖谕兵部试尚书茹玮等曰："朕虚心待人，汝等当思尽言，不宜容默。天下之事，一人虑之不足，众人计之有余。苟惟依阿承顺，无所建明，非有利于天下也。"

　　玮等皆顿首谢。

第21章　纳谏

辛丑七月甲子。太祖视事东阁。时天热坐久，汗湿衣，左右更衣以进，皆经浣濯者。

参军宋思颜曰："臣见主公躬行节俭，旧衣皆浣濯更进，禹之恶衣服，诚无以加矣，真可以示法于子孙也。臣恐主公今日如此，而后或不然，愿始终如此。"

太祖喜曰："思颜之言甚善。他人能言，或惟及于目前，而不能及于久远。或能及其已然，而不能及于将然。今思颜见我能行于前，而虑我不能行于后，信能尽忠于我也。"乃赐之币，以彰其直。复谓思颜曰："汝在前朝颇有善誉，为主者不能知汝。及归于我，数进谠言，斯固可嘉。"

思颜又曰："近句容有虎为害，公既遣人捕获之，今豢养民间，饲之以犬，无益。"

太祖欣然，即命取二虎并一熊皆杀之，分其肉赐百官。

甲辰三月戊辰。太祖御戟门，省臣以所定官制班次图进。

太祖览毕，因论及选谏议之官，曰："论道经邦，辅弼之臣；折冲御侮，将帅之职；论思献纳，侍从之任；激浊扬清，台察之司。此数者，朝廷之要职也。至于绳愆纠缪，拾遗补过，谏诤之臣，尤难其人。抗直者或过于矫激，巽懦者又无所建明。必国尔忘家、忠尔忘身之士方可任之。不然，患得患失之徒，将何所赖也。"

洪武元年正月己卯。太祖谕群臣曰："吾观史传所载历代君臣，或聪明之君乐闻忠说，而臣下循默奸、谄不尽其诚者有之。或臣下不欺，能抗言直谏，而君上昏愚骄暴、饰非拒谏者有之。臣不谏君，是不能尽臣职；君不受谏，是不能尽君道。臣有不幸言不见听而反受其责，是虽得罪于昏君，然有益于社稷人民也。若君上乐于听谏，而臣下善于进谏，则政事岂有不善，天下岂有不治？乃知明良相逢，古今所难。"

洪武六年三月乙卯。太祖谓群臣曰："昔唐太宗谓，人主自贤，臣不匡正，欲不危败，岂可得也？朕观汤以从谏弗咈而兴，纣以饰非拒谏而亡，兴亡之道，在从谏与咈谏耳。大抵自贤者必自用，自用，则上不畏天命，下不恤人言，傲僻邪侈，不亡何待？从谏者则乐善，乐善，则正人日亲，憸人日远，号令政事必底于善，故未有不兴者。太宗英杰之主，有见乎此，纳言如流，小大必采，故能致贞观之治。朕于卿等深有所望，勿怀顾忌而忘尽言。"

洪武八年五月庚申朔。太祖谓侍臣曰："人君深居高位，恐阻隔聪明，过而不闻其过，阙而不知其阙。故必有献替之臣、忠谏之士日处左右，以拾遗补阙。言而是也，有褒嘉之美；言而非也，无谴责之患。故人思尽职，竭其忠诚，无有隐讳。如此，则嘉言日闻，君德日新，令闻长世，允为贤明。至若昏庸之主，吝一己之非，拒天下之善。全躯保禄之臣，或缄默而不言，或畏威而莫谏。塞其聪明，昧于治理，必至沦亡而后已。由此观之，能受谏与不能受谏之，异也。"

洪武九年六月甲申朔。太祖谕侍臣曰："朕观往古，任智自用之君，饰非拒谏，多取灭亡。成汤改过不吝，故为三代盛王。唐太宗屈己从谏，亦能致贞观之治。此皆后世罕及也。人君苟能虚己以受言，人臣能尽忠以进谏，则何事业不可成哉！"

洪武十五年八月己丑。山东肥城县知县许好问言："报国莫如荐贤，献忠莫如进谏。臣既不能荐贤以报国，敢不进言以献忠？

周有天下八百年，秦并周为正统，合四十余年而汉兴。汉有天下四百余年。隋平陈，混一天下，甫二十九年而唐兴。唐有天下二百八十八年。元起沙漠，入主中国，混一天下，八十余年，而圣朝隆兴。先儒云，凡能混一天下，不及百年，皆为迭兴之闰位，乃知秦为汉闰，隋为唐闰，元为国朝之闰，亦已明矣。伏愿陛下慎刑罚，昭劝惩，缓差徭，容直谏，致中和，以丕显文明之治，则皇祚传之万世，圣子神孙承继于无穷矣，岂特八百年而已哉！"

太祖曰："治乱相因，盛衰有时，虽出于气运一定之数，然亦由人事之所致也。其间保民致治，国祚灵长，未有不由创业垂统，为子孙继述之基本。其所以速致乱亡者，必反是。鉴之往古，事有可征。要之祈天永命，固有其道，修德慎罚，亦一端耳。好问所言，颇合朕意。"

第22章　去谗佞

吴元年正月乙未。有省局匠告省臣曰："见一老人语之曰：'吴王即位三年，当平一天下。'问老人为谁，曰：'我，太白神也。'言讫遂不见。"省臣以闻。

太祖曰："此诞妄不可信也。若太白神果见，当告君子，岂与小人语邪？今后凡事涉怪诞者，勿以闻。"

九月乙未。太祖谕群臣："大丈夫有志于功业者，必亲贤以广德。盖正直相亲，则善日闻；谗邪相近，则恶日染。如王保保所信，多非正人。有傅颖阳者，专为前察细事，甚张威福，一僧略不相礼，阴谮杀之。信谗如此，岂持久之道乎？为人上者最忌偏听。所谓偏听生奸，诚有是也。信任奸邪，假声势以济其爱憎之私，何所不至！使人离心离德，功业岂能成立？"

洪武元年二月癸卯。太祖御奉天门，谓侍臣曰："凡人之言，有忠谏者，有谗佞者。忠谏之言，始若难听，然其有益，如药石之能济病。谗佞之言，始若易听，然其贻患不可胜言。夫小人之为谗佞也，其设心机巧，渐渍而入。始焉必以微事可信者，言于人主，以探其浅深。人主苟信之，彼他日复有言，必以为其尝言者可信，将不复审察。彼谗佞者因得肆其志，而妨贤病国，无所不至。自古若此者甚多，而昏庸之君卒莫之悟，由其言甘而不逆于耳故也。惟刚明者审择于是非，取信于公论，不偏信人言，则谗佞之口杜矣。"

八月甲午。有御史上言陶安隐微之过。太祖曰："朕素知安，安岂有此？且尔何由知之？"

对曰："闻之于道路。"

太祖曰："御史但取道路之言以毁誉人，以此为尽职乎？"命中书省臣黜之。

省臣进曰："御史当言路，言之有失，乞容之。"

太祖曰："不然。植桂木者必去蟓蠹，长良苗者必芟稂莠，任正士者必绝邪人。凡邪人之事君，必先结以小信，而后逞其大诈，此人尝有所言，朕不疑而听之，故今日乃为此妄言。夫去小人当如扑火，及其未盛而扑之，则易为力，不然害滋大矣。"竟黜之。

122

洪武三年十二月己巳。儒士严礼等上书。太祖退朝，御西阁，因览礼所上书。

谓侍臣曰："汝等知古今，达事变。且言元氏之得天下与所以失之故。"或言世祖君贤臣忠以得之，后世君暗臣谀以失之；或言世祖能用资而得之，后世不能用贤而失之；或言世祖好节俭而得之，后世尚奢侈而失之。

太祖曰："汝等所言，皆未得其要。夫元氏之有天下，固有世祖之雄武。而其亡也，由委任权臣，上下蒙蔽故也。今礼所言不得隔越中书奏事，此正元之大弊。人君不能躬览庶政，故大臣得以专权自恣。今创业之初，正当使下情通达于上，而犹欲效之，可乎？杭州白塔，乃元时佞臣所作，以谄媚朝廷，今礼欲修之。伯颜之有祠堂，因其初入临安，市不易肆，有德于民，故庙食焉，今礼欲毁之。宋之都杭，僻居一隅，非得已也。朕都建康，抚定四方，经营方始，今礼又欲朕建都于杭，失居重驭轻之宜，皆妄言耳。朕访求人才，欲得识时务俊杰而用之，今观礼所奏，诚未达时务者也。"

洪武十年五月。是月，有内侍以久事内廷，从容言及政事。太祖即日斥遣还乡里，命终身不齿。

遂谕群臣曰："自古贤明之君，凡有谋为，必与公卿大夫谋诸朝廷，而断之于己，未闻近习嬖幸之人得与谋者。况阉寺之人，朝夕在人君左右，出入起居之际，声音笑貌日接乎耳目，其小善小信，皆足以固结君心，而便僻专忍，其本态也。苟一为所惑而不省之，将必假威福，窃权势，以干与政事。及其久也，遂至于不可抑。由是而阶乱者，多矣。朕尝以是为鉴戒，故立法，寺人不过侍奉、洒扫，不许干预政事。今此宦者，虽事朕日久，不可姑息，决然去之，所以惩将来也。"

群臣顿首称善。

洪武十三年五月辛丑。侍臣有言："近御史周某上言兴利之事，此人心术不正，宜明正其罪。"

太祖曰："然。朕已命黜之。尝思君子得位，欲行其道；小人得位，欲济其私。欲行道者，心存于天下国家；欲济私者，心存于伤人害物。夫知人为难，而知言亦不易。故听纳之际，不可不审。"

洪武十六年六月戊子。太祖谕廷臣曰："谗人之能害国，犹稂莠之能害苗。故善治田者必去稂莠，善治国者必去谗邪。稂莠始生似真，及其盛也，则苗不能胜矣。谗邪始言似忠，及其久也，则正人不能胜矣。谗邪胜正人，非国家美事。人君知其然，当力去之。不然，则根柢日深，为害不浅矣。"

戊戌。太祖御谨身殿，东阁大学士吴沉等进讲《周书》"国则罔有立政用憸人"。

太祖曰："甚矣。国家不可有小人，有小人必败君子。故唐虞任禹稷，必去四凶；鲁用仲尼，必去少正卯。"

沉进曰："书言去邪勿疑，所以深致其戒。"

太祖曰："国家不幸有小人，如人蓄毒药，不急去之，必为身患。小人巧于悦上，忍于贼下，人君若但喜其能顺适己意，任其所为而不问，以为怨将在彼。譬如犬马伤人，人不怨畜犬马者乎？"

沉曰："小人中怀奸邪，而其所言甚似忠信，不可不察。"

太祖曰："然。小人善于逢迎，彼知人主所乐为者，不顾非义，乃牵合傅会曰是不可不为。知人主不乐为者，不顾有益于天下国家，亦牵合傅会曰是不必为。此诚国之贼也。自古以知人为难，而知言亦不易也。"

洪武十七年四月己丑。太祖谓谏议大夫唐铎曰："人有公私好恶不齐，故其言有邪有正。正言务规谏，邪言务谤诼。谤言近于忠，诼言近于爱。惟不惑于谤言，则听日聪，而谗人自去；不眩于诼言，则智益明，而佞人自绝矣。"

铎对曰："听言之难，从古为善（皆）然。惟不为所眩惑，则谗佞自远。陛下圣谕，深得其情。"

125

太祖曰："朕日总万机，所行有得失，非资人言，何由以知？故广开言路，以来众言。言有善者，则奖而行之；言之非实，亦不罪之。惟谗谄面谀者，决不可容也。"

洪武二十一年三月丙申。太祖谓侍臣曰："朕昨观史，见前代帝王好听谗言者，必致败乱。盖国有谗佞，忠贤之害也。贤者之事君，必以正，初若落落难合，终实有益。谗佞之人憸巧，善承人主之意，人主不察，多为其所惑，始若无害，终实可畏。其妨贤病国，可胜道哉！是以人君图治，须保贤哲而去谗佞。"

洪武二十七年三月丁未。太祖谕侍臣曰："毁誉之言，不可不辨也。人固有卓然自立，不同于俗，而得毁者；亦有谄媚睥睨，同乎污俗，而得誉者。夫毁者未必真不贤，而誉之者未必真贤也，第所遇有幸不幸耳。人主能知其毁者果然为贤，则诬谤之言可息，而人亦不至于受抑矣。知其誉者果然不肖，则偏陂之私可绝，而人亦不至于倖进矣。问君子于小人，小人未必能知，君子鲜有不致毁。问小人于小人，其朋党阿私，则所誉者必多矣。惟君子则处心公正，然后能得毁誉之正。故取人为难，而知言为尤难也。"

第23章　却贡献

辛丑三月戊寅。方国珍遣检校燕敬以金玉饰马鞍辔来献。

太祖曰："吾方有事四方，所需者文武材能，所用者谷粟布帛。其他宝玩，非所好也。"却其献。

洪武元年四月辛丑朔。蕲州进竹簟。

太祖谓中书省臣曰："古者方物之贡，惟服食器用，故无耳目之娱，玩物之失。今蕲州所进竹簟，固为用物，且未有命而来献，若受之，恐天下闻风，皆争进奇巧，则劳民伤财自此始矣。"命却之。仍令四方，非朝廷所需，毋得妄有所献。

洪武六年二月庚辰。海贾回回以番香阿剌吉为献。阿剌吉者，华言蔷薇露也。言此香可以疗人心疾，及调粉为妇人容饰。

太祖曰："中国药物可疗疾者甚多，此特为容饰之资，徒启奢靡耳。"却其献不受。

十一月甲寅。山西汾州官上言："今岁本处旱，朝廷已免民租。秋种足收，民有愿入赋者，请征之。"

太祖谓侍臣曰："此人盖欲剥下益上，以觊恩宠。所谓聚敛之臣，此真是矣。民既遇旱，后虽有收，仅足给食。况朝廷既已免其租，岂可复征之？昔孔子论治国，宁去食，不可无信。若复征之，岂不失信乎？夫违理而得财，义者所耻。厉民以从欲，仁者不为。"遂不听。

己未。潞州遣官贡人参。太祖谕之曰："朕闻人参得之甚难，岂不劳民？今后不必进。如用，当遣人自取。"因谓省臣曰："往年金华贡香米，朕命止之。遂于苑中种田数十亩。每耕耔、刈获之际，亲往观之，足以自适。及计所入，亦足供用。朕饮酒不多，太原岁进葡萄酒，自今亦令其勿进。国家以养民为务，岂以口腹累人哉？尝闻宋太祖家法，子孙不得远方取珍味，甚得于诒谋之道也。"

洪武七年七月己卯。初，西番兆日之地旧有造葡萄酒户三百五十家，至是其酋长勘卜监藏、罗古罗思、哺哥监藏等，以所造酒来献。

太祖谓中书省臣曰："饮食、衣服，贵乎有常。非常有而求充乎一己之欲者，则必有无穷之害。昔元时造葡萄酒，使者相继于途，劳民甚矣，岂宜效之？且朕素性不喜饮，况中国自有秫米供酿，何用以此劳民？"遂却之，使无复进。赐酋长文绮袭衣，遣还。

洪武二十三年闰四月乙丑。广西布政使司奏安南国遣使入贡。

太祖谓礼部尚书李原吉曰："安南远居海滨，率先效顺，方物之贡，岁以为常。朕念彼向幕中华，服我声教，岂在数贡？故尝以海外诸国岁一贡献，转运之烦，实劳民力，已命三年一朝。今安南不从所谕，又复入贡，尔礼部其速令广西遣还，必三年乃来也。"

第24章　勤民

戊戌二月乙亥。迁元帅康茂才为营田使，兼帐前总制亲军左副都指挥。

太祖谕茂才曰："比因兵乱，堤防颓圮，民废耕耨，故设营田司，以修筑堤防，专掌水利。今军务实殷，用度为急，理财之道，莫先于农。春作方兴，虑旱潦不时，有妨农务。故命尔此职，方巡各处，俾高无患干，卑不病潦，务在蓄泄得宜。大抵设官为民，非以病民。若但使有司增饰馆舍，送迎奔走，所至纷扰，无益于民而反害之，非付任之意。"

甲辰三月己卯。廷臣张闻等上疏劝太祖渊默，以怡养神气。

太祖曰："汝等所言，知常而不达变。天下无事，端拱玄默，守道无为，此固可以保养神气。顾今丧乱未定，军旅方殷，日给不暇，此岂渊默怡养之日耶？诸公之言固爱我，但未达时宜耳。"

丙午正月辛卯。太祖谓中书省臣曰："为国之道，以足食为本。大乱未平，民多转徙，失其本业。而军国之费，所资不少，皆出于民。若使之不得尽力田亩，则国家资用何所赖焉？今春时和，宜令有司劝民农事，勿夺其时。一岁之中，观其收获多寡，立为劝惩。若年谷丰登，衣食给足，则国富而民安。此为治之先务，立国之根本。卿等其行之。"

吴元年四月。是月，应天府句容县耆民施仁等献瑞麦。

太祖下令谕民曰："自渡江以来，十有三载，境内多以瑞麦来献。丙申岁，太平府当涂县麦生一干两岐。丁酉岁，应天府上元县麦生一茎三穗，宁国府宁国县麦生一茎二穗。今句容县又献麦一茎二穗。盖由人民勤于农事，感天之和，以致如斯。尔民尚尽力畎亩，以奉父母，育妻子，永为太平之民，共享丰年之乐。"

起居注詹同进曰："昔在成周，嘉禾同颖。汉张堪守渔阳，麦秀两岐。今主上拨乱世而反之正，功德大矣。虽戎马之际，亦修农务，故斯民得脱丧乱，尽力田亩，天降瑞麦，非偶然也。"

太祖曰："天不可必，人事则当尽。为国家者，岂可待此而自怠乎？"

131

七月。是月，太祖谕群臣曰："古之贤君，常忧治世；而古之贤臣，亦忧治君。然贤臣之忧治君者，君常安；而明主之忧治世者，世常治。今土宇日广，斯民日蕃，而予心未尝一日忘其忧，何也？久困之民未尽苏息，抚绥之方未尽得宜。卿等能同予之忧乎？能同予忧，庶几格天心而和气可致矣。若徒窃位苟禄，于生民之利病漫不加省，卒之祸败随至，不可得而救矣。可不惧哉！"

洪武元年二月乙丑。太祖以立国之初，经营兴作，必资民力，恐役及贫民，乃命中书验田出夫。于是省臣奏议，田一顷，出丁夫一人。不及顷者，以别田足之，名曰均工夫。遇有兴作，于农隙用之。

太祖谕中书省臣曰："民力有限，而徭役无穷。当思节其力，毋重困之。民力劳困，岂能独安？自今凡有兴作不获已者，暂借其力。至于不急之务，浮泛之役，宜罢之。"

洪武三年六月戊午朔。先是久不雨，太祖谓中书省臣曰："君天下者，不可一日无民；养民者，不可一日无食。食之所恃在农，农之所望在岁。今仲夏不雨，实为农忧，祷祠之事，礼所不废。朕已择明日诣山川坛，躬为祷之。尔中书各官其代告诸祠，且命皇后与诸妃亲执爨，为昔日农家之食。令太子诸王供馈于斋所。"至是日四鼓，太祖素服草履，徒步出，诣山川坛，设藁席露

132

坐，昼曝于日，顷刻不移，夜卧于地，衣不解带。皇太子捧榼①进蔬食，唯麻麦菽粟，凡三日。既而大雨，四郊沾足。

洪武五年五月戊午。夏至，祭皇地祇于方丘。礼毕，驾还乾清宫。皇后妃嫔见。

太祖曰："方农时，天久不雨，秧苗尚未入土。朕恐民之失望也，甚忧之。汝等宜皆蔬食，自今日始。俟雨泽降，复常膳如故。"

于是，宫中自后妃而下皆蔬食。是夜大雨。诘旦②，水深尺余。

洪武十年五月乙未。登州卫奏充拓新城，请令民筑之。

太祖谕工部臣曰："凡兴作不违农时，则民得尽力于田亩。今耕种甫毕，正当耘耔，遽令操版筑之役，得无妨农乎？且筑城本以卫民，若反以病民，非为政之道也。其令俟农隙为之。"

洪武十二年八月丁亥。遣使赍敕谕宋国公冯胜。时胜督工建周王宫殿于开封府，将以九月兴役。

太祖以其时民当种麦，敕谕之曰："中原民食，所恃者二麦耳。近闻尔今有司集民夫，欲以九月赴工，正当播种之时而役之，

---

① 榼（kē）：古代盛酒或贮水的器具，形状似壶似罐。
② 诘旦：即清晨。

是夺其时也。过此，则天寒地冻，种不得入土，来年何以续食？自古治天下者，必重农时。朕封建诸子，将以福民。今福未及施而先夺农时，朕恐小民之怨咨也。敕至，其即放还，俟农隙之时赴工未晚也。"

洪武十五年一月乙亥。太祖谕群臣曰："朕统一天下，于今十有五年，夙夜靡宁，诚以天下之大，生齿之众，庶事之繁，日决万几。苟有怠忽，或一言不当，贻四海之忧；或一事有失，为天下之患，岂可不尽心乎？朕与卿等共理，当各勤乃事，体朕至怀。"

七月庚戌。太祖谓翰林学士宋讷曰："朕每观《尚书》至'敬授人时'，尝叹敬天之事，后世中主犹能知之，敬民之事，则鲜有知者。盖彼自谓崇高，谓民皆事我者，分所当然，故威严日重而恩礼浸薄。所以然者，只为视民轻也。视民轻，则与己不相干，而畔涣离散不难矣。惟能知民与己相资，则必无慢视之弊。故曰：'可忧非君，可畏非民，众非元后何戴，后非众罔与守邦。'古之帝王视民何尝敢轻，故致天下长久者，以此而已。"

洪武十六年正月壬申。北平按察司言高阳诸县尝被水，三皇庙、分司廨宇圮坏，请修治。

太祖曰："灾害之余,居官者当恤民,不可劳民。今北平水患方息,民未宁居,风纪之司正当问民疾苦以抚恤之,若有修造,俟岁丰足然后为之,庶得先后缓急之宜。今不恤民而以廨舍祠庙为先,失其序矣。"

遂命停止。

八月甲戌。太祖谕佥都御史詹徽等曰："民之休戚,系于牧民者之贤否。而咨询得失,激浊扬清,则系乎风纪之职。近来人情习于故常,政事安于苟且,上下相蒙,彼此无惮。乃至阖郡连岁不闻有所激劝,或者乃云吏称民安,岂知善恶贵于旌别,举措在于得宜。今有司受牧民之寄者岂皆举职,宜有以考察之。其令御史及按察司官巡历郡县,凡官吏之贤否,政事之得失,风俗之美恶,军民之利病,悉宜究心。若徇私背公,矫直沽名,妄兴大狱,苛察琐细,遗奸不擒,见善不举,皆为失职。卿其宣布朕意,令其知之。"

洪武十七年正月癸卯。陕西秦州卫奏修理城隍,请兼军民为之。

太祖谕都督府臣曰："修治城隍,借用民力,盖权时宜,役之于旷闲之月耳。今民将治田之时,而欲兼用民力,失权宜之道。止用军士修理,毋得役民。"

九月己未。给事中张文辅言："自九月十四日至二十一日，八日之间，内外诸司奏札凡一千六百六十，计三千二百九十一事。"

太祖谕廷臣曰："朕代天理物，日总万几，安敢惮劳？但朕一人处此多务，岂能一一周遍？苟致事有失宜，岂惟一民之害，将为天下之害；岂惟一身之忧，将为四海之忧。卿等能各勤厥职，则庶事未有不理。"

洪武十八年三月辛巳。太祖谕兵部尚书温祥卿曰："天下所以不治者，皆由上下之情不通故也。若使君德下流，民情上达，有不利便，即与更张，天下岂有不治？近闻北方递运车，每辆服三牛，寒冬雨雪，行路甚难，一牛有损，一车遂废，有司责民偿牛，倍增其价，民受其害。宜令每车加给一牛，以备倒死，毋重伤吾民也。"

五月戊寅。太祖谓侍臣曰："朕夙兴视朝，日高始退，至午复出，迨暮乃罢。日间所决事务，恒默坐审思，有未当者，虽中夜不寐。筹虑得当，然后就寝。"

侍臣曰："陛下励精图治，天下苍生之福，但圣体过劳。"

太祖曰："吾岂好劳而恶安，向者天下未宁，吾饥不暇食，倦不暇寝，奖励将帅，平定祸乱。今天下已安，四方无事，高居宴乐，亦岂不可？顾自古国家未有不以勤而兴，以怠而衰者。天命去留，人心向背，皆决于是，甚可畏也，安敢暇逸！"

七月戊寅。太祖问近臣天下百姓安否。左春坊赞善刘三吾对曰："赖陛下威德，四方无虞，盗贼屏息，岁比丰登，民皆安乐。"

太祖曰："天下人民之众，岂能保其皆安？朕为天下主，心常在民，惟恐其失所。故每加询问，未尝一日忘之。"

三吾对曰："圣心拳拳若此，恩德之及民者深矣。"

太祖曰："恩德亦非泛然，医如臾扁，不施药石，疾不自瘳。匠如公输，不施绳墨，木不自正。君如尧舜，无纪纲法度之施，而曰恩德，所谓徒善不足以为政也。"

九月。是月，太祖谕户部臣曰："人皆言农桑衣食之本，然弃本逐末，鲜有救其弊者。先王之世，野无不耕之民，室无不蚕之女，水旱无虞，饥寒不至。自什一之涂开，奇巧之技作，而后农桑之业废。一农执末，百家待食；一女事织，而百夫待衣。欲人无贫，得乎？朕思足食在于禁末作，足衣在于禁华靡。尔宜申明天下，四民各守其业，不许游食；庶民之家，不许衣锦绣。庶几可以绝其弊也。"

洪武十九年四月丁亥。诏遣御史蔡新、给事中宫俊往河南检覆被水人民，有赈济不及者补给之。太祖谕之曰："民之被水旱者，朝夕待哺，已遣人赈济。朕恐有司奉行不至，有赈济不及者不得粒食，濒于死亡，深用闵念。特命尔往彼覆实，有未赈济者，即补给之。"又曰："君之养民，如保赤子。恒念其饥寒，为之农食，故曰：'元后作民父母。'尔等其体朕至怀。"

洪武二十年二月乙未。躬耕藉田，遣官享先农，礼成，宴群臣于坛所。

太祖曰："耕藉田，古礼也，一以供粢盛，一以劝农务本也。朕即位以来恒举行之，惟欲使民知劝，尽力于田亩，以遂其生养，非事虚文也。今礼成，与尔群臣享胙于此，岂徒为宴饮之乐？正欲群臣知重农之意。"

群臣皆顿首谢。

洪武二十二年四月己亥。命湖、杭、温、台、苏、松诸郡民无田者，许令往淮河迤南滁、和等处就耕，官给钞，户三十锭，使备农具，免其赋役三年。

太祖谕户部尚书杨靖曰："朕思两浙民众地狭，故务本者少而事末者多。苟遇岁歉，即不给。其移无田者于有田处就耕，庶田不荒芜，民无游食。"

靖对曰："去年陛下念泽、潞百姓衣食不足，令往彰德、真定就耕，今岁丰足，民受其利。"

太祖曰："国家欲使百姓衣食足给，不过因其利而利之。然在处置得宜，毋使有司侵扰之也。"

洪武二十三年四月庚子。武定侯郭英奏鲁王坟茔成，惟享堂周垣未备，请筑之。

太祖谓工部尚书秦逵曰："事有不急者，毋用劳民也。方当耕种之时，而英请筑堂垣，此岂使民以时之道？英武人不学，惟知筑垣为急，而不知夺农时为重也。"

遂止之。

洪武二十七年三月庚戌。命天下种桑枣。

太祖谓工部臣曰："人之常情，安于所忽。饱即忘饥，暖即忘寒，不思为备。一旦卒遇凶荒，则茫然无措。朕深知民艰，百计以劝督之，俾其咸得饱暖。比年以来，时岁颇丰，民庶给足，田里皆安，若可以无忧也。然预防之计不可一日而忘，尔工部其谕民间，但有隙地，皆令种植桑枣，或遇凶歉，可为衣食之助。"

洪武三十年二月壬辰。太祖罢朝，因与群臣论民间事。

太祖曰："四民之业，莫劳于农。观其终岁勤劳，少得休息。时和岁丰，数口之家犹可足食。不幸水旱，年谷不登，则举家饥困。朕一食一衣，则念稼穑机杼之勤。尔等居有广厦，乘有肥马，衣有文绣，食有膏粱，当念民劳。大抵百姓足而后国富，百姓逸而后国安，未有民困穷而国独富安者。尔等其思佐政裕民之道，庶几食禄无愧。"

第25章　理财

丙午四月己未。太祖谓太史令刘基、起居注王祎曰："兵戈未靖，四方凋瘵，军旅之需一出于民。吾欲纾其力，奈何？"

基对曰："今用师之日，必资财用，出民所供，未可纾也。"

太祖曰："我谓纾民之力，在均节财用，必也制其常赋乎。国家爱养生民，正犹保抱赤子，惟恐伤之。苟无常制，惟掊敛以朘其膏脂，虽有慈父，不能收爱子之心。今日之计，当定赋以节用，则民力可以不困，崇本而杜末，则国计可以恒舒。"

基对曰："臣愚所不及，此上下兼足之道，仁政之本也。"

洪武七年正月庚午。中书省奏："国初改铸洪武通宝小钱，皆用废钱及旧铜器铸之。然废钱铜一斤，较旧多铸钱十五文，旧器铜一斤，较旧多铸钱十三文。请令宝源局及各行省仿此为例。"

太祖曰："铸钱当以轻重为准，岂得以多寡为则？盖钱轻则多，钱重则少，理势必然。若违轻重而较其多寡，则工匠不堪，难为定例。"

洪武十年三月戊戌。增置滁阳、仪真、香泉、六合、天长五牧监。

太祖谓中书省臣曰："自古有天下国家者，莫不以马政为重。故问国君之当者，必数马以对。《周礼》六卿，夏官以司马为职，特重其事也。后世掌以太仆，今仍其旧，又设群监以分其责任，庶名实相副，民不劳而孳息蕃。但恐所司不为究心，民又怠惰，马政不修，则督责之令行，岂不因马而疲民？国以民为本，若因马而疲民，非善政也。其下太仆及诸牧监，各令修职，毋怠所事。"

洪武十二年十一月甲午朔。太祖观《汉武帝纪》，顾谓翰林待制吴沉曰："人君理财之道，视国如家可也。一家之内，父子不异赀，其父经营储积，未有不为子计者。父子而异赀，家必隳矣。君民犹父子也，若惟损民以益君，民衣食不给，而君独富，岂有是理哉？"

洪武十四年正月丁未。近臣有言国家当理财以纾国用者，言之颇悉。

太祖曰："天地生财以养民，故为君者当以养民为务。夫节浮费，薄税敛，犹恐损人，沉重为征敛，其谁不怨咨也！"

近臣复言："自天子至于庶人，未有不储待而能为国家者。"

太祖曰："人君制财，与庶人不同。庶人为一家之计，则积财于一家。人君为天下之主，当贮财于天下。岂可塞民之养，而阴夺其利乎？昔汉武帝用东廓咸阳、孔仅之徒为聚敛之臣，剥民取利，海内苦之。宋神宗用王安石理财，小人竞进，天下骚然。此可为戒。"

于是言者愧悚，自是无敢以财利言者。

洪武十七年九月庚申。太祖命户部以山东之盐召商中卖，听民买食。

尚书郭桓言："青、莱等府局盐，岁收课钞，动以万计。今若从民买食，必亏课额。"

太祖曰："天之生财，本以养民。国家禁防，以制其欲、息其争耳。苟便于民，何拘细利？求以利官，必致损民。宜从其便。"

洪武十九年三月戊午。太祖谕户部臣曰："善理财者，不病民以利官，必生财以阜民。前代理财窃名之臣，皆罔知此道。谓生财裕国，惟事剥削蠹饵，穷锱铢之利，生事要功。如桑弘羊之

143

商贩，杨炎之两税，自谓能尽理财之术，殊不知得财有限，而伤民无穷。我国家赋税已有定制，樽节用度，自有余饶。减省徭役，使农不废耕，女不废织，厚本抑末，使游惰皆尽力田亩，则为者疾而食者寡，自然家给人足，积蓄富盛。尔户部政当究心，毋为聚敛，以伤国体。"

第26章 节俭

丙午四月乙卯。太祖阅古车制，至《周礼·五辂》，曰："玉辂太侈，何若止用木辂？"

詹同对曰："昔颜渊问为邦，孔子答以乘殷之辂，即木辂是也。孔子以其朴素、浑坚、质得中，故取焉。"

太祖曰："以玉饰车，考之古礼，亦惟祀天用之。若常乘之车，只宜用孔子所谓殷辂。然祀天之际，玉辂或未备，木辂亦未为不可。"

参政张昶对曰："木辂，戎辂也，不可以祀天。"

太祖曰："孔子万世帝王之师，其斟酌四代礼乐，为万世之法，乘木辂何损于祭祀？况祀事在诚敬，不在仪文也。"昶顿首谢。

十二月己巳。典营缮者以宫室图来进。太祖见其雕琢奇丽者，即去之。谓中书省臣曰："宫室但取其完固而已，何必过为雕斫。昔尧之时，茅茨土阶，采椽不斫，可为极陋矣。然千古之上称盛德者，必以尧为首。后世竟为奢侈，极宫室苑囿之娱，穷舆马珠玉之玩，欲心一纵，卒不可遏，乱由是起矣。夫上崇节俭，则下无奢靡。吾尝谓珠玉非宝，节俭是宝。有所缔构，一以朴素，何必极雕巧以殚天下之力也。"

洪武元年八月。是月，有司奏造乘舆服御诸物，应用金者，命皆以铜代之，有司言费小不足靳[1]。

太祖曰："朕富有四海，岂吝于此？然所谓俭约者，非身先之，何以率下？小用不节，大费必至。开奢泰之原，启华靡之渐，未必不由于小而至大也。"

十月庚辰。太祖朝罢，召宿卫武臣，谕之曰："朕与尔等起布衣，历战阵，十五六年乃得成功。朕今为天子，卿等亦任显荣，居富贵，非偶然也。当四方豪杰并起，互相攻夺，朕提孤军应敌，危亦甚矣。然每出师，必戒将士毋妄杀，毋焚民居。此心简在上帝，故有今日。卿等亦思曩时在民间，视元之将帅轻裘肥马，气焰赫然，何敢望之？然彼之君臣不思祖宗创业之难，骄淫奢侈，但顾一身逸乐，不恤生民疾苦，一旦天更其运，非特不能保其富

---

① 靳：不肯给予，吝啬。

146

贵，遂致丧身灭名。今历数在朕，朕何敢骄怠？常恐政事废缺，日慎一日。自非犒赏将士，宴百官，享劳外使，未尝设宴为乐。尔等亦须勤身守法，勿忘贫贱之时，勿为骄奢淫佚之事，则身常荣而家常裕矣。卿等勉之，毋忘朕言。"

十二月己巳。太祖退朝还宫，皇太子、诸王侍。太祖指宫中隙地谓之曰："此非不可起亭馆台榭，为游观之所，今但令内使种蔬，诚不忍伤民之财、劳民之力耳。昔商纣崇饰宫室，不恤人民，天下怨之，身亡国灭。汉文帝欲作露台，而惜百金之费，当时民安国富。夫奢俭不同，治乱悬判。尔等当记吾言，常存敬戒。"

洪武三年正月甲午。太祖持黄金一锭示近臣曰："此表笺袱[①]盘龙金也，令宫人洗涤销镕得之。"又出杂纻丝小片缝成如毯者，曰："此制衣裳所遗，用缉为被，犹胜弃遗也。"

七月丙辰。太祖阅内藏，慨然谓臣下曰："此皆民力所供，蓄积为天下之用，吾何敢私？苟奢侈妄费，取一己之娱，殚耳目之乐，是以天下之积为一己之私也。今天下已平，国家无事，封赏之外，正宜俭约，以省浮费。"

---

① 袱（fú）：包裹或覆盖物品用的布。

147

十月丙辰朔。朝退，雨，二内使着干靴行雨中。太祖召责之，曰："靴虽微，皆出民力。民之为此，非旦夕可成。汝何不爱惜，乃暴殄如此。"命左右杖之，因谓侍臣曰："尝闻元世祖初年，见侍臣有着花靴者，责之曰：'汝将完好之皮为此，岂不废物劳人。'此意诚佳。大抵为人尝历艰难，则自然节俭。若习见富贵，未有不侈靡者也。"因敕百官，自今入朝，遇雨雪，皆许服雨衣。

洪武五年十二月庚子。内使奏增饲虎肉。

太祖曰："养牛以供耕作，养马以资骑乘，养虎欲以何用，而费肉以饲之？"

命以虎送光禄，他禽兽悉纵之。

洪武七年五月甲午。礼部尚书牛谅上所考定进膳礼，奏言："古礼凡大祀斋之日，宰犊牛以为膳，以助精神。"

太祖曰："太牢非常用，致斋三日，而供三犊，所费太侈。夫俭可以制欲，澹可以颐性。若无节制，惟事奢侈，徒增伤物之心，何益事神之道。"

谅曰："《周礼》是古人所定，非过侈也。"

太祖曰："《周官》之法不行于后世多矣，惟自奉者乃欲法古，其可哉？"

148

洪武九年五月丙寅。命中书省臣："作亲王宫得饰朱红、大青绿①，余居室止饰丹碧。"

中书省臣言："亲王居室，饰大青绿，亦无过度者。"

太祖曰："惟俭养性，惟侈荡心。居上能俭，可以导俗；居上而侈，必至厉民。独不见茅茨卑宫，尧禹以崇圣德；阿房西苑，秦隋以失人心。诸子方及冠年，去朕左右，岂可使靡丽荡其心？"

洪武十六年七月庚戌。太祖谓侍臣曰："自古王者之兴，未有不由于勤俭；其败亡，未有不由于奢侈。前代得失，可为明鉴。后世昏庸之主，纵欲败度，不知警戒，卒濒于危亡。此深可慨叹。大抵处心清净则无欲，无欲则无奢纵之患。欲心一生，则骄奢淫佚无所不至，不旋踵而败亡随之矣。朕每思念至此，未尝不惕然于心。故必身先节俭，以训于下。"

侍臣顿首曰："陛下戒慎如此，使后世守而不替，长久之福也。"

八月辛巳。孝慈皇后小祥②。先是礼部臣奏，令天下诸司致祭。

太祖曰："此固礼也，但仪物百费皆出于民，道里往来，亦甚劳烦。且皇后在时，尝问朕曰：'天下之民安乎？'朕曰：'尔问甚

---

① 青绿：即石青和石绿，两种矿石颜料，古代贵族常以这两种颜料着色屋宇。
② 小祥：古代亲丧一周年之祭（二周年之祭曰大祥）。

善，然事不在尔。'后曰：'陛下为天下父，妾忝为天下母，天下之民皆子女也，其安与否，岂可不知？'今言犹在耳，而欲以小祥费天下民财，甚非后心。其止之。"

第四卷

第27章　戒奢侈

甲辰三月庚午。江西行省以陈友谅镂金床进。

太祖观之，谓侍臣曰："此与孟昶七宝溺器何异？以一床工巧若此，其余可知。陈氏父子穷奢极靡，焉得不亡！"即命毁之。

侍臣曰："未富而骄，未贵而侈，此所以取败。"

太祖曰："既富，岂可骄乎？既贵，岂可侈乎？人有骄侈之心，虽富贵，岂能保乎？处富贵者，正当抑奢侈，弘俭约，戒嗜欲，以压众心，犹恐不足以慰民望，况穷天下之技巧以为一己之奉乎？其致亡也宜矣。然此亦足以示戒，覆车之辙，不可蹈也。"

吴元年九月癸卯。新内成，太祖命博士熊鼎编类古人行事可为鉴戒者书于壁间，又命侍臣书《大学衍义》于两庑壁间。

太祖曰："前代宫室多施绘画，予用此以备朝夕观览，岂不愈于丹青乎？"是日，有言瑞州出文石，琢之可以甃地①。

太祖曰："敦崇俭朴，犹恐习奢，好尚华靡，岂不过侈？尔不能以节俭之道事予，乃导予以侈丽，夫岂予心哉？但构为宫室，已觉作之者劳，况远取文石，能不厉民乎？"

言者大惭而退。

洪武元年十月甲午。司天监进元主所制水晶宫刻漏，备极机巧，中设二木偶人，能按时自击钲鼓。

太祖览之，谓侍臣曰："废万机之务而用心于此，所谓作无益害有益也。使移此心以治天下，岂至亡灭！"

命左右碎之。

洪武四年十一月庚申。时将士居京卫，闲暇有以酣饮费赀者。

太祖闻，召谕之曰："勤俭为治身之本，奢侈乃丧家之源。近闻尔等耽嗜于酒，一醉之费，不知其几。以有限之资供无厌之费，岁月滋久，岂得不乏？且男不知耕，女不知织，而饮食衣服必欲奢靡。夫习奢不已，入俭良难，非保家之道。自今宜量入为出，裁省妄费，宁使有余，毋令不足。"

洪武八年九月辛酉。诏改大内宫殿。

① 甃（zhòu）地：即以砖石砌地。

太祖谓廷臣曰："唐虞之时，宫室朴素，后世穷极侈丽，习尚华夷，去古远矣。朕今所作，但求安固，不事华丽。凡雕饰奇巧一切不用，惟朴素坚壮，可传永久，使吾后世子孙守以为法。至于台榭花囿之作，劳民费财，以事游观之乐，朕决不为之。其饰所司如朕之志。"

洪武九年五月壬午。太祖谓侍臣曰："淡泊可以养心，俭素可以养德。纵欲败度，奢侈移性，故技巧哇淫、游幸畋猎，皆役心损德之具。是以高台深池，庸主攸亡；卑宫陋室，圣主攸兴。朕观元世祖在位，躬行俭朴，遂成一统之业。至庚申帝，骄淫奢侈，饫粱肉于犬豕，致怨怒于神人。故逸豫未终，败亡随至，此近代之事，可为明鉴。朕常以此训诸子，使知所警戒，则可长保国家矣。"

太祖以大内宫殿新成，制度不侈，甚喜。因谓侍臣曰："人主嗜好，所系甚重。躬行节俭，足以养性；崇尚侈靡，必至丧德。朕常念昔居淮右，频年饥馑，艰于衣食，鲜能如意。今富有四海，何求不遂？何欲不得？然检制其心，惟恐骄盈，不可复制，夙夜兢惕，弗遑底宁。故凡有兴作，必量度再三，不获已而后为之，为之未尝过度。宫壸之间，皇后亦能俭以率下，躬服浣濯之衣，皆非故为矫饰，实恐暴殄天物，剥伤民财，不敢不谨。"

侍臣对曰："奢侈者常情同欲，节俭者富贵所难。陛下安行节俭，无所勉强，诚宜为万世子孙之法。"

太祖曰："节俭二字，非徒治天下者当守，治家者亦宜守之。尔等岁禄有限，而日用无穷，一或过度，何从办集？侵牟剥削，皆原于此。须体朕怀，共崇节俭，庶几无悔。"

第28章 励忠节

吴元年十月辛亥。太祖敕礼官曰："自古忠臣义士，舍生取义，身殁而名存，有以垂训于天下后世。若元右丞余阙守安庆，屹然当南北之冲，援绝力穷，举家皆死，节义凛然。又若江州总管李黼，身守孤城，力抗强敌，临难死义，与阙同辙。自昔忠臣义士必见褒崇于后代，盖以励风教也。宜令有司建祠肖像，岁时祀之。"

十二月丁卯。太祖谕山东所俘杨右丞等曰："古之忠臣良将临大事、当大任者，身贵而愈谦，权盛而愈下，敌胜而愈戒，故能立功于当世，流芳于无穷。王保保本一孺子，承李察罕余烈，骤得重权，恢复山东、河南北诸郡，遽袭王爵，遂萌骄纵之心，岂有豪杰之见？使其能知礼义，欲为一代中兴名将，则必尽忠于元。

157

凡阃外生杀之权，专之可也。至于选法、钱粮，必归之朝廷；重兵在手，攻战守御，必尽其心。若夫成败利钝，一听于天。以此存心，足为忠臣。使其不能出此，分兵以守要地，多任贤智，去其险邪，释其私忿，一心公忠，凡事禀于天子，不失君臣之礼，功成名立，此又其次也。今王保保不此之务，自除官职，其麾下称左右丞、参政、院官者，不可胜数，而各处钱粮皆收入军中，不供国用。此与叛乱何异？名虽为元，实则跋扈。若一旦为敌国所败，天下后世将谓何？如是遗臭也，古之贤哲宁如是乎？"

第29章 报功

甲辰四月丙申。命建忠臣祠于鄱阳湖之康郎山。

太祖谓中书省臣曰："崇德报功，国之大典。自古兵争，忠臣烈士以身殉国，英风义气，虽死犹生。予与陈友谅战于鄱阳湖，将臣效忠死敌，昭然可数。然有功不报，何以慰死者之心而激生者之志哉！尔中书其议行之。"

洪武二年正月乙巳。命立功臣庙于鸡笼山。

敕中书省臣曰："元末政乱，祸及生灵，朕倡义临濠，以全乡曲。继率英贤渡大江，遂西取武昌，东定姑苏，北下中原，南平闽广，越十六载，始克混一。每念诸将相从，捐躯戮力，开拓疆宇，有共事而不睹其成，建功而未食其报，追思功劳，痛切朕怀。人孰无死？死而不朽，乃为可贵。若诸将者，生建忠勇之节，死有无穷之荣，身虽殁而名永不磨矣。其命有司立功臣庙于鸡笼山，序其封爵，为像以祀之。"

十月甲子。赏平章廖永忠所部征南将校。

太祖谕之曰："论功行赏，国之常典，但府库之积，皆民所供，是为天财，君特主之以待有功者耳，不敢分毫妄用也。今尔等为国效力，摧暴靖乱，以安天民，故出此以酬尔劳，非私恩也。尔等攻城略地，战斗于矢石之下，勤苦固多。然今日成功而受赏，亦可谓荣矣。"

洪武三年十二月戊辰。封右丞薛显为永成侯，赐文绮及帛六十匹，俾居海南。时显有专杀之罪，太祖召诸将臣谕之曰："自古帝王有天下，必爵赏以酬功，刑罚以惩恶，故能上下相安，以致治也。朕仿古帝王以制爵命，卿等明听朕言。昔汉高祖非有功不侯，所以重封爵也，而功臣不免于诛戮。侯君集有功于唐，犯法当诛，太宗欲宥之，而执法者不可，卒以见诛。非高祖、太宗忘功臣之劳也，由其恃功骄恣，自冒于法耳。今右丞薛显始自盱眙来归，朕抚之厚而待之至，推心腹以任之。及其从朕征讨，皆著奇绩。自后破庆阳、追王保保、战贺宗哲，其勇略意气，迥出众中，可谓奇男子也。朕甚嘉之。然其为性刚忍，朕屡戒饬，终不能悛，至于妄杀胥吏、杀兽医、杀火者。及杀马军，此罪难恕。

而又杀天长卫千户吴富，此又不可恕也。富自幼从朕，有功无过。显因利其所获孳畜，杀而夺之。师还之日，富妻子服衰绖伺之于途，牵衣哭骂，且诉冤于朕。朕以欲加以极刑，恐人言天下甫定，即杀将帅；欲宥之，则富死何辜？今仍论功封以侯爵，谪居海南。分其禄为三：一以瞻富之家，一以瞻所杀马军之家，一以养其老母妻子。庶几功过不相掩，而国法不废也。若显所为，卿等宜以为戒。"诸将臣皆顿首。

丁丑。太祖谕魏国公徐达等曰："卿等连年征伐，犯霜露，冒矢石，临危决机之际，死生以之。今天下既定，卿等宜少休息。可自今或三日、五日一朝，有大事则召卿等议之。"

达对曰："臣等荷陛下威灵，仰奉成算，遂翦群雄。顾臣等愚陋，犬马微劳，何足齿录。伏蒙圣恩，特加优礼，揆之于心，实深愧悚，岂敢自逸。"

太祖曰："朕固知卿不忘恭敬之意，但念卿等久劳于外，思有以慰卿之劳耳。"

达等复固辞，弗许。

洪武十七年四月庚寅。太祖谕兵部臣曰："曩以云南诸蛮凭恃险阻，弗遵声教，扰我疆场，纳我逋逃，边鄙之民，荐罹其害。遂命将出师，讨其不臣。今西南诸夷悉已平定，凡从征将士已各加封赏，酬其勋劳。独念死者永违乡土，不得收葬，诚可哀悯。尔兵部即移文有司，凡征南将士有死者，悉为收其遗骸，具棺葬之。"

洪武十八年二月庚申。太傅魏国公徐达既薨，太祖辍朝，怆然不乐，谓群臣曰："朕起自徒步，大将军为朕股肱心膂，戮力行阵，东征西讨，削平群丑，克济大勋。今边胡未殄，朕方倚任为万里长城之寄，而太阴屡犯上将，朕不意遽殒其命。一旦至此大故，天何夺吾良将之速！朕夜来竟夕不寐，欷歔流涕，思尽心国家，为社稷之重，安得复有斯人！乃欲有以报之，无所用其情耳。但著其勋烈，宣于金石，永垂不朽，使后世知斯人为国之元勋也。"

洪武二十年七月庚辰。诏凡内外武臣之家，如子孙已袭替而亡、再无应袭者，给全俸以瞻之。及有子孙坐事谪充军者，亦宥之，令自立勋，仍给瞻其家。兵部请以半俸给之。

太祖曰："内外武臣，昔皆捐躯相从，百战以定天下，念其劳绩，未尝暂忘。其家有不得其所者，朕深悯之。夫厚禄所以报功，广惠所以惇仁。故给之全俸，使有所瞻。尔心必曰：'全禄费财，半禄节用。'夫当予而予，则费不过度；当节而节，则用为适中。优以全禄，未为过也。"

洪武二十九年九月乙亥。大赉天下致仕武臣。

太祖谕之曰："元末兵争，中原鼎沸，人不自保。尔诸将臣奋起从朕，效谋宣力，共平祸乱，勤劳备至。天下既定，论功行赏。使尔等居官任事，子孙世袭，永享富贵。朕思起兵时与尔等皆少壮，今皆老矣。久不相见，心恒思之。故召尔等来，所赐薄物，以资养老。尔等还家，抚教子孙，以终天年。"诸将叩首谢。

太祖因叹曰："同历艰难，致有今日。顾朕子孙，保有无穷之天下，则尔等子孙，亦享有无穷之爵禄。"

诸将臣无不感激，至有堕泪者。

第30章　警戒

甲辰三月戊辰。归德侯陈理同群臣朝，太祖深怜之。

理退，因谓群臣曰："陈氏之败，非无勇将健卒，由其上下骄矜，法令纵弛，不能坚忍，恃众寡谋，故至于此。使其持重有谋，上下一心，据荆楚之富，守江汉之险，跨豫章，连闽越，保其民人，以待机会，则进足窥中原，退足以抗衡一方，吾安得而取之？举措一失，遂致土崩，此诚可为鉴戒者也。"

丙午八月壬子。命博士许存仁进讲经史。存仁讲《尚书·洪范篇》，至休征、咎征之应，太祖曰："天道微妙难知，人事感通易见，天人一理，必以类应。稽之往昔，君能修德则七政^①顺度，雨阳应期，灾害不生；不能修德，则三辰失行，旱潦不时，灾异

---

① 七政：指天、地、人三才和春、夏、秋、冬四季。

迭见，其应如响。箕子以是告武王，以为君人者之儆戒。今宜体此，下修人事，上合天道。然岂特为人上者当勉，为人臣者亦当修省，以辅其君。上下交修，斯为格天之本。"

吴元年二月丙午。太祖谓侍臣曰："吾自起兵以来，凡有所为，意向始萌，天必垂象示之，其兆先见，故常加儆省，不敢逸豫。"

侍臣曰："天高在上，其监在下，故能修省者蒙福，不能受祸。"

太祖曰："天垂象所以警乎下。人君能体天之道，谨而无失，亦有变灾而为祥者。故宋公一言，荧惑移次；齐侯暴露，甘雨应期。灾祥之来，虽曰在天，实由人致也。"

洪武元年正月丙子。太祖谓侍臣曰："朕念创业之艰难，日不暇食，夜不安寝。"

侍臣对曰："陛下日览万几，未免有劳圣虑。"

太祖曰："汝曹不知创业之初，其功实难；守成之后，其事尤难。朕安敢怀宴安而忘艰难哉！"

丁丑。太祖御奉天殿大宴群臣，三品以上者皆升殿，余悉列宴于丹墀。宴罢，因召群臣谕之曰："朕本布衣，以有天下，实由天命。当群雄初起，所在剽掠，生民惶惶不保朝夕。朕见其所为非道，心常不然。既而与诸将渡江，驻兵太平，深思爱民安天下之道。自是十有余年，收揽英雄，征伐四克，赖诸将辅佐之功，尊居天位。念天下之广，生民之众，万几方殷，朕中夜寝不安枕，忧悬于心。"

御史中丞刘基对曰："往者四方未定，劳烦圣虑。今四海一家，宜少纾其忧。"

太祖曰："尧舜圣人，处无为之世，尚犹忧之。矧德匪唐虞，治非雍熙，天下之民方脱于创残，其得无忧乎？夫处天下者当以天下为忧，处一国者当以一国为忧，处一家者当以一家为忧。且以一身与天下、国家言之，一身小也，所行不谨，或至颠蹶，所养不谨，或生疢疾。况天下、国家之重，岂可顷刻而忘警戒哉！"

丁亥。太祖御东阁，御史中丞章溢、学士陶安等侍。因论前代兴亡之事，太祖曰："丧乱之源，由于骄逸。大抵居高位者易骄，处逸乐者易侈。骄则善言不入而过不闻，侈则善道不立而行不顾。如此者，未有不亡。今日闻卿等论此，深有儆于予心。古者今之鉴，岂不信欤？"

四月戊申。太祖命画古孝行及身所经历艰难、起家战伐之事为图，以示子孙。谓侍臣曰："朕家本业农，祖父偕祖母世承忠厚，积善余庆，以及于朕。今图此者，使后世观之知王业艰难也。"

166

詹同等顿首曰："陛下昭德垂训，莫此为切。"

太祖曰："富贵易骄，艰难易忽，久远易忘。后世子孙生长深宫，惟见富贵，习于奢侈，不知祖宗积累之难。故示之以此，使朝夕览观，庶有所警也。"

洪武三年六月壬申。百官上表贺平沙漠，太祖谕之曰："卿等试言元之所以亡，与朕之所以兴。"

刘基进曰："自古夷狄未有能制中国者，而元以胡人入主华夏，几百年腥膻之俗，天实厌之。又况末主荒淫无度，政令堕坏，民困于贪残，乌得不亡？陛下应天顺人，神武不杀，救民于水火，所何无敌，安得不兴？"

太祖曰："当元之季，君宴安于上，臣跋扈于下，国用不经，征敛日促，水旱灾荒频年不绝，天怒人怨，盗贼蜂起，群雄角逐，窃据州郡。朕不得已起兵，欲图自全。及兵力日盛，乃东征西讨，削除渠魁，开拓疆宇。当是时，天下已非元氏有矣。向使元君克畏天命，不自逸豫，其臣各尽乃职，罔敢骄横，天下豪杰曷得乘隙而起？朕取天下于群雄之手，不在元氏之手。今获其遗胤，朔漠清宁，非天之降福，何以致此？《诗》曰：'商之孙子，其丽不亿。上帝既命，侯于周服。'天命如此，其可畏哉！"

洪武四年七月辛亥朔。《存心录》成，太祖览之，谓诸儒臣曰：

"朕观历代贤君事神之道，罔不祗肃，故百灵效祉，休徵类应。及乎衰世之君，罔知攸敬，违天慢神，非惟感召灾谴，而国之祸乱亦由是而致。朕为此惧，每临祭，必诚必敬，惟恐未至。故命卿等编此书，欲示鉴戒。夫水可以鉴形，古可以鉴今，是编所以彰善恶，岂惟行之于今，将俾子孙永为法守。"

壬子。太祖谓丞相汪广洋曰："朕观前代人君，多喜佞谀以饰虚名，甚至臣下诈伪瑞应以恣骄诬，至于天灾垂戒，厌闻于耳。如宋真宗亦号贤君，初相李沆，日闻灾异，其心犹存警惕，厥后澶渊既盟，大臣首启天书以侈其心，群臣曲意迎合，苟图媚悦，致使言祥瑞者相继于途，献芝草者三万余本。朕思凡事惟在于诚，况为天下国家而可以伪乎！尔中书自今凡祥瑞不必奏，如灾异及蝗旱之事，即时报闻。"

广洋叩首曰："陛下敬天勤民，孰大于此？非惟四海苍生蒙福，诚为圣子神孙万世之谟训也。臣谨奉诏旨。"

洪武五年九月丁巳。靖海侯吴祯自辽东遣人送故元平章高家奴、知枢密高大方、同佥高希古、张海马、辽阳路总管高斌等至京。

太祖谓群臣曰："昔元都既平，有劝朕即取辽阳者，朕谓力不施于所缓，威不加于所畏，辽地虽远，不必用兵。天下平定，彼

168

当自归。已而元辽阳行省平章刘益果以其地来降，尚存一二桀骜徘徊顾望，朕亦不问。今高家奴等又相继而至，不劳寸兵，坐底平定。朕思彼皆故元之臣，天运已革，故来纳款。然自古兴亡之道，与治乱相寻。《书》云：'与治同道罔不兴，与乱同事罔不亡。'元末君臣荒怠，纪纲废坠，造乱之徒，相煽而起。一旦天命不保，此辈遂为朕臣仆。向使其君知天命可畏，兢兢业业，夙夜罔懈，何至沦丧？卿等宜鉴前轨，小心慎德，以匡朕不逮。凡朕有所为，勿以事小不言，使朕忽于所警也。"

群臣皆顿首曰："陛下敬天勤民，圣德日新，而拳拳不忘警戒，诚宗社万世之福。"

十一月辛未。靖海侯吴祯还京师。先是，祯督饷定辽，因完城练卒，尽收辽东未附之地，至是乃还。

太祖曰："海外之地，悉归版图，固有可喜，亦有可惧。"

祯曰："陛下威德加于四海，夫复何忧？"

太祖曰："自古人君之得天下，不在地之大小，而在德之修否。元之天下，地非不广，及末主荒淫，国祚随灭。由此观之，可不惧乎！"

祯对曰："圣虑深远，臣愚不及此。"

洪武六年三月癸卯朔。制中都城隍神主成，太祖自为文，遣兵部尚书乐韶凤奉安之。

太祖谓宋濂曰："朕立城隍神，使人知畏。人有所畏，则不敢妄为。朕则上畏天，下畏地，中畏人，自朝达暮，恒兢惕以自持。夫人君父天母地而为民父母者也，苟所为不能合天地之道，是违父母之心，不能安斯民于宇内，是失天下之心。如此者，可不畏哉！"

濂顿首曰："愿陛下终始此心，则天下幸甚。"

是日，《昭鉴录》成，以颁赐诸王。太祖谓秦王傅文原吉等曰："朕于诸子常切谕之，一举动戒其轻，一言笑斥其妄，一饮食教之节，一服用教之俭。恐其不知民之饥寒也，尝使之少忍饥寒；恐其不知民之勤劳也，尝使之少服劳事。但人情易至于纵恣，故令卿等编辑此书，必时时进说，使知所警戒。然赵伯鲁之失简、汉淮南之招客，过犹不及，皆非朕之所望也。"

洪武七年九月己卯。翰林院奏进《回銮乐歌》。先是，太祖以祭祀还宫宜用乐舞前导，命翰林儒臣选乐章以致敬慎监戒之意，谕之曰："古人诗歌辞曲，皆寓讽谏之意；后世乐章，惟闻颂美，无复古意。夫常闻讽谏，则使人惕然有警；若颂美之辞，使人闻之意怠，而自恃之心生。盖自恃者日骄，自警者日强。朕意如此，卿等其撰述，毋有所避。"

洪武九年十一月辛巳朔。太祖与侍臣论及古之女宠外戚、宦官权臣、藩镇夷狄之祸。

侍臣曰："自古末世之君至于失天下者，常于此，然所以启之者有渐也。女宠之祸，常始于干政；外戚之权，常始于蒙蔽。至于国势不振，汉唐以下，覆辙可鉴矣。"

太祖曰："木必蠹而后风折之，体必虚而后病乘之，国家之事，亦犹是已。汉无外戚阉宦之权，唐无藩镇夷狄之祸，国何能灭？朕观往古，深用为戒。然制之有其道。若不惑于声色，严宫闱之禁，贵贱有体，恩不掩义，女宠之祸何自而生？不牵于私爱，惟贤是用，苟干政典，裁以至公，外戚之祸何由而作？阉寺便习，职在扫除，供给使令，不假其兵柄，则无宦寺之祸。上下相维，大小相制，防耳目之壅蔽，谨威福之下移，则无权臣之患。藩镇之设，本以卫民，使财归有司，兵必合符而调，岂有跋扈之忧？至于御夷狄，则修武备，谨边防，来则御之，去不穷追，岂有侵暴之虞？凡此数事，常欲著书，使后世子孙以时观览，亦社稷无穷之利也。"

侍臣顿首曰："陛下此言，诚有国之大训，万世之明法也。愿著之常典，以垂示将来。"

洪武十年九月戊寅。太祖谓侍臣曰："前代庸君暗主，莫不以垂拱无为藉口，纵恣荒宁，不亲政事。孰不知天下者，无逸然后可逸。若以荒宁怠政为垂拱无为，帝舜何为曰耄期倦于勤，大禹何以惜寸阴，文王何以日膳不食？且人君日理万几，怠心一生，则庶务壅滞，贻患不可胜言。朕即位有年，常以勤励自勉，未旦即临朝，晡时而后还宫。夜卧不能安席，被衣而起，或仰观天象，见一星失次，即为忧惕。或量度民事，有当速行者，即次第笔记，待旦发遣。朕非不欲暂安，但只畏天命，不敢故尔。朕言及此者，但恐群臣以天下无事便欲逸乐，股肱既惰，元首丛脞，民何所赖？《书》云'功崇惟志，业广惟勤'尔。"群臣皆顿首受命。

洪武十二年八月丁卯。太祖御华盖殿，与侍臣论治身之道。太祖曰："人之害莫大于欲。欲非止于男女宫室、饮食、服饰而已，凡求私便于己者，皆是也。然惟礼可以制之。先王制礼，所以防欲也，礼废则欲肆。为君而废礼纵欲，则毒流于民；为臣而废礼纵欲，则祸延于家。故循礼可以寡过，肆欲必至灭身。"

十一月丁酉。太祖与翰林侍制吴沉论持身保业之道。太祖曰："人当无所不谨。事虽微而必虑，行虽小而必防。不虑于微，终贻大患；不防于小，终亏大德。谨小行而无已者，则可以成大善。忽细事而不戒者，则必至成大恶。常人且然，况人君乎！"

沉对曰："圣虑及此，诚社稷永安之道。"

太祖曰："安生于危，危生于安。安而不虑，则能致危；危而克虑，则能致安。安危治乱，在于能谨与否耳。"

洪武十八年五月戊子。太祖览舆地图，侍臣有言："今天下一统，海外蛮夷无不向化，舆地之广，诚古所未有。"

太祖曰："地广则教化难周，人众则抚摩难遍，此正当戒慎。天命人心，惟德是视。纣以天下而亡，汤以七十里而兴，所系在德，岂在地之大小哉！"

十一月甲子。太祖谕侍臣曰："保国之道，藏富于民。民富则亲，民贫则离。民之贫富，国家休戚系焉。自昔昏主恣意奢欲，使百姓困乏，至于乱亡。朕思微时兵荒饥馑，日食藜藿。今日贵为天子，富有天下，未尝一日忘于怀。故宫室器用一从朴素，饮食衣服皆有常供，惟恐过奢，伤财害民也。"

洪武二十二年六月庚子。太祖退朝，与侍臣论及守成之道。

太祖曰："人常虑危乃不蹈危，常虑患乃不及患。车行于峻坂而仆于平地者，慎于难而忽于易也。保天下亦如御车，虽治平，何可不慎。"

洪武二十四年十二月辛巳。太祖御武英殿观《书》，至"惠迪吉，从逆凶"，顾谓学士刘三吾曰："凡人遭罹凶咎，皆已有以取之。及事穷势迫，则侥幸百端，冀求苟免于患害，何益？"

三吾对曰："如此者，亦当听命于天。"

太祖曰："心无所愧，可听之于天；若其自取，于天何预？"

洪武二十七年四月癸未。太祖谓太子少保唐铎曰："帝王之于天下，体天道、顺人心以为治，则国家基业自然久安。朕每思前代乱亡之故，未有不由于违天道、逆人心之所致也。天之爱民，故立之君以治之，君能妥安生民，则可以保天眷。卿与朕共事者久，夙夜左右，资弼良多。凡朕之事天、子民有弗至者，卿即以为言，使知有所警。苟谓已安，不以为意，治乱系焉。"

铎顿首曰："陛下敬天恤民之心拳拳如此，臣虽老悖，敢不尽心！"

洪武二十八年十一月癸亥。侍臣进讲《尚书·无逸篇》。

太祖曰："自昔有国家者，未有不以勤而兴，以逸而废。勤与逸，理乱盛衰所系也。人君当常存惕厉，不可少怠，以图其终。成王之时，天下晏然，周公辅政，乃作是书，反覆开谕。上自天命之精微，下至民生稼穑之艰难，以及闾里小民之怨诅，莫不具载。周公之爱君，先事而虑，其意深矣。朕每观是篇，必反覆详味，求古人之用心。尝令儒臣书于殿壁，朝夕省阅，以为鉴戒。今日讲此，深惬朕心，闻之愈益警惕。"

174

第31章 弭灾异

吴元年六月戊辰。大雨。先是，太祖因久旱，日减膳素食，宫中皆然，俟大雨复膳。既而雨，群臣请复膳。太祖曰："亢旱为灾，实吾不德所致。今虽得雨，然苗稼焦损必多，纵肉食，奚能甘味？"

廷臣对曰："昔武王克商，屡获丰年，诗人颂之曰：'绥万邦，屡丰年。'主上平海内，拯生灵，上顺天心，下慰民望，而忧勤惕厉，感兹甘雨，丰年之祥，其有兆矣。"

太祖曰："人事迩，天道远，得乎民心，则得乎天心。今欲弭灾，但当谨于修己，诚以爱民，庶可答天之眷。"

乃诏免民今年田租。

洪武元年八月壬申。太祖谓中书省臣曰："近京师火，四方水旱相仍，朕夙夜不遑宁处。岂刑罚失中，武事未息，徭役屡兴，赋敛不时，以致阴阳乖戾而然耶？卿等同国休戚，宜辅朕修省，以消天谴。"

参政傅瓛对曰："古人有言：'天心仁爱人君，则必出灾异以谴告之，使知变自省。人君遇灾而能警惧，则天变可弭。'今陛下修德省愆，忧形于色，居高听卑，天实鉴之。顾臣等待罪宰辅，有戾调燮，贻忧圣衷，咎在臣等。"

太祖曰："君臣一体，苟知警惧，天心可回。卿等其尽心力，以匡不逮。"

洪武四年十月庚辰朔。太祖谓省臣曰："祥瑞灾异，皆上天垂象。然人之常情，闻祯祥则有骄心，闻灾异则有惧心。朕尝命天下勿奏祥瑞，若灾异即时报闻。尚虑臣庶罔体朕心，遇灾异或匿而不举，或举而不实，使朕失致谨天戒之意。中书其行天下，遇有灾变，即以实上闻。"

洪武十四年九月丙午。太祖谕四辅臣王本等曰："天道福善祸淫，不言而见，君有德则降祥以应之，不德则降灾以警之。故天之于君，犹父之于子，子不善而父警之，安敢不惧？盖谨惧无违，犹虑有非常之灾；若恣肆不戒，岂能免当然之祸？朕与卿等皆当慎之！"

176

第32章　屏异端

洪武元年正月癸巳。太祖与诸儒臣论学术，翰林学士陶安对曰："道之不明，邪说害之也。"

太祖曰："邪说之害道，犹美味之悦口，美色之眩目，人鲜不为所惑。自非有豪杰之见，不能即去之也。战国之时，纵横捭阖之徒肆其邪说，游说诸侯。当时诸侯急于功利者，多从其说，往往事未就而国随以亡，此诚何益？夫邪说不去，则正道不兴；正道不兴，天下焉得而治？"

安曰："陛下所言，深探其本。"

太祖曰："仁义，治天下之本也。贾生论秦之亡，不行仁义之过。夫秦袭战国之余弊，又安得知此。"

太祖颇闻公侯中有好神仙者，悉召至，谕之曰："神仙之术，以长生为说，而又谬为不死之药以欺人。故前代帝王及大臣多好之，然卒无验，且有服药以丧其身者。盖由富贵之极，惟恐一旦身殁，不能久享其乐，是以一心好之。假使其术信然，可以长生，何故四海之内，千百年间曾无一人得其术而久住于世者？若谓神仙混物，非凡人所能识，此乃欺世之言，切不可信。人能惩忿窒欲，养以中和，自可延年；有善足称，名垂不朽，虽死犹生。何必枯坐服药，以求不死！况万无此理。当痛绝之。"

洪武五年五月己卯。中书右丞建昌王溥遣人来言，近督工取材木建昌蛇舌岩，众见岩上有衣黄衣者歌曰："龙蟠虎踞势岩峣，赤帝重兴胜六朝。八百年终王气复，重华从此继唐尧。"其声如钟，歌已忽不见。

太祖曰："明理者非神怪可感，守正者非谶讳可干。汉之文成五利，足以为戒。事涉妖妄，岂可信耶！"

洪武二十八年七月戊午。有道士以道书献，太祖却之。侍臣请留观之，或有可取。

太祖曰："彼所献书，非存神固气之道，即炼丹烧药之说，朕焉用此？朕所用者圣贤之道，所需者治术，将跻天下生民于寿域，岂独一己之长生久视哉！苟一受其献，迂诞怪妄之士必争来矣，故斥之，毋为所惑。"

第33章 评古

甲辰四月甲午朔。太祖退朝与孔克仁等论前代成败，因曰："秦以暴虐，宠任邪佞之臣，故天下叛之。汉高起自布衣，能以宽大驾驭群雄，遂为天下主。今天下之势不然，元之号令纪纲已废弛矣，故豪杰所在蜂起，然皆不知修法度以明军政，此其所以无成也。"因感叹久之。又曰："天下用兵，河北有孛罗帖木儿，河南有扩廓帖木儿，关中有李思齐、张良弼。然有兵而无纪律者河北也，稍有纪律而不振者河南也，道途不通馈饷不继者关中也。江南则惟我与张士诚耳。士诚多奸谋而尚间谍，其御众尤无纪律。我以数十万之众固守疆土，修明军政，委任将帅，俟时而动，其势有不足平者。"

克仁顿首曰："主上神武，当定天下于一，今其时矣。"

壬戌。太祖与起居注詹同等论三国时事，因言孙权题诸葛子瑜于驴面，与其子恪谐谑。

太祖曰："君臣之间，以敬为主。敬者，礼之本也。故礼立而上下之分定，分定而名正，名正而天下治矣。孙权盖不知此，轻与臣下戏狎，狎其臣而亵其父，失君臣之礼。恪虽机敏有口才，不能正言自处，招辱于父，失孝敬之心。一谐谑，而君臣父子之道亏。举动如此，何以示训？大抵人君言动之际，不可不谨。"

五月丙子。太祖朝罢，退御白虎殿阅《汉书》，侍臣宋濂、孔克仁等在侧，太祖顾谓濂等曰："汉之治道不能纯乎三代者，其故何也？"

克仁对曰："王霸之道杂故也。"

太祖曰："高祖创业之君，遭秦灭学之后，干戈战争之余，斯民憔悴，甫就苏息，礼乐之事，固所未讲。独念孝文为汉令主，正当制礼作乐，以复三代之旧。乃逡巡未遑，遂使汉家之业终于如是。夫贤如汉文而犹不为，将谁为之？帝王之道，贵不违时。有其时而不为与无其时而为之者，皆非也。三代之王，盖有其时而能为之，汉文有其时而不为耳，周世宗则无其时而为之者也。"

九月戊寅。太祖坐便殿，问侍臣："石勒、苻坚孰优？"

詹同对曰："石勒虽不学，而豪爽脱略，料敌制胜，举无遗

180

策。苻坚穷兵黩武，不量己力，淝水败后，身为俘虏。以此言之，石勒为优。"

太祖曰："不然。石勒当晋室初乱，不逢劲敌，故易以成功。苻坚当天下争战日久，智勇相角，故难以为力。夫亲履行阵，战胜攻克，坚固不如勒；量能容物，不杀降附，勒亦不如坚。然坚聪察有余而果断不足，故驯致石季龙之祸；勒聪敏不足而宽厚有余，故养成慕容氏父子之乱。俱未再世而族类夷灭，所谓匹夫之勇，妇人之仁也。"

乙巳正月壬申。太祖问起居注詹同曰："孙武杀吴王二宠姬以教兵，其事何如？"

同对曰："此事载太史公书，或有之。"

太祖曰："夫以吴国之众，岂无数十百人与武习兵，乃出宫人与之试，此阖闾之非也。当时武欲试其能，何必妇人哉！且其教吴王兵法，取胜之道果何在？"

同对曰："《春秋》载柏举之战，楚一败之后，遂有吴入郢之师，此其效也。"

太祖曰："不然。太宰嚭、伍员皆楚人，先已在吴，其欲报怨于楚者非一日矣。故有入郢之师，岂孙武教兵之效哉！若谓入郢之师为武之功，何故不旋踵秦救楚，而有稷之败？要之杀宠姬之事，亦司马迁好奇之论也。至其十三篇，恐非自武作，抑亦有所

181

授也。"

八月辛卯。太祖御左阁，观《宋史》至赵普说太祖收诸将兵权，谓起居注詹同曰："普诚贤相，使诸将不早解兵权，则宋之天下未必不五代若也。史称普多忌刻，只此一事，功施社稷，泽被生民，岂可以忌刻少之！"

丙午三月戊戌。太祖与国子博士许存仁等论用人。太祖曰："一代之兴，必有一代之臣。尝观汉高之兴，首资三杰；光武之兴，寇、邓、耿、贾以为之佐。历代以来，莫不皆然。天之生才，以为世用，甚不偶也。孟子言：'五百年必有王者兴，其间必有名世者。'古之帝王，君圣臣贤，可以当之。汉、唐以下，君臣可以当之否？"

起居注詹同对曰："三代以下，称汉、唐、宋，其间名世之臣，亦可以当之。"

太祖曰："三代而上，纯乎道德；三代而下，杂乎霸术。其间虽有名世之臣，要之如皋、夔、稷、契、伊尹、太公者鲜矣。吾方有事海内，凭赖英贤，辅翼成功，天下纷纷，未定于一者，何也？"

存仁对曰："王上圣智神武，天生不世之资，以平祸乱。今群贤毕出，佐隆大业，稽之于历，自宋太祖至今，正当五百年之数，

182

定天下于一，斯其时矣。"

九月乙巳。太祖问侍臣曰："汉高祖、唐太宗孰优？"

侍臣对曰："太宗虽才兼文武，而于为善未免少诚。高祖豁达大度，规摹弘远。先儒尝论汉大纲正，唐万目举。以此观之，高祖为优。"

太祖曰："论高祖豁达大度，世咸知之。然其记丘嫂之怨[①]，而封其子为羹颉侯[②]，内多猜忌，诛夷功臣，顾度量亦未弘远。太宗规摹虽不及高祖，然能驾驭群臣，及大业既定，卒皆保全。此则太宗又为优矣。"

吴元年十一月戊寅。太祖阅《汉书》，谓侍臣曰："汉高以追逐狡兔比武臣，发踪指示比文臣，譬喻虽切，而语则偏重矣。朕谓建立基业，犹构大厦。剪伐斫削，必资武臣；藻绘粉饰，必资文臣。用文而不用武，是斧斤未施，而先加黝垩；用武而不用文，是栋宇已就，而不加涂塈。二者均失之。为天下者，文武相资，庶无偏陂。"

---

① 丘嫂之怨：指刘邦未兴前，因故怨其嫂。见《汉书·楚元王传》："高祖微时，常避事，时时与宾客过其丘嫂食。嫂厌叔与客来，阳为羹尽轑釜，客以故去。"丘嫂，即大嫂。

② 羹颉（jiá）侯：刘邦兄长之子刘信。刘邦称帝后，分封诸侯，因怨嫂而独不封其嫂之子刘信，后经其父刘煓劝说，乃封刘信为羹颉侯，故此封号含嘲讽戏谑意。

183

丙申。太祖御戟门，与侍臣论及郊祀，因言："慕容超郊祀之时，有赤鼠大如马之异。太史成公绥占之，以为信用奸佞、杀害贤良、赋敛太重所致。是则妖孽之召，实由人兴。我尝以此自警。如公孙五楼之辈，吾安肯用之。"

起居注熊鼎等顿首曰："慕容超信用奸佞，故贤良退而奸佞附之。今主上明圣，所用皆贤良。公孙五楼之徒何从至哉？"

太祖曰："汝等宜勉之，苟有所见，毋隐也。"

洪武元年闰七月戊辰。太祖与侍臣观古帝王画像，因历论其贤否得失。至汉高祖、唐太宗、宋太祖，则展玩再三，谛视久之。至隋炀帝、宋徽宗，则速阅而过，曰："乱亡之主，不足观也。"至后唐庄宗，笑曰："所谓李天下者，其斯人欤？上下之分渎至于此，安得不亡？"

洪武二年二月壬辰。太祖谓翰林侍读学士詹同曰："以仁义定天下，虽迟而长久；以诈力取天下，虽易而速亡。鉴于周、秦可见矣。故周之仁厚可以为法，秦之暴虐可以为戒。若汉、唐、宋之政治，亦互有得失。但当取其所长而舍其所短。若概曰汉、唐、宋而不审择于是非取舍，则得失混淆矣。"

洪武四年九月甲寅。太祖与侍臣论《孙子》，或曰武之书自易以及难，其法先粗而后精，其言约而要，故叩之而不穷，求之而益隐。或曰武之术，其高者在于用常而知变，若实在彼则变而为虚，虚在此则变而为实，机妙莫测，此用武之权衡，千古不可易也。或又曰武之术以诡道胜，至于终篇而用间；曰计以情而生，情以间而得，苟遇不可间之君，无可乘之隙，将何以得其情哉？人各持其说。

太祖曰："以朕观之，武之书杂出于古之权书，特未纯耳。其曰'不仁之至，非胜之主'，此说极是。若虚实变诈之说，则浅矣。苟君如汤武，用兵行师，不待虚实变诈而自无不胜。然虚实变诈之所以取胜者，特一时诡遇之术，非王者之师也。而其术终亦穷耳。盖用仁者无敌，恃术者必亡。观武之言，与其术亦有相悖。盖武之书，必有所授，而武之术则不能尽如其书也。"

九月丙辰。太祖观《大学衍义》至晁错所谓"人情莫不欲寿，三王生之而不伤"，真德秀释之曰："人君不穷兵黩武，则能生之而不伤。"

顾谓侍臣曰："晁错之言，其所该者广；真氏之言，其所见者切。古人云：'兵者凶器，圣人不得已而用之。'朕每临行阵，观两军交战，出没于锋镝之下，呼吸之间，创残死亡，心甚不忍。尝思为君恤民，所重者兵与刑耳。滥刑者陷人于无辜，黩兵者驱人于死地。有国者所当深戒也。"

洪武十六年二月己亥。太祖观唐太宗《帝范》，谓侍臣曰："此十二篇者，虽非帝王精微之道，然语意备至，曲尽物情，使唐之子孙克守其言，亦足为训。自后女主窃柄，有乖君体；骨肉少恩，有乖建亲；谄谀并进，有失求贤。忠谏者忌之，谗佞者悦之，骄奢纵佚，罔知戒惧。赏罚政令不行于天下，阉竖小人朋比于国中，卒召藩镇之祸，而唐祚遂衰。有国家者，其可不守祖宗之法乎！"

三月庚戌。太祖与侍臣论历代创业及国祚修短，侍臣皆曰："前代祚运之长，莫逾成周，其次莫如汉。"

谏议大夫唐铎进曰："三代以后，起布衣而有天下者，惟汉高帝及陛下而已。陛下祖宗积德累善，至于陛下，遂膺天命。以臣观之，非汉高所及。汉高除秦苛法，杂伯道而不纯。陛下去胡元弊政，一复中国先王之旧，所谓拨乱世反之正。汉高帝不事诗书，陛下留心圣学，告谕万方，自为制命，卓然与典谟训诰相表里。汉高初欲都洛阳，闻娄敬之言，始都关中。陛下一渡江，即以金陵为定鼎之地，万世之基固肇于此。故非汉高所及。"

太祖曰："周家自公刘、后稷，世积忠厚，至文王三分有二，武王始有天下。若使其后君非成、康，臣非周、召，益修厥德，则文、武之业何能至八百岁之久乎？《书》曰：'皇天无亲，惟德是辅。'使吾后世子孙皆如成、康，辅弼之臣皆如周、召，则可以祈天永命，国祚緜昌。”

侍臣顿首曰：“陛下之言，宗社万年之福也。”

洪武十八年三月癸亥。太祖与侍臣论汉之诸帝，侍臣有言明帝亦聪明之主。

太祖曰：“人主不以独见为明，而以兼听为聪，通于人情，明于是非，则聪明得其正矣。若屑屑于细故，则未免苛察。上苛察则下急迫，反有累于聪明也。”

六月庚戌。太祖阅《汉书》，谓侍臣曰：“汉文恭俭玄默则有之矣，至于用人，盖未尽其道。初将相大臣迎文帝立之，自代邸入即位，首拜宋昌为卫将军，张武为郎中令，而将相列侯、宗室大臣不先及之，非以示至公也。有一贾谊而不能用，至使忧郁愤懑而死；窦广国贤有行，欲相之，以其皇后弟不可，曰恐天下以吾私广国。夫以广国之贤，其才可任为相，何避私嫌乎！此皆有未尽善。人君之于天下，当示人以至公，不可存一毫私意也。”

八月己酉。以赐进士出身方昇、同进士出身梁德远凡六十七人为六科给事中、六部试主事。

太祖谕之曰：“忠良者国之宝，奸邪者国之蠹。故忠良进则国日治，奸邪用则国日乱。观唐太宗之用房、杜，则致斗米三钱、

187

外户不闭之效；玄宗之用杨、李，则致安史之乱，有蒙尘播迁之祸。此可鉴矣。"

洪武十九年八月己酉。太祖览《宋史》，见太宗改封椿库为内藏库，顾谓侍臣曰："人君以四海为家，因天下之财供天下之用，何有公私之别？太宗宋之贤君，亦复如此，他如汉灵帝之西园，唐德宗之琼林、大盈库，不必深责也。宋自乾德、开宝以来，有司计度之所缺者，必藉其数以贷于内藏，俟课赋有余则偿之。凡有司用度，乃国家经费，何以贷为？缺而许贷，贷而复偿，是犹为商贾者自与其家较量出入。及内藏既盈，乃以牙签别名其物，参验帐籍。晚年出签示真宗曰：'善保此足矣。'贻谋如此，何足为训？《书》曰：'慎厥终，惟其始。'太宗首开私财之端，及其后世，困于兵革，三司财帛耗竭，而内藏积而不发，间有发缗钱数十万以佐军资，便以为能行其所难。皆由太宗不能善始故也。"

洪武二十四年二月丙寅。太祖阅《汉书》赐民爵之令，谓侍臣曰："汉高帝立社稷，施恩惠，赐民之爵，子孙相承以为法。或遇有事，辄赐民爵至二级者，又听民转移与子，甚无谓也。夫爵所以命有德。《礼》曰：'以贤制爵。'爵岂可滥及乎？且天下之人，无贤不肖，概赐以爵，则贤人君子何以为劝？高帝贻谋若此，诚未尽善。"

八月乙卯。太祖与侍臣论汉高帝听张良之言，即销六国印。太祖曰："高祖闻一善言即能感悟如此者，安得不兴？后之为君者少有及之。"

侍臣曰："汉高以后，若唐太宗亦能从善，故其为治亦有可称。"

太祖曰："凡人有善，不可自矜，自矜则善日削；有不善不可自恕，自恕则恶日滋。太宗常有自矜自恕之心，此则不如汉高也。"

洪武二十七年六月癸酉。太祖燕闲与侍臣论古。

太祖曰："昔楚庄王谋事而当，群臣莫能逮，朝而有忧色；魏武侯谋事而当，群里莫能逮，朝而有喜色。夫一喜一忧，得失判焉。以此见武侯之不如楚庄也。夫喜者矜其所长，忧者忧其不足。矜其所长则志满，志满则骄，骄则淫佚，败日至矣；忧其不足者则志下，志下必能虚心以受人，则人孰不乐告以善道？故庄王卒伯诸侯以兴楚国，武侯侵暴邻国而魏业日衰。以此观之，人君当逊志以纳善，人臣当直道以事君。君臣之间各尽其道，则天下之事无不济矣。"

洪武二十八年六月辛卯。太祖谓侍臣曰："论礼乐者必原于德，此至论也。盖德盛者礼乐明备，否德则礼乐不兴。三代之德盛，故礼乐达于天下，后世德不如古，礼乐有其名而无其实。王通云：'如有王者出，三十年而后礼乐可称。'此本孔子必世而后仁之说。朕居位已三十年矣，礼乐之文粗备，而政治不能如古，揆德凉薄。"

侍臣对曰："陛下武定祸乱，文致太平，天下翕然同风，咸蒙至化。所谓十年平之，十年当之，十年和之，真有其效矣。而圣德谦冲，不有其有，此其跨越于前代也。"

洪武二十九年丙寅。太祖观《唐书》，至宦者鱼朝恩恃功玩忽无所惮，谓侍臣曰："当时坐不当使此曹掌兵政，故肆恣暴横。然其时李辅国、程元振及朝恩数辈势皆极盛，代宗一旦去之，如孤雏腐鼠。大抵小人窃柄，人主苟能决意去之，亦有何难？但在断不断尔。"又曰："汉末之时，宦官虽号骄纵，尚无兵权，故凡所为，不过假人主之名以浊乱四海。至唐世以兵柄授之，驯至权势之盛，劫胁天子，废兴在其掌握。大抵此曹只充使令，岂可使之当要路，执政操权，擅作威福？朕深鉴前辙，自左右服役之外，重者不过俾传命四方而已。彼既无威福可以动人，岂能为患？但遇有罪，必罚无赦，彼自不敢骄纵也。"

第34章 仁政

甲辰八月。是月，平章常遇春兵至赣州，熊天瑞固守不下，太祖令平章彭时中以兵会遇春等共击之。又命中书右司郎中汪广洋往参谋遇春军事，谕广洋曰："汝至赣，如城未下，可与遇春等言，熊天瑞困处孤城，犹笼禽阱兽，岂能逃逸？但恐破城之日杀伤过多，要当以保全生民为心，一则可为国家用，一则可为未附者劝。且如汉邓禹不妄诛杀，得享高爵，子孙昌盛，此可为法。向者鄱阳湖之战，陈友谅既败，生降其兵，至今为我用。纵有逃归者，亦我之民。我前克湖广，禁军士毋入城，故能全一郡之民。苟得郡无民，何益？"广洋至赣见遇春等，传太祖命。时天瑞拒守益坚，遇春乃浚濠立栅以困之。

乙巳正月己巳。太祖闻遇春克赣不杀，喜甚，遣使褒之曰：

"予闻仁者之师无敌，非仁者之将不能行也。今将军破敌不杀，是天赐将军隆我国家，千载相遇，非偶然也。捷书至，予甚为将军喜。虽曹彬之下江南，何以加之？将军能广宣威德，保全生灵，予深有赖焉。"

丙午五月壬午。太祖还自濠州，谕中书省臣曰："吾昨往濠州，所经州县，见百姓稀少，田野荒芜。由兵兴以来，人民死亡，或流徙他郡，不得以归乡里，骨肉离散，生业荡尽，此辈宁怨嗟？怨嗟之起，皆足以伤和气。尔中书其命有司遍加体访，俾各乡土，仍复旧业，以遂生息，庶几斯民不致失所。"

洪武元年正月乙酉。太祖谓刘基曰："曩者群雄角逐，生民涂炭，死亡既多，休养难复。今国势已定，天下次第而平，思所以生息之道何如？"

基对曰："生息之道，在于宽仁。"

太祖曰："不施实惠而概言宽仁，亦无益耳。以朕观之，宽仁必当聚民之财而息民之力，不节用则民财竭，不省役则民力困，不明教化则民不知礼义，不禁贪暴则民无以遂其生。如是而曰宽仁，是徒有其名而民不被其泽也。故养民者必务其本，种树者必培其根。"

基顿首曰："陛下尽心如此，民其有不受惠者乎？《传》曰：

192

'以仁心行仁政。'实在于今日。天下之幸也。"

三月甲申。征虏大将军徐达等奏所下山东州县。时近臣因进言山东旧有银场，可兴举者。

太祖曰："银场之弊，我深知之，利于官者少而损于民者多。况今凋瘵之余，岂可以此重劳民力？昔人有拔茶种桑民获其利者，汝岂不知？"言者惭而退。

四月丁未。博兴等县民人高翼等五十二人来谢恩。先是，诏免山东郡县租税，至是翼等来谢。

太祖召至前，谕之曰："朕以尔民劳困，且逢饥馑，艰于衣食，故免租税三年，欲尔民安也。今若等远来，跋涉良苦，是以所安尔者反劳尔也，岂朕之本心？尔归见乡里长老，其以朕意告之，但心在朝廷足矣，不必来谢。"

命礼部各给道里费而遣之，仍止其未来者。

七月辛卯。太祖将发汴梁，大将军徐达等自陈桥入辞。太祖谕之曰："朕与公等率众渡江，誓除祸乱，以安天下。今士卒舍父母妻子，战斗于矢石之间，百死一生，久未休息。朕每念之，惕然于心，然非得已也。中原之民久为群雄所苦，死亡流离，遍于道路，天监在兹，朕不敢怠。故命尔等帅师北征，廓清中原，拯

193

民艰苦。昔元起沙漠，其祖宗有德，天命入主中国，将及百年。今其子孙怠荒，罔恤民艰，天厌弃之。君则有罪，民复何辜？前代革命之际，兵戈相加，视如仇雠，肆行屠戮，违天虐民，朕实不忍。尔诸将帅当以为戒，克城之日，毋虏掠，毋焚荡，毋妄杀人。必使市不易肆，民安其生。凡元之亲戚，皆善待之。庶几上答天心，下慰人望，以成朕伐罪救民之志。有不遵命者，必罚无赦。"

诸将皆感激拜辞而退，相谓曰："主上爱民若此，吾属敢不敬承。"

八月壬午。大将军徐达克元都表至，群臣上表称贺。礼毕，侍臣进曰："自昔革命之际，以臣取君者多。惟汉高祖取秦，起自民间。今陛下不阶尺土一民，以定天下，元主遁归沙漠，兵不黩武，跨越千古。"

太祖曰："朕思三代及汉、唐、宋历年多者，皆其祖宗仁厚，结于人心，植本深固，人不能忘故也。元自世祖混一天下，宽恤爱人，亦可谓有仁心矣。但其子孙无承籍之德，不能以仁爱守之，故至于此。他日吾子孙能持仁厚之心，守而不替，社稷之福也。"

洪武二年三月丙午。太祖谓翰林侍读学士詹同、待制秦裕伯等曰："往者四方鼎沸，生民之祸极矣。天道厌乱，人心思治，故作难者皆底灭亡。今疆宇虽定，然中原不胜凋弊，东南虽已苏息，而钱谷力役又皆仰之，果何时可以休息也？"同对曰："陛下抚念创残，忧劳于心，诚天下苍生之福也。"

太祖曰："苦寒者思温，执热者思濯。今民之思治甚于寒之思温，热之思凉，正当有以济之。"

五月乙巳。太祖幸钟山归，由独龙同步至淳化门，始骑而入，谓侍臣曰："朕久不历农亩，适见田者冒暑而耘，甚苦，因悯其劳，徒步不觉至此。农为国本，百需皆其所出，彼辛勤若是，为之司牧者亦尝悯念之乎！且均为人耳，身处富贵而不知贫贱之艰难，古人尝以为戒。夫衣帛当思织女之勤，食粟当念耕夫之苦。朕为此故，不觉恻然于心也。"

洪武三年二月壬戌。太祖行后苑，见巢鹊卵翼之劳，喟然叹曰："禽鸟劬劳若是，况人母子之恩乎？"乃令群臣有亲老者许归养。时故元镇抚陈兴被俘来京，恩待甚厚，兴言有母在嵩州，年八十余，欲求归养。即赐白金、衣帽遣之。兴辞，太祖顾谓侍臣曰："孝弟之性，天下皆同。陈兴虽武夫，闻朕言，即怆然思归。朕始不知其有母，若知之，肯令其违远耶？人寿不过百岁，今其母年已八十余，万一不得相见，兴有无穷之痛。兴归，母子相见，其乐宜何如！"

侍臣曰："陛下以孝治天下，推恻人情，无微不烛，非惟一家之老者得所，天下之茕独鳏寡皆蒙其惠矣。"

太祖曰："人情莫不爱其亲，必使之得尽其孝。一孝而众人皆趋于孝，此风化之本也。故圣王之于天下，必本人情而为治。"

八月乙酉。太祖谓中书省臣曰："往者四方争斗，民不得其死者多矣。中原草莽，遗骸遍野，朕闻之恻然于心。宜遣人循历水陆，悉收瘗之。"

中书省臣曰："陛下仁及朽骨，圣王之善政也。"

太祖曰："先王之世，人得以养生送死者，上得其道，下无夭阏。元季政荒，民困干戈，加以饥馑相寻，故死亡者众。朕荷天命为亿兆主，顾兹失所者，岂忍使之暴露哉！"

洪武四年三月戊申。赣州民有止宿逃囚者，初不知其囚，刑部逮问，坐之罪。太祖曰："刑者，圣人设防于天下耳。深文重法，仁者不为。故凡断狱，贵得其情，缘情而论罪，则刑当而民服。彼不知其为囚，舍宿者，人情之常也，何为罪之？如汝议，行路之人将无止宿矣。"遂命释之，给道里费遣归。

五月辛巳。太祖与廷臣论刑法，御史中丞陈宁对曰："法重则人不轻犯，吏察则下无遁情。"

太祖曰："不然。法重则刑滥，吏察则政苛。钳制下民，而犯者必众。钩索下情，而巧伪必滋。夫垒石之冈，势非不峻，而草木不茂；金钱之溪，水非不清，而鱼鳖不生。古人立法置刑，以防恶卫善。故唐虞画衣冠、异章服以为戮，而民不犯；秦有凿颠抽胁之刑、参夷之诛，而囹圄成市，天下怨叛。所谓法正则民悫，罪当则民从。今施重刑而又委之察吏，则民无所措其手足矣。朕闻帝王平刑缓狱而天下服从，未闻用商韩之法可致尧舜也。"宁惭而退。

洪武五年六月壬寅。太祖以征西将军冯胜等师征甘肃，命中书省臣预送战袄三万、鞋六万八千辆以给之，因谕之曰："甘肃苦寒，未冬而雪，非南方之比。朕居京师，每当隆冬时，衣重裘尚觉体寒，况军士暴露边庭，冲冒风雪，有裂肤堕指之患，岂能堪也？衣鞋宜预给之。"

十月丁酉。太祖念驿传重繁，故元之民有役马夫而至破家者，乃谕兵部臣曰："善治者视民犹己，爱而勿伤；不善者征敛铢求，惟日不足，殊不知君民一体，民既不能安其生，君亦岂能独安厥位乎？譬之驭马者，急衔勒，厉鞭策，求骋不已，鲜不颠蹶，人独能无伤乎？元之末政，宽者失之纵，猛者失之暴，观其驿传一事，尽百姓之力而苦劳之，此与驭马者何异也？岂可蹈其覆辙耶？

自今马夫必以粮富丁多者充之，庶几其力有余无损，有司务加存抚，有非法扰害者罪之。"

十二月甲申。时修浚京师城濠，太祖幸三山门观之，见有役夫裸行水中，若探物状。太祖令人问之，则督工吏掷其锄水中，求之未得。

太祖命别取偿之，且复问之曰："此类汝锄乎？"

对曰："类。但比所掷者差短耳。"因命壮士赴水求得之，果如所言。

太祖曰："农夫供役月余，手足皲裂，亦甚劳矣，尚忍加害乎？"即捕吏杖之。顾谓丞相汪广洋曰："今日衣重裘，体犹觉寒，况役夫贫困无衣，其苦何可胜道？"命罢其役。仍命临濠行工部，惟留窑冶及烧石灰匠，其余匠悉遣还家。

洪武六年三月乙卯。广西卫卒王昇因差遣还沂州，受亲旧私遗，卫官以违法并逮其亲旧三十四人，送都督府奏罪之。

太祖曰："人归故乡，孰无亲故？慰劳馈赠，人情之常。"命皆释之。因谓侍臣曰："近来诸司用法，殊觉苛细。如大河卫百户姚旺，因运粮偶见旧日僮仆，收之，至济宁，民有言是其甥，不见已十年，百户即以仆还之，因受绢一匹。此皆常情，法司亦以论罪。用法如此，使人举动即罹刑网，甚失宽厚之意。"

九月丙辰。赐临濠造作军士七千五百人衣米。

太祖谕中书省臣曰："忧人者常体其心，爱人者每惜其力。朕尝亲军旅，备知其疾苦。凡有兴造，未免资军民之力。土木之工，亦甚难集。朕每进一膳，即思天下军民之饥；服一衣，即思天下军民之安。今临濠营造之宜各给米五石、衣一袭，庶不至饥寒也。"

十月癸巳。太祖谓兵部臣曰："攘外者所以安内，练兵者所以卫民。凡中国之民安于畎亩衣食而无外侮之忧者，有兵以为之卫也。因思边地八九月中天已雨雪，况今十月，其寒可知。朕为天下主，每闻一夫之饥，食尝为之不美；一民之寒，寝尝为之不安。其塞上士卒，宜趣①军装以给之，勿缓也。"

洪武八年正月癸酉。命中书省令天下郡县访穷民无告者，月给以衣食；无所依者，给以屋舍。

仍谕之曰："天下一家，民犹一体。有不获其所者，当思所以安养之。昔吾在民间，目击其苦，鳏寡孤独、饥寒困踣之徒常自厌生，恨不即死。如此者宛转于沟壑，可坐而待也。吾乱离遇此，心常恻然。故躬提师旅，誓清四海，以同吾一家之安。今代天理物已十余年，若天下之民有流离失所者，非惟昧朕之初志，于天

---

① 趣（cù）：通"促"，催促。

之工亦不能尽也。尔等为辅相，当体朕怀，不可使天下有一夫之不获也。"

洪武九年五月壬戌。命工部给物故工匠槥椟①。

太祖谕之曰："今所作宫殿，但欲朴素坚固，不事华饰，不筑苑囿，不建台榭。如此经营，费已钜万，乘危负重，工匠甚劳。有不幸而死者，忧悬朕心。尔工部可各给槥椟，令国子生送致其家，赐钞以葬，蠲其家役三年。"

复为文遣官即龙光山祭之，曰："昔君天下者务在安民。然有不得已而劳民者，营造之类是也。比者营建宫殿，工匠有因疾而死者，有被伤而死者，有冒危险而死者，已敕官为槥椟，送至于家。今复坛遣官以牲醴赐祭。尔等有知，咸谕朕意。"仍赐见役工匠钞，凡六万三百六十余锭。

洪武十年二月辛酉。太祖敕兵部臣曰："天下卫所军士皆四方之人，乡里既远，贫乏者多，月给廩米，仅足自给。其有死亡，棺敛之费不能举者必多，使其死无所归，或至暴露，甚非悯下之道。朕闻文王埋朽骨，天下归仁。况吾之壮士尝宣力效劳，岂可使之失所乎？自今凡军士死亡，家贫不能举者，为给棺葬之。"

所司著为令。

---

① 槥椟（huì dú）：一种小型棺材。泛指棺材。

五月丙午。人有诬山西之民从故元四大王为寇者，捕获至京，法司以闻。

太祖曰：“刑罚所以威恶，施之必当其罪，则刑不滥而人心服。彼四大王以元之遗孽窜匿山谷，聚逋逃以为民患，山西之民边其巢穴者，往往被其驱掠，迫胁为盗，皆不得已，岂真为盗者？古人云：‘得其情则哀矜勿喜。’此之类也。今民相捕获，将延蔓不已，是助之立党而激之为乱也。其释之，各给道里费遣还乡里。”

洪武十五年四月庚辰。廉州巡检王德亨上言：“家本阶州，界于西戎，有水银坑冶及青绿紫泥，愿得兵取其地，以归于朝。”

太祖谓户部臣曰：“尽力求利，商贾之所为；开边启衅，帝王之深戒。今珍奇之产，中国岂无？朕悉闭绝之。恐此涂一开，小人规利，劳民伤财，为害甚大。况控制边境，贵于安靖，苟用兵争利，扰攘不休，后虽悔之，不可追矣。此人但知趋利，不知有害，岂可听也！”

四月癸巳。工部尚书赵俊奏饰东宫殿宇及公主府，所用青绿，请令民采办。

太祖曰：“姑随所有用之，勿劳民也。”

俊曰：“库藏所贮，恐不足用。且令其采纳，以价值给之，亦不伤民。"

太祖曰:"青绿产于深山穷谷,民岂能自采?必待贩鬻而后得之。尔但知给以价值,不知有司急于取办,未免过于督责,而吏卒夤缘肆贪,所得之直,不偿所费。况货殖之人,乘时射利,高价以售,民受驱迫者急于应办,转相借贷,其弊百端,为害滋甚。岂可以彩饰之故而重扰民乎!"

五月丙子。广平府吏王允道言磁州临水镇地产铁,元时尝于此置铁冶都提举司,总辖沙窝等八冶炉丁万五千户,岁收铁百万余斤,请如旧置炉冶铁。

太祖曰:"朕闻治世天下无遗贤,不闻天下无遗利。且不在官则在民,民得其利,则利源通,而有益于官;官专其利,则利源塞,而必损于民。今各冶铁数尚多,军需不乏,而民生业已定。若复设此,必重扰之,是又欲驱万五千家于铁冶之中也。"杖之,流海外。

洪武十六年九月甲辰。敕谕户部曰:"数年以来,颇致丰稔。闻民间尚有衣食不足者,其故何也?岂徭役繁重而致然欤?抑吏缘为奸而病吾民欤?今岁丰而犹如此,使有荒歉,又将何如?四民之中,惟农最苦,有终岁勤谨而不得食者。其令有司务加存抚,有非法苛刻者重罪之。"

洪武十七年十月壬申。广东都司械送蛮寇余党九十余人至京，法司请治其罪。

太祖曰："蛮夷之人，相煽为非，一时讹误。若悉治其罪，情有可矜。然既戮其首恶者，胁从之人不必躬治。其宥之。"又曰："南人不耐寒。"命悉给冬衣而遣之。

洪武十八年三月壬戌。太祖谕户部臣曰："善为政者，赋民而民不困，役民而民不劳，故民力纾，财用足。今天下有司能用心于赋役，使民不至于劳困，则民岂有不足，田野岂有不安，争讼岂有不息，官府岂有不清？如此，则民岂有不受其福者乎？民既受福，为官长者亦得以享其福矣。近来有司不以民为心，动即殃民。殃民者祸亦随之。苟能忧民之贫而虑民之困，使民得以厚其生，此可谓善为政者。尔等勉之。"

洪武二十年正月丙子。府军前卫老校丁成言："河南陕州地有上绞、下绞、上黄塘、下黄塘者，旧产银矿，前代皆尝采取，岁收其课。今锢闭已久，若复采之，可资国用。"

太祖谓侍臣曰："君子好义，小人好利。好义者以利民为心，好利者以戕民为务。凡言利之人，皆戕民之贼也。朕尝闻故元时，江西丰城之民告官采金，其初岁额犹足取办，经久民力消耗，一州之民卒受其害。盖土地所产，有时而穷，民岁课成额，征取无

203

已，有司贪为己功而不以言，朝廷纵有恤民之心，而不能知。此可以为戒，岂宜效之！"

四月丁酉。工部右侍郎秦逵言："宝源局铸钱，请令郡县收民间废铜以资鼓铸。"

太祖曰："铸钱本以便民，今欲取民废铜以铸钱，朕恐天下废铜有限，斯令一出，有司急于奉承，小民迫于诛责，必至毁器物以输官，其为民害甚矣。姑停之。"

四月壬寅。北平布政使司请以菽折盐粮，而每斗加五升。

太祖谓户部臣曰："以菽代谷者，为其轻可以便民。然菽亦谷也，而又加之，益损民矣。夫权变者当究其实，拯弊者当探其源，不知权变而昧其源，不几于救跛而成瘘乎！"

五月癸酉。太祖谓兵部臣曰："军士月给米一石，仅可充食。身亡之后即罢给，或父母老无所依，或儿女幼无所赖，将何以自存？困而不恤者匪仁，劳而不报者匪义。尔兵部悉阅军卫，凡军士死亡，父母年老、儿女幼小无所依者，并优给之，毋令失所。"

九月癸未。太祖谕左军都督府臣曰："前所遣囚徒往充辽东驿卒者，今天气尚寒，恐道途冻馁，此辈本宥之以全其生，若不免死，是徒宥耳。且令就济宁暂住，待春暖遣行。"

洪武二十二年正月丁亥。太祖御奉天门，退朝，召五军都督府臣谕之曰："军士有从征亡死者，有疾病而死者，其父母妻子老弱无依，虽已优给，然远违乡里，终无所托。其有愿还乡依亲者，悉遣其去，人给钞五锭为道里费。"

十一月乙丑。太祖御谨身殿，翰林院学士刘三吾侍，因论治民之道，三吾言南北风俗不同，有可以德化，有当以威制。

太祖曰："地有南北，民无两心。帝王一视同仁，岂有彼此之间？汝谓南方风气柔弱，故可以德化；北方风气刚劲，故当以威制。然君子小人何地无之？君子怀德，小人畏威，施之各有攸当，乌可概以一言乎？"三吾惊服，顿首而退。

洪武二十三年正月戊子。中军都督佥事萧用、左都御史詹徽等奏："湖广茶陵卫城库隘，周围四里，宜循城西排栅旧址开拓之，以壮一方形势。"

太祖曰："凡事有可已而不必为者，有不得已而必须为者，要皆合于时宜。今茶陵城池足以容众，军民相安，亦事之可已者，何用开拓？倘隳坏必须修理，亦俟秋成。"

洪武二十四年四月癸亥。太原府代州繁峙县奏逃民三百余户，累岁招抚不还，乞令卫所追捕之。

太祖谕户部臣曰："民窘于衣食，或迫于苛政则逃。使衣食给、官司无扰，虽驱之使去，岂肯轻远其乡土？今逃移之民不出吾疆域之外，但使有田可耕，足以自赡，是亦国家之民也。即听其随地占籍，令有司善抚之。若有不务耕种，专事末作者，是为游民，则逮捕之。"

七月戊申。禁罪人诬引良善。太祖谓刑部尚书杨靖曰："善与恶异趋。廉者必不同贪，公者必不济私。然恶或诬善，事虽可白，不免受辱，必严禁之，使有所劝惩。继今犯法者，不许诬引良善。违者，所诬虽轻，亦坐以重罪。尔刑部其榜谕之。"

洪武二十五年五月庚戌。太祖御右顺门，有近臣奏厩马暴毙，请罪主典者。

太祖曰："凡有血气者，必有死也。今厩马自毙，何可罪人？得无轻人而重马乎？其勿问。"

洪武二十七年三月甲子。陕西有士人上仁政书，太祖览之，谓侍臣曰："既言仁政，则必当爱民。何故所言皆劳民伤财之事，自相悖戾。彼山林儒生，不深究事体。然亦言有嘉也。不必指摘瑕疵，以杜言路。"

十月己丑。罢建岷王宫殿。太祖谕工部臣曰："边境土木之工，必度时量力，顺民情而后为之。时可为而财不足，不为也；财有余而民不欲，不为也。必有其时、有其财而民乐于趋事，然后为之，则事易集。今云南之土旷民稀，军饷转输，民力甚劳。若复加以兴造之役，非惟时力未可，于民情亦有所不欲。岷府姑为棕亭以居，俟十五年后民富力纾，作之未晚。"

第五卷

第35章 求贤

甲辰十二月丁巳。太祖谓廷臣曰："元本胡人，起自沙漠，一旦据有中国，混一海内。建国之初，辅弼之臣率皆贤达，所进用者又皆君子，是以政治翕然可观。及其后也，小人擅权，奸邪竞进，举用亲旧，结为朋党，中外百司，贪婪无耻。由是法度日弛，纪纲不振。至于土崩瓦解，卒不可救。今创业之初，若不严立法度以革奸弊，将恐百司因循故习，不能振举。故必选用贤能，以隆治化。尔等有所荐引，当慎所择。"

吴元年十一月戊戌。太祖谓侍臣曰："吾昨观舆地图，所得州县，天下三分，已有其二。若得材识贤俊之士布列中外，佐吾致治，吾以一心统其纪纲，群臣以众力赞襄庶政，使弊革法彰，民安物阜，混一之业，可以坐致。古语云：'国无仁贤则国空虚。'

尔等其各举贤才，以资任用。”

洪武元年十一月己亥。遣文原吉、詹同、魏观、吴辅、赵寿等分行天下，访求贤才。

太祖谕之曰：“天生人材，必为世用。然人之材器有不同：明锐者质或剽轻，敦厚者性或迂缓，辨给者行或不逮，沉默者德或有余。卿等宜加精鉴。”

同对曰：“陛下昭德四海，正贤俊丕应之日，臣等敢不尽心。”

太祖曰：“人材不绝于世。朕非患天下无贤，患知人之难耳。苟所举非所用，为害甚大。卿等慎之！”于是各赐白金遣行。

洪武二年九月壬辰。太祖谓廷臣曰：“知人固难。今朕屡敕百司访求贤才，然至者往往名实不副，岂非举者之滥乎？”

廷臣对曰：“请自今百司荐举，必具其人已行之善，庶无冒滥之夫。”

太祖曰：“观人之法，即其小可以知其大，察其微可以见其著，视其所不为，可以知其所为。但严举措之法，则冒滥自革矣。”

洪武六年四月辛丑。命吏部访求贤才于天下。

太祖曰：“世有贤才，国之宝也。古之圣王恒汲汲于求贤，若高宗之于傅说，文王之于吕尚，二君者，岂其智之不足也，而遑遑于版筑鼓刀之徒。盖贤才不备，不足以为治。鸿鹄之能远举者，为其有羽翼也；蛟龙之能腾跃者，为其有鳞鬣也；人君之能致治者，为其有贤人而为之辅也。今山林之士，岂无德行文艺之有称者？宜令有司采举，备礼遣送至京，朕将任用之，以图至治。"

洪武八年七月庚申。太祖御右顺门，谓侍臣曰："举大器者不可以独运，居大业者不能以独成。是故择贤任能，列布庶位，安危协心，盛衰同德。昔殷周之兴也，用伊尹、周公诸贤，故卜世永久，历祚灵长。秦、隋之季，弃群策于汉高，委英雄于唐主，独任其智，未几而亡。盖根疏者易拔，源浅者易涸。人君欲弘其德，惟当广览兼听，博达群情，则治益盛隆，道益光大矣。"

二月丙辰。太祖御奉天门，与侍臣语及用人之道。太祖曰："金石之有声，击之而后鸣；舟航之能运，操之而后动；贤者之有才，用之而后见。然人之才智，或有长于彼而短于此者，若困其短而并弃其长，则天下之才难矣。今令天下求才，其长于一艺者皆在选列，俟至而观之。其廉让也，可以知其仁；其善谋也，可以知其智；其果断也，可以知其勇。若唯见其人之小节，未睹其大端而辄置之，乃有天下无贤之叹。虽有稷契之才，亦难见矣。"

洪武十二年十二月。是月，征天下博学老成之士，皆应诏至京师。先是，太祖谓礼部臣曰："为天下者譬如作大厦，非一木所成，必聚材而后成。天下非一人独理，必选贤而后治。故为国得宝，不如荐贤。朕自临御以来，十有二年，思得贤士以熙庶绩。然山林幽远，博学老成之士匿德藏光，甘于穷处，非招徕之，不肯轻出。宜下有司悉心推访，礼送于朝，朕将显用之。"

洪武十三年四月己丑。命群臣各举所知。太祖谕之曰："天下贤才，未尝乏也。谓皋、夔、稷、契不复生，方叔、召虎不再出，是薄天下之士也。但世有升降，故才有等差。为人上者能量才授职，则无施不可。盖士之进退系乎国之治否。吾以一人之智，岂足以尽理天下？必赖天下之贤，然后足以有为。尔等宜体此意，各举所知以闻。"

十月戊辰。太祖谕吏部臣曰："天下之务，非贤不治；求贤之道，非礼不行。故汤致伊尹，由于三聘；汉征申公，安车束帛。近朝臣为朕举贤，朕皆征用之。所举者多名实不称，徒应故事而已。夫披沙将以求金，掘井在于获泉，荐士期于得贤。今所举皆非，岂昧于识人耶？抑贤才之果难得也？尔吏部其以朕意，再谕天下有司尽心询访，必求真材，以礼敦遣。"

洪武十五年正月庚戌。命天下朝觐官各举所知一人，太祖谕

214

之曰："古之荐举者以实不以名，后世荐举者徇名而遗实，故往往治不如古。朕效仿古制，举用贤才，各因其器能而任使之，庶几求其实效。今尔等来朝，其各举所知。凡有一善可称、一才可录者，皆具实以闻，朕将随其才以擢用之，无有所隐。"

八月己卯。有广东儒士上治平策者，太祖览之，顾谓侍臣曰："此人不识道理，岂有涉数千年论治平而不及用贤？天下之大，欲朕一人自理之乎？虽有至圣之君，犹以用人为重，曷尝谓人无足用也！盖独智自用，所见者狭；资贤而任，则所及者广。"

学士宋讷对曰："诚如圣谕。但贤才之在天下，在上岂能周知？必赖群臣荐举。然得贤与否，系乎举之者何如耳。"

太祖曰："小人所举，未必为君子；君子所举，未必为小人。故观其举者，即可知其人之贤否矣。"

九月戊申。吏部以征至天下儒士，选其经明行修者，列其等第上闻。

太祖曰："贤才固不乏也。今贤人君子出为时用，大小器使当随其能，毋使有其才而不尽用也。"

洪武十七年十二月己亥。太祖谕侍臣曰："孔子云：'十室之邑，必有忠信。'朕屡敕有司荐举贤才，而所荐者多非其人，岂山林岩穴真无贤者乎？特在位者弗体朕意，滥举以塞责耳。昔常何荐马周，唐太宗喜其有知人之明。今荐举者若能致一马周，朕岂爱爵赏？惜无以副朕望者。是以延伫之心，朝夕不忘。"

洪武十九年七月癸未。诏举经明行修练达时务之士年七十以下者，郡县礼送京师。

太祖谕礼部郎中郑居贞曰："古之老者虽不任以政，至于咨询谋谟，则老者阅历多而见闻广，达于人情，周于物理，有可资者。"

居贞对曰："人至六十，精力衰耗，则不能胜事。请六十以上者不遣。"

太祖曰："政为比来有司不体朕意，士有耆年，便置不问。岂知老成古人所重，文王用吕尚而兴，穆公不听蹇叔而败，伏生虽老，犹足传经，岂可概以耄而弃之也！若年六十以上、七十以下者，当置翰林，以备顾问；四十以上、六十以下者，则于六部及布政司、按察司用之。"

洪武二十五年十二月丙辰。安庆府知事周昌言："臣见士人或因小过罢斥，然其才有堪用，而于例不得举。宜垂宽宥，令有司得荐起之。"

吏部奏言："有罪复用，无以示惩。昌言不可听。"

太祖曰："良工琢玉，不弃小玼。朝廷用人，必赦小过。故改过迁善，圣人与之，录长弃短，人君务焉。苟因一事之失而弃一人，则天下无全人矣。昌之言诚是。其令有司凡士人因小过罢黜及迁谪远方者，知其才德果优，并听举用。"

第36章　恤刑

戊戌三月己酉。命提刑按察司佥事分巡郡县录囚。凡笞罪者释之，杖者减半，重囚杖七十，其有赃者免征。有司有所稽迟，重者从轻典，轻者原之。武将征讨有过者皆宥之。左右或言去年释罪囚，今年又从末减，用法太宽，则人不惧法，法纵弛无以为治。

太祖曰："用法如用药，药本以济人，不以弊人。服之或误，必致戕生。法本以卫人，不以杀人。用之太过，则必致伤物。百姓自兵乱以来，初离创残，今归于我，正当抚绥之。况其间有一时误犯者，宁可尽法乎！大抵治狱以宽厚为本，少失宽厚，则流入苛刻矣。所谓治新国用轻典，刑得其当，则民无冤抑。若执而不通，非合时宜也。"

吴元年六月甲戌。太祖谓宪臣曰："任官不当，则庶事不理；

用刑不当，则无辜受害。譬之薅草莱者，施镈不谨，必伤良苗；绳奸慝者，论法不当，必伤善类。故刑不可不慎也。夫置人于箠楚之下，屈抑顿挫，何事不伏？何求不得？古人用刑，盖不得已。悬法象魏，使人知而不敢犯。夫水火能焚溺人，狎之则必伤，远之则无害。水火能生人，亦能毙人。刑本以生人，非求杀人也。苟不求其情而轻用之，受枉者多矣。故钦恤①二字，用刑之本也。”

九月戊寅。太祖谓中书省臣李善长、傅瓛、杨宪等曰：“法有连坐之条，谓侵损伤人者，吾以为鞫狱当平恕，非大逆不道，则罪止及其身。先王之政，罪不及孥，罚弗及嗣，忠厚之至也。自今民有犯法者，毋连坐。”

参政杨宪对曰：“先王用刑，世轻世重。自元政姑息，民轻犯法，非重治之，则犯者益众。”

太祖曰：“民之为恶，譬犹衣之积垢，加以瀚濯，则可以复洁；污染之民，以善导之，则可以复新。夫威以刑戮而使民不敢犯，其为术也浅矣。且求生于重典，是犹索鱼于釜，欲其得活，难矣。”

十月甲寅。命中书省定律令。初，太祖以唐、宋皆有成律断狱，惟元不仿古制，取一时所行之事为条格，胥吏易为奸弊。自平武昌以来，即议定律。至是，台谏已立，各道按察司将巡历郡

———————————

① 钦恤：指理狱量刑要慎重，不滥施，心存矜恤。

县，欲颁成法，俾内外遵守。

乃命丞相李善长等详定，谕之曰："立法贵在简当，使言直理明，人人易晓。若条绪繁多，或一事而两端，可轻可重，使奸贪之吏得以夤缘为奸，则所以禁残暴者反以贼良善，非良法也。务去适中，以去烦弊。夫纲密则水无大鱼，法密则国无全民。卿等宜尽心参究，凡刑名条目逐日来上，吾与卿等面议斟酌之，庶可以为久远之法。"

十月乙卯。太祖谓台宪官刘基、章溢、周祯等曰："纪纲法度，为治之本。所以振纪纲、明法度者，则在台宪。凡揭纪纲法度以示百司，犹射者之有正鹄也；百司庶职，操弓矢以学射者，以台宪乎取法。故审己不可以不慎。苟不知其本，察于小物而昧于大体，终非至正之道。尔等执法，上应天象，少有偏曲，则纪纲法度废坏，而民不得其安。况或深文以为能，苛察以为智，若宁成、郅都、周兴、来俊臣之徒，巧诋深文，恣为酷虐，终亦不免。若于公阴德子孙，乃致贵显，天道昭然，深可畏也。"

十一月己亥。中书参政傅瓛言，应天府有滞狱当断决者。

太祖曰："淹滞几时矣？"

曰："逾半岁。"

太祖惕然曰："京师而有滞狱，郡县受枉者多矣。有司得人，以时决遣，安得有此！"

璛顿首曰："臣等不能统率庶寮，是臣罪也。"

太祖曰："吾非不爱其民，而民尚尔幽抑。近且如此，远者何由能知？自今狱囚审鞫明白，须依时决遣，毋使淹滞。"

洪武元年正月辛丑。太祖谓宰臣曰："朕每燕居，思天下之事，未尝一日自安。盖治天下犹治丝，一丝不理，则众绪纷乱。故凡遇事，必精思而后行，惟恐不当，致生奸弊，以殃吾民，以此不敢顷刻安逸。至于刑法，尤所关心。然此非一人所能独理，卿等皆须究心，庶几民无冤抑，刑狱清省。汉宣帝言：'狱者，所以禁暴、止奸、养育群生。'甚得用法之意。卿等宜体之无忽也。"

洪武二年八月戊子。监察御史睢稼言："《周官》有悬法象魏之文，《礼经》载乡饮读法之说，皆导民知礼法而远刑辟也。今新律颁布天下，乡井细民犹有不通其说者，宜仿古人月吉读法之典，命府州县长吏，凡遇月朔，会乡之老少，令儒生读律，解析其义，使之通晓，则人皆知畏法而犯者寡矣。"

太祖曰："威人以法者，不若感人以心，敦信义而励廉耻，此化民之本也。故羞恶之心生，则非僻之私格；外防之法密，则苟免之行兴。卿言读律，固可禁民为非，若谓欲使民无犯，要当深求其本也。"

221

十二月己酉。复以广东行省参政周祯为刑部尚书。

太祖谕之曰："刑以辅治，唐虞所不免。观舜命皋陶之辞，始虽曰明刑，终期于无刑。皋陶告舜，亦曰：'与其杀不辜，宁失不经。'当时君臣莫不以恤刑为重，而民亦自不犯，所以能致雍熙之治。朕尝观此，深有所契，尔其体之。"

洪武四年二月戊午。以刑部郎中刘惟谦为尚书。

太祖谕之曰："膏粱所以充饥，药石所以疗病，使无病之人舍膏粱而饵药石，适足以害身。仁义者，养民之膏粱也；刑罚者，惩恶之药石也。故为政者若舍仁义而专务刑罚，是以药石毒民，非善治之道也。今擢尔为刑官之长，尔于用法之际，常体古人钦恤之意，则张释之、于定国皆可为矣。尔其勉之。"

洪武六年正月辛酉。江西行省商民坐沮坏盐法，刑官拟以乱法，罪当死。

太祖曰："愚民无知而犯法，犹赤子无知而入井，见者莫不怵惕，岂宜遽以死罪论之。"法司执奏不已，太祖曰："有罪而杀，国之常典。然有可以杀，可以无杀。彼愚民沮坏盐法，原其情，不过为贪利耳，初无他心。"

乃悉免死，输作临濠。

洪武八年二月甲午。敕刑官："自今凡杂犯死罪者，免死，输作终身；徒流罪，限年输作；官吏受赃及杂犯私罪，当罢职役者，谪凤阳屯种；民犯流罪者，凤阳输作一年，然后屯粮。"

太祖复谕刑官曰："天道好生，人情恶死。朕御天下，夙夜靡宁，常惧刑罚失中，以乖天道。所以特降宽宥之典。凡杂犯死罪，皆令输作屯种，以全其生，且冀其悔罪改过，复为善人。尔等宜体朕此意，务求公平，使刑罚得中，下无冤抑，则不负朕委任矣。"

洪武九年十月辛酉。太祖览《大明律》，谓中书左丞相胡惟庸、御史大夫汪广洋等曰："古者风俗厚而禁纲疏，后世人心漓而刑法密。是以圣王贵宽而不贵急，务简而不务烦。国家立法，贵得中道，然后可以服人心而传后世。昔萧何作《汉律》九章，甚为简便，后张汤犹得以私意乱之。况未尽善，其能久无弊乎？今观律条，犹有议拟未当者，卿等可详议更定，务合中正。仍具存革者以闻。"

于是，惟庸、广洋等复详加考订，厘正者凡十有三条。

洪武十四年五月丙申。刑部奏决重刑。

太祖谕之曰："朕尝命汝等，凡有重狱，必三覆奏。以人命至重，恐不得其情，则刑罚滥及，而死者不可复生也，故必欲详审。今汝等概以重刑来奏，其间固有渎伦乱法、罪不可原者，亦有一时过误、情有可矜者，必当分别。若一概言之，则轻重不分矣。自今凡十恶非常赦所原者则云重刑，其余杂犯死罪许听收赎者，毋概言也。"

九月辛丑。敕刑部尚书胡祯等曰："帝王抚临百姓，皆欲其从化，至于刑罚，不得已而用之。故唐虞之法，罪疑惟轻；四凶之罪，止于流窜。今天下已安，法令已定，有司既不能宣明教化，使民无犯，及有小过，或加以苛刻，朕甚悯焉。夫上有好生之德，则下有为善之心。改过者多，则轻生者少。自今惟十恶真犯者决之如律，其余杂犯死罪，皆减死论。"

洪武十五年五月乙卯。监察御史雷励坐失入人徒罪。

太祖责之曰："朝廷所以使顽恶慑伏、良善得所者，在法耳。少有偏重，民无所守。尔为御史，而执法不平，何以激浊扬清、伸理冤枉？且徒罪尚可改正，若死罪论决，可以再生乎？"命法司励罪以戒深刻者。

十月丙申。命刑部、都察院断事等官审录囚徒。

太祖曰："录囚务在情得其真，刑当其罪。大抵人之隐曲难明，狱之疑似难辨，故往往有经审录，寻复反异，盖由审刑者之失，

224

以至此耳。故善理狱者，在推至公之心，扩至明之见，则巧伪无所隐，疑似无所惑，自然讼平理直，枉者得伸，系者得释。苟存心不公，听断不明，是犹舍衡以求平，捐鉴以索照，狱何由得理？事何由能直？今命尔等审录囚徒，务以公破私，明辨惑，毋使巧伪繁滋而疑谳不决。生者拘幽于囹圄，死者受冤于地下，非惟负朕慎刑之心，实违上天好生之意。凡录囚之际，必预先稽阅前牍，详审再三，其有所诉，即与辨理，具实以闻。"

洪武十六年正月庚戌。民有子犯法当死，其父以财求免。事觉，监察御史奏欲并置于法。

太祖曰："生死，人之大故；父子，人之至亲。彼爱根于心，但知求其子之生，不顾理之所不可。尔论法欲并罪其父，然于情可恕，其赦之。"

正月壬子。太祖谕刑部尚书开济、都御史詹徽等曰："凡论囚，须原其情，不可深致人罪。盖人命至重，常存平恕之心，犹恐失之，况深文乎！昨民有子犯法当死者，其父行贿求免，御史执之，并欲论罪。朕以父子至亲，其死而救，人之情也。故但论其子而赦其父。自今凡有论决，必再三详谳覆奏而行，毋重伤人命。"

四月庚寅。刑部尚书开济议法巧密。

225

太祖览而恶之曰："刑罚之设，本以禁民为非，使之远罪耳，非以陷民也。汝张此密法，以罔加无知之民，无乃用心太刻。夫竭泽而鱼，害及鲲鮞①；焚林而田，祸及麛鷇②。巧密之法，百姓其能免乎？此非朕所以望于汝也。"济大惭。

六月甲戌。刑部尚书开济等官议定五六日旬时三审五覆③之法。

太祖曰："天下之事，不可徇名而失实，当因名而责实。近闻审覆之法，但应旬时之名，无曰今是昨非；但谓大同小异，审覆者未必尽其心，告诉者未必尽其情。朕深知其弊。尔宜戒之。"

七月辛亥。遣监察御史往浙江等处录囚，陛辞。

太祖谕之曰："古人有言，议狱缓刑。又曰：无敢折狱。人命至重，必在详审，不敢轻也。夫刑当其罪，犹在可矜。若滥及非辜，岂可复侮？草木微物，有仁心者方长不折，况于人，而可忽乎！尔往慎之。"

洪武十七年闰十月癸丑。命天下诸司刑狱皆属刑部、都察院

---

① 鲲鮞（kūnér）：小鱼。
② 麛鷇（mígòu）：幼鹿和雏鸟。
③ 三审五覆：明初对死刑案件的审查和复核制度，即针对死刑案件，需进行多次审理和多次复核，证据确凿且各司法部门无歧义后，方可上达天听，最终由皇帝裁决是否执行。死刑复奏制度最早出现于隋朝。

详议平允，又送大理审覆，然后决之。其直隶诸府州刑狱，自今亦准此令，庶几民无冤抑。

因谓刑官曰："刑者，人君用之以防民。君之于民，如天之于物，天之道春生秋敛，而论天之德，则曰生。君之道仁育义制，论君之德，则曰仁。夫王良善御，岂在于策？周公善治，岂在于刑？所谓刑者，辅治之具，是以用之不可不详。故每令三审五覆，无非求其生而已。"

洪武十九年十二月戊申。都察院左都御史詹徽上言："陛下之于刑狱，每存钦恤之意，盖故期于无刑，而顽民狎玩，犯者不止。臣愚以为，莫若严刑以制之，使知所畏而重犯法。"

太祖览之，曰："刑不可使纵弛，亦不可使过严。纵弛则为恶者无所畏，过严则为善者或滥及。用刑之道，但贵得中，则刑清，失中则刑乱，刑乱而政衰矣。如尔所言，恐流于滥。其可哉！"

洪武二十年四月己酉。都察院左都御史詹徽奏："有军人犯罪当杖。其人尝两得罪，幸宥免矣。今复不悛，信非良善，宜并论前罪诛之，以惩余者。"

太祖曰："前罪既宥，今复论之，则不信矣。用刑而不信，使人何所措手足？且其罪至死而纵之，则为纵恶；不至死而诛之，则为滥刑。今罪未至于死而辄欲杀之，在尔有故入之罪，在朕无恤刑之仁，皆不可也。仍杖而遣之。"

洪武二十三年十二月癸亥。太祖谕刑部尚书杨靖等曰："自今惟犯十恶并杀人者论死，余死皆令输粟北边以自赎。力不给者，或二人，或三人，并力输运，仍令还家，备赀以行。"

翰林学士刘三吾等曰："圣心仁恕，垂念及此，罪人受更生之恩矣。"

太祖曰："愚民犯法，如啖饮食，嗜之而不知止。设法以防其犯，而犯者益多；推恕以行吾仁，而仁或可济。"

三吾曰："三代而上，刑罚常简，本仁恕也；三代而下，刑罚常滥，以严刻也。"

太祖曰："善为国者，惟以生道树德，不以刑杀立威。"

洪武二十四年六月壬午。升大理寺丞周志清为卿。

太祖谕之曰："大理之职，即古之廷尉。历代任斯职者，独汉称张释之、于定国，唐称戴胄。盖有由其处心公正，议法平恕，狱以无冤，故流芳后世。今命尔为大理卿，当推情定法，毋为深文，务求明允，使刑必当罪。庶几可方古人，不负朕命也。"

洪武二十六年十月乙亥。大理寺奏："四川民以输粮违期及移易者，坐法当诛。"

太祖曰："四川水陆险峻，输挽良难，故有失期。彼移易者，或两取便利，求无逋欠可矣，岂得遽论以死？甚非爱民之心。其悉宥之，仍给道理费遣还。病不能至者，遣内官就道给赐。税粮未足者，令就本处输之。"

第37章　赏罚

甲辰三月辛未。太祖御西楼，有军士十余人自陈战功，以求升赏。

太祖谕之曰："尔从我有年，尔才力勇怯，我纵不知，将尔者必知之。尔有功，予岂遗尔？尔无功，岂可妄陈？有功不赏是谓吝，无功求赏是谓贪。吝则失众，贪则逾分。夫有超人之才能者，必有超人之爵赏。尔曹不见徐相国耶？今贵为元勋，其同时相从者犹在行伍，予亦岂忘之乎？以其才智止此，弗能过人故也。今尔曾自陈战功，以求升赏，国家名爵乌可幸得耶？尔曹苟能绳勉立功，异日爵赏我岂尔惜？但患不力耳！"于是皆惭服而退。自是无有复言者。

乙巳三月辛巳。常遇春平赣州，军还，太祖御戟门颁赏。

劳之曰:"将军勤劳于外,南平诸郡,兵不失律,民无所扰,自岭以南,望风降附。是能奉扬威武,克定邦家。报功之典,予奚敢后?今锡以布帛、文绮,用彰厥功,以答三军之用命。夫赏以酬功,爵以旌德。俟海宇宁谧,恩数有加。将军其奖率三军,更图后举,茂建伟烈,益著耿光,以副予所托。将军其勖之哉!"

遇春曰:"臣奉主上成算,所至辄克,非臣所能。"

太祖善其对。

吴元年九月辛丑。平吴师还,论功行赏。

太祖谕诸将曰:"自兵兴以来,天下豪杰纷起,予将兵渡江,赖上天之灵,将士之力,拓地开疆,削平敌国。如陈友谅兵众地大,已先摧灭;张士诚兵强积富,今亦就擒。非尔将士用命,何以致此?今论功行赏,以报劳勋。如王国宝等殁于王事而不得与,吾甚惜之。自古帝王多以征战而得天下,皆有名世之将以佐辅之。尔等今日之功,亦何忝于古之名将乎!但从军在外,与经营布置在内者任虽不同,其劳则一。冯宗异留守京城,军府之事,独任其劳,亦宜受赏。然江南既平,当北定中原,以一天下,毋狃于暂安而忘永逸,毋足于近功而昧远图。大业垂成,更须努力。"

达等顿首曰:"臣等叨承主上成算,幸获成功,敢不益尽心力,以图尺寸。"明日,达等入谢。

太祖语之曰:"公等还第置酒为乐否?"

对曰："荷主上恩德，皆置酒相庆。"

太祖曰："吾宁不欲置酒与诸将为一日之欢？但中原未平，非宴乐之时。公等不见张氏所为乎？终日相与酣歌逸乐，今竟何如？宜深戒之。"

洪武二年七月癸丑。监察御史谢恕巡按松江，以欺隐官租逮系一百九十余人至京师，多有称冤者。治书侍御史文原吉等以其事闻。

太祖命召数人亲问之，曰："悉得其情。"乃责恕曰："御史，耳目之官，当与民辨是非、明曲直，不使冤抑，方为称职。今尔为御史，不能为民伸冤理枉，反陷民于无辜，朝廷耳目将何赖耶？"

于是尽释其人，以恕下交。原吉等能不敢蔽聪明，赏彩币有差。

洪武五年正月乙丑。太祖召魏国公徐达、曹国公李文忠、宋国公冯胜，各赐交趾弓五十、彤弓百，因谓之曰："古者诸侯有四夷之功，则赐之弓矢，卿等宣力四方，克著勋劳，故有此赐。"

达等谢曰："臣等赖陛下威灵，获效微劳，岂足齿录。而宠恩屡降，何以当之？"

太祖曰："古人有言：'善有章，虽贱，赏也；恶有衅，虽贵，罚也。'况卿等开国之臣，其章大矣，故赐以此，不为过也。"

洪武七年三月乙亥。兰州捌里麻民郭买的叛，诱番兵入寇，诏立赏格购捕之。兰州卫遣其兄着沙与其弟火石歹往招之，郭买的不从，着沙、火石歹夜斩其首以归，本卫以其事闻，请赏之。

太祖曰："买的罪固当死，然为兄弟者，告之不从，执之而已。手自刃之，有乖天伦，若赏之，非所以令天下也，但以其所获牛马给之耳。"

洪武十年五月戊寅朔。太祖谓侍臣曰："赏罚者，国之大权。人君操赏罚之权以御天下，一本于至公。故有功者，虽所憎，必赏；有罪者，虽所爱，必罚。赏以当功，上不为德；罚以当罪，下不敢怨。不以小嫌而妨大政，不以私意而害至公。庶有以服天下之心。"

洪武十三年正月乙巳。太祖谓侍臣曰："人言天子居至尊之位，操可致之权，赏罚予夺，得以自专。朕则不然。凡出一言、行一事，兢兢业业，惟恐上违天命，下拂人情。况赏罚予夺，国之大柄，一有爱憎忿戾于其间，则非大公至正之道。是以此心斯须不敢忽也。"

侍臣对曰："陛下持心若此，太平长久之道也。"

洪武十四年正月丙申。太祖谕礼部臣曰："人若操赏罚之柄以御天下，必在至公。无善而赏，是谓私爱；无过而罚，是谓私罚。恶此不足以为劝惩。朕观汉高帝斩丁公、封雍齿，唐太宗黜权万纪、李仁发而赏魏征之直，皆至当可以服人，所谓赏一君子而人皆喜，罚一小人而人皆惧。朕于赏罚未尝敢轻，若一时处分或有未当，卿等宜明白执论，宁使赏厚于罚，但不可滥及，使小人侥幸耳。"

洪武二十三年十一月己丑朔。人有上书言申明善恶以劝惩天下。

太祖览之，以示廷臣曰："好善恶恶，人之常情，彼上书者言此，亦知为政之道。夫旌善则善人劝，惩恶则恶人息。朕往令天下立申明旌善亭，正为此也。数年以来，有司奉行不谨，致令废弛，甚失劝惩之意。今言者深合朕心，宜再申明，使天下遵守。"

第38章 宽赋

吴元年正月戊戌。太祖谓中书省臣曰:"予尝亲历田野,见人民凋弊,土地荒芜,失业者多,盖因久困兵革,生息未遂。譬之触热者思得清凉,冒寒者思就温燠,为之上者固当念之。且如太平、应天、宣城诸郡,乃吾渡江开创之地,供亿先劳之民,其有租赋,宜与量免,少苏民力。"

省臣傅瓛对曰:"恤民,王者善政。主上念之及此,真发政施仁之本也。民之受赐,如大旱之时霖雨,其喜当何如!"

太祖因叹曰:"吾昔在军中,尝乏粮,空腹出战,归得一食,虽甚粗粝,食之甚甘。今尊居民上,饮食丰美,心未尝忘之。况吾民居于田野,所业有限,而又供需百出,岂不重困?"

于是免太平府租赋二年,应天、宣城等处租赋一年。

洪武元年正月甲申。诏遣周铸等一百六十四人往浙西核实田亩。

谓中书省臣曰："兵革之余，郡县版籍多亡，田赋之制不能无增损。征敛失中，则百姓咨怨。今欲经理，以清其源，无使过制，以病吾民。夫善政在于养民，养民在于宽赋。今遣周铸等往诸府县核实田亩，定其赋税。此外无令有所妄扰。"复谕铸等曰："尔经理第以实闻，毋踵袭前弊，妄有增损，曲徇私情，以病吾民。否则国有常宪。"各赐衣帽与之。

洪武十一年二月辛未。太祖谓中书省臣曰："人君视天下犹一家。一家之内，一人不安，则事为之废；天下之广，尺土不宁，则君为之忧。近者雷州府海康、遂溪二县田地为潮水所渍，斥卤不收，租税从何而出？其令有司核实免之。"

洪武十三年三月壬辰朔。命户部减苏、松、嘉、湖四府重租粮额。

太祖谓之曰："天地生物，所以养民，上之取民，不可尽其利也。夫民犹树也，树利土以生，民利食以养。养民而尽其利，犹种树而去其土也。比年苏、松各郡之民衣食不给，皆为重租所困。民困于重租，而官不知恤，是重赋而轻人，亦犹虞人反裘而负薪，徒惜其毛，不知皮尽而毛无所傅，岂所以养民哉！其赋之重者，宜悉减之。”

　　六月戊寅。太祖谕户部臣曰：“曩者奸臣聚敛，深为民害，税及天下纤悉之物，朕甚耻焉。自今如军民嫁娶丧祭之物，舟车丝布之类，皆勿税。尔户部其榜示天下，使其周知。”

第39章　恩泽

乙丑三月丁巳。方国珍遣郎中张本仁以温、台、庆元三郡来献，且以其子关为质。

太祖曰："古者虑人不从，则为盟誓，盟誓变而为交质子，此衰世之事，岂可蹈之！凡人之盟誓交质者，皆由未能相信故也。今既诚心来归，便当推诚相与，当如青天白日，何自怀疑而以质子为哉？"

乃厚赐关而遣之。关后改名明完。

丙午四月戊辰。太祖幸濠州，父老经济等来见，太祖与之宴，谓济等曰："吾与诸父老不相见久矣。今还故乡，念父老乡人遭罹兵难以来，未遂生息，吾甚悯焉。"

济等对曰："久困兵争，莫获宁居。今赖主上威德，各得安息，

238

劳主上忧念。"

太祖曰："濠，吾故乡，父母坟墓所在，岂得忘之。"诸父老宴饮极欢。太祖又谓之曰："诸父老皆吾故人，岂不欲朝夕相见？然吾不得久留此。父老归，宜教导子弟为善，立身孝弟，勤俭养生。乡有善人，由家有贤父兄也。"济等顿首谢。太祖又曰："乡人耕作交易，且令无远出，滨淮诸郡尚有寇兵，恐为所抄掠。父老等亦宜厚自爱，以乐高年。"

于是济等皆欢醉而去。

洪武元年正月戊寅。方国珍至京师，太祖谕之曰："汝献款已久，何为反侧，复劳征伐？"

国珍顿首曰："臣遭时多艰，逃死海上，终期归附圣明，以全首领。不意又劳王师，然此非出臣心，实为群小所误，是以至此。惟陛下哀其愚昧，赦其死罪。"

太祖曰："草昧之时，英雄角逐，人孰不欲有为？亦谁能识帝王之有真者！其为去就，不能无所龃龉。尔之所为，亦何足责！朕推赤心待人，汝其自安，勿用怀疑。"

国珍顿首谢，遂赐第，居京师。

十一月丙寅。太祖谓中书省臣曰："吾念将士征战而死者，其父母妻子尤可念也。死者既不可见，所可见者，惟生存者耳，其即为优恤之。凡遇时节，预给薪米钱物，使其死者受祭，生者有养，则吾君臣于岁时宴乐，心亦少安。"

省臣对曰："陛下推广仁爱，遍及于下，而存殁咸蒙恩惠。"

太祖曰："始者将士皆从，皆望成功以取富贵。今天下已定，生者既膺爵赏，而死者不可复作，吾未尝忘之。故优恤其家，以见不忘同济艰难之意。"

洪武四年正月癸卯。太祖谓中书省臣曰："今日天寒，有甚于冬。京师尚尔，况北边荒漠之地？冰厚雪深，吾守边将士甚艰苦。尔中书其以府库所储布帛，制绵袄，运赴蔚、朔、宁夏等处，以给将士。"

省臣对曰："守边将士衣袄，岁有常供，无庸再运。"

太祖曰："将士有常供，朕固知之，特以今天寒异于常时，故命加给耳。古人一夫不获，引咎在躬，况守边将士，尤朕所知深切者，其给之无缓。"

洪武七年三月己丑。燕山都卫获元故官及来降之人，送至京师，有中途逃窜者。

太祖敕谕边将曰："元运既终，天命归我中华，凡其遗民，皆吾赤子。今既来归，又辄逸去，盖彼生长之日深，而此抚绥之意浅，故去之耳。自今凡有来归者，尔等善抚绥之。有欲就彼住者，择善地以居之，便其畜牧。有欲来京者，择善人以送之，毋令失所。"

洪武十八年七月丙子。时州县父老有诣阙上言县官善政，当罢任而举留者。太祖赐手敕奖励复职，加赐衣币。

侍臣曰："县令抚民，职所当然，陛下加以厚恩，待之至矣。"

太祖曰："郡县之治，自守令始。朕向在民间，常见县官由儒者多迂而废事，由吏者多奸而弄法，蠹政厉民，靡所不至。遂致君德不宣，政事日坏。加以凶荒，弱者不能聊生，强者去而为盗，此守令不得其人之故也。今县官能为吾拊循百姓，达吾爱养斯民之意，得其欢心，岂不深可嘉尚？且为政以得民心为本，以得民心，则其去也，民岂得不爱而留之？不才者民疾之如仇雠，惟恐其去之不速，岂肯留也？即此可以知其人之贤否矣。使守令皆能抚民，天下何忧不治？赏而劝之，非滥恩也。"

第40章 赈贷

洪武元年七月庚寅。太祖谓中书省臣曰："中原兵难之后，老稚之孤贫者多有所失，宜遣人赈恤之。"省臣以国用不足为对。

太祖曰："得天下者，得民心也。夫老者民之父母，幼者民之子弟。恤其老，则天下之为子弟者悦；恤其幼，则天下之为父母者悦。天下之老幼咸悦矣，其心有不归者寡焉。苟视其困穷而不之恤，民将忾然曰：'恶在其为我上也。'故周穷乏者，不患无余财，惟患无是心。能推是心，何忧不足？今日之务，此最为先。宜速为行之。"

洪武三年正月丁巳。西安、凤翔二府饥，耆民宋升等来言，太祖即命户部往赈之。户部奏彼民饥，须运粟以济之。

太祖恻然曰："民旦暮待哺，如涸鱼之欲水。若待运粟济之，死者多矣。况今东作方兴，民无食而废耕，将见其患益甚。"即令户部主事李亨驰驿往赈之。户给粟一石，计三万六千八百八十九石。

太祖谓户部侍郎杨靖曰："夫代天理民者，君也；代君养民者，守令也。今使者还言，青州民饥，有司不以闻，是岂有爱民之心哉？亟遣人驰驿往赈之，就逮治其官吏。"

于是，所赈人户凡二十一万四千六百，为钞五百三十六万锭有奇。

第41章　保全功臣

甲辰四月乙巳。太祖闻诸功臣家僮仆多有横肆者，乃召徐达、常遇春等谕之曰："尔等从我，起身艰难，成此功勋，匪朝夕所致。比闻尔等所畜家僮，乃有恃势骄恣，逾越礼法，此不可不治也。小人无忌，不早惩治之，他日或生衅隙，宁不为其所累？我资将臣共济大业，同心一德，保全始终，岂宜有此？故与尔等言，此辈有横肆者，宜速去之。如治病当急去其根，若隐忍姑息，终为身害。"

洪武三年十二月甲子。太祖退朝，从容与诸将论兴兵以来征伐之事，谓中山侯汤和等曰："朕赖诸将，佐成大业。今四方悉定，征伐休息。卿等皆爵为公侯，安享富贵。保此禄位，传子孙，与国同休。然须安分守法，存心谨畏，则自无过举。朝廷赏罚，一以至公，朕不得而私也。昔尉迟敬德见唐太宗危迫，单骑入王世充阵中，与单雄信力战，翼卫[①]太宗以出，其功大矣。及太宗宴群臣，敬德与任城王道宗争长，击其目几眇。太宗怒，欲置之法。非群臣力谏，太宗肯惜其功而贷其罪乎？又如长孙无忌，文德皇后亲弟也。尝佩刀入禁门，监门者失于觉察，后请治以法，太宗特命释之。帝室亲姻有罪，犹不可免，况其他乎？卿等能道其所守，则终身无过失矣。"

洪武四年十一月壬申。太祖御武楼下，指挥使郭英等侍侧。

太祖顾谓英等曰："朕尝思保天下，汝能思保身与家乎？"

英曰："臣性至愚，尝念及此。"

太祖曰："朕命军士往临濠造宫殿，汝等又役之为私室，岂保身与家之道哉？"英等骇愕，顿首请罪。太祖曰："朕未忍加罪，汝当内省于心。朕与汝等分虽君臣，恩同父子。一子被责，而众子知惧，则家可保矣。如杨廉等，其罪当死，朕虽宥之，亦窜之远地，使众人知惧，不至废法伤恩。朕思所以保汝辈之道，汝乃不思保其身，诚愚也。"既又曰："昔朕皇考尝言，凡人守分植财，如置田地，稼穑收获，岁有常利，用之无穷。若悖理得财，如贪官污吏，获利虽博，有丧身亡命之忧。今汝俸禄，有如力田，岁享其利，无有已时。比于贪饕所得，用之有尽，犹潢污之水，朝

---

① 翼卫：即护卫。

盈而夕竭矣。汝等有勋于国，朕既酬以爵禄，能守而勿失，则子孙永有所赖。汝其识之！"

英等顿首谢曰："陛下训饬臣等切至，铭刻不敢忘也。"

十二月甲申。时诸勋臣所赐公田庄佃多倚势冒法，凌暴乡里，而诸功臣不禁职。

太祖乃召诸勋臣谕之曰："古人不亏小节，故能全大功；不遗细行，故能成大德。是以富贵终身，声名永世。今卿等功成名立，保守晚节，正当留意。而所有庄佃常倚汝之势，挟威以凌乡里，卿等何可不严戒约之？彼小人耳，戒之不严，必渐自纵；自纵不已，必累尔之德也。"

第42章　礼前代

　　洪武二年六月丁卯。左副将军李文忠遣人送故元诸孙买的里八剌等至京师，及以其宝册来献。省臣杨宪等请以买的里八剌献俘于庙，宝册令百官具朝服进。

　　太祖曰：“宝册贮之库，不必进也。古者虽有献俘之礼，武王伐殷，曾用之乎？”

　　宪曰：“武王事殆不可知，唐太宗尝行之矣。”

　　太祖曰：“太宗是待王世充，若遇隋之子孙，亦恐不行此礼。元虽夷狄入主中国，百年之内，生齿浩繁，家给人足，朕之祖父亦预享其太平。虽古有献俘之礼，不忍加之，只令服本俗衣以朝。朝毕，赐以中国衣冠，就令谢。”复谓宪曰：“故国之妃朝于君者，元有此礼，不必效之，亦令衣本俗服于中宫朝见。见毕，赐之中国服，亦令就谢。”

己巳。买的里八剌朝见。太祖谓省臣曰："朕见前代帝王革命之际，获其后妃，往往不以礼遇，欺孤虐寡，非盛德所为，朕甚不取。今元脱忽思后在此，北狄但知食肉饮酪，且不耐暑，其饮食居第，务适其宜。若其欲归，当遣还沙漠。"

洪武四年正月庚寅。太祖谓侍臣曰："推诚心以待人，路人可使如骨肉；以嫌猜而御物，骨肉终变为仇雠。朕遇前元亲族，如高昌岐王等，皆授以显职，仍令带刀侍卫，一无所疑。朕待之如此，彼岂肯相负哉！"

侍臣对曰："陛下此心，实古帝王一视同仁之心也。"

洪武七年九月丁丑。太祖谓廷臣曰："草木无心，遇春而长茂，遁秋而零落，气之所感，犹如荣悴，况于人乎？崇礼侯买的里八剌南来已五载，今既长成，岂无父母乡土之思？宜遣之还。"于是厚礼而归之，选老成宦者咸礼、袁不花枯木儿二人送其行。复遗其父爱犹识理达腊织金文绮及锦衣各一袭。

买的里八剌辞，太祖谕之曰："尔本元君子孙，国亡就俘。曩即欲遣尔归，以尔年幼，道里辽远，恐不能达。今既长成，朕不忍令尔久客于此，故特遣归，见尔父母亲戚，遂骨肉之爱。"又谓二宦者曰："此是故元之嗣也，不幸至此，长途跋涉，尔善视之。"

洪武十一年六月壬子。遣使致祭故元幼主于沙漠。

太祖命礼部臣曰："曩者元运既终，其末帝能知天命，遁归沙漠。今闻其子爱犹识理达腊没于彼，可遣使吊祭。"

礼部臣对曰："道里辽远，使者难至。况彼久离中华，已变异俗，非典礼所加。"

太祖曰："帝王以天下为一家，彼不出覆载之外，何远之有？彼虽异俗，其爱憎之情未尝不同。敬其主则其臣悦，况典礼所加，其孰得违德舍礼哉！"

于是自为文祭之。

第43章　礼臣下

洪武元年七月丙子。敕谕新授北方守令曰："牧民之任，当爱其民。况新附之邦，生民凋瘵，不有以安养之，将复流离，失所望矣。尔宜体朕意，善抚循之，毋加扰害。简役省费，以厚其生；劝孝励忠，以厚其俗。能如朕言，不但民受惠于汝，汝亦获循良之名矣。"

乃命中书给赏以厉其廉耻。

第44章 谕将士

己亥春正月乙巳。太祖既抚定宁越，欲遂取浙东未下诸郡，集诸将谕之曰："仁义足以得天下，而威武不足以服人心。夫克城虽以武，而安民必以仁。吾师比入建康，秋毫无犯，故一举遂定。今新克婺城，民始获苏，政当抚恤，使民乐于归附。则彼未下郡县，亦必闻风而归，故取天下以不杀为本。吾每闻诸将下一城、得一郡，不妄杀人，辄喜不自胜。盖师旅之行，势如烈火，火烈则人必避之，故鸟不萃鹰鹯之林，兽不入网罗之野，民必归宽厚之政。为将者能以不杀为心，惟国家之利，在己亦蒙其福，为之子孙者亦必昌盛。尔等从吾言，则事不难就，大功可成矣。"

癸卯九月壬申。太祖平陈友谅还，告庙饮至，论功行赏，赐常遇春、廖永忠田，余将士金帛有差。因与诸将论鄱阳之战。诸将请曰："自古水战，必得天时地利，乃为可胜。若周瑜之破曹操，因风水之便，乃能胜之。陈友谅兵据鄱阳，先处上流而待我，是得地利矣。况我劳而彼佚，今胜之，诚未喻也。"

太祖曰："汝不闻古人所谓天时不如地利，地利不如人和。陈友谅兵虽众强，人各一心，上下猜疑。矧用兵连年，数败而无功，不能养威俟时。今日适劳于东，明日又驰骛于西，失众心也。夫兵贵时动，动则威，威则胜。我以时动之师，威不震之虏，将士一心，人百其勇，如鸷鸟搏击，巢卵俱覆。此所以为吾破也。"

诸将皆叹服。

十二月戊午。太祖阅武于鸡笼山，还，坐西苑，召指挥华云龙等谕之曰："今日所阅骑士，汝能知其数否？"

对曰："不知。"

太祖曰："阵势或圆或方，或纵或横，敛合布散，悠往忽来，使人莫测。善用兵者，以少为众，以弱为强，逸己而劳人，伐谋而制胜。运乎阴阳，行乎鬼神，虽有勇者莫能施其力，智者莫能用其谋，斯为妙矣。大抵两敌相对，在审其强弱，识其多寡，以正应，以奇变，奇正合宜，应变弗失，百战百胜之道也。汝等其识之。"

甲辰三月己巳。句容儒士戎简见太祖，与语及陈氏之事。

简曰："主上向者败陈氏于九江，其众既溃，何不乘胜直抵武昌，而乃引还？今虽克之，费力亦多矣。"

太祖曰："汝儒者，岂不闻覆巢之下有完卵乎？况事有缓急，兵贵权宜。当陈氏兵败，我岂不知乘胜以蹴之？兵法曰：'穷寇勿追。'若乘胜急追，彼必死斗，杀伤必多，吾故纵之，遣偏师缀其后，防其奔逸。料彼创残之余，人各偷生，喘息不暇，岂复敢战？我以大军临之，故全城降服。一者我师不伤，二者生灵获全，三者保全智勇，所得不亦多乎？"简大悦，服。

他日，太祖与诸将论用兵方略，因谓诸将曰："汝等非不善战，然临事决机，智或不足，宜亲近儒者，取古人之书，听其议论，以资智识。前者戎简所言，吾虽非之，然当时将校亦有劝我邀之下流，而以全师蹙之武昌，贼众可以全获。军中皆以为奇谋，不知简亦能言之。然皆非吾意也。汝等当思之，勿以吾不用简言而遂轻儒者。"

甲辰五月丙寅。太祖谕诸将曰："汝等所统军士，虽有众寡不同，要必皆识之，知其才能勇怯何如？缓急用之，如手足相卫，羽翼相蔽，必无丧失。若但知其名数，不识其能否，猝临战阵，何以应敌？且人家有僮仆，亦须知其能否。矧为将率而不知士卒，可乎？夫能知人，则勇者效力，智者效谋，鲜有不尽心者。苟一概视之，则勇者退后，而智者韬策矣。汝等其识之。"

乙巳春正月乙酉。太祖将经理淮甸，亲阅试将士，命镇抚。居明率军士分队习战，胜者赏银十两，其伤而不退者亦勇敢士，赏银有差。且遍给酒馔劳之，仍赐伤者医药。

因谕之曰："刃不素持，必致血指；舟不素操，必致倾溺；弓马不素习，而欲攻战，未有不败者。吾故择其汝等练之，今汝等勇健若此，临敌何忧不克？爵赏富贵，惟有功者得之。"顾谓起居注詹同等曰："兵不贵多而贵精，多而不精，徒累行阵。近闻军中募兵多冗滥者，吾特为戒之，冀得精锐，庶几有用也。"

辛丑。命千户夏以松守临江，张信守吉安，单安仁守瑞州，悉属江西行省节制。将行，太祖召以松等谕之曰："汝皆吾亲故有功之人，故命以专城之寄。夫守一郡，必思所以安一郡之民，民安则汝亦安矣。昔者丧乱，未免有事于征战。今既平安，在于安辑之而已。凡守城者，譬之守器，当谨防损伤。若防之不固，致使缺坏，则器为废器，守者亦不得无责矣。吾不以富贵而忘亲故，汝等勿以亲故而害公法。庶几上下之间，恩义兼尽，生民享安全之福，汝等亦有无穷之美矣。"

九月丙辰。太祖谕诸将校曰："近平章常遇春克襄阳，军还之日，极称先锋张焕勇智兼人，小心畏法，予闻甚喜。若其始终如一，不易所守，异日用将一军，未尝不可。大抵人有才能者，不

254

失于粗鄙，则失于骄蹇。若焕既有如是之能，而小心畏法，此其所以可喜也。汝等当壮盛之年，正当发奋以取功名，岂可碌碌，随众进退？我之用人，一善皆录，不掩其能。毋谓杂处于众人之中而我不汝知。譬如良金在沙，而淘者识之；美玉在璞，而琢者取之。若果能建立奇勋，即有超人爵赏。苟畏怯无能而希慕赏功，犹不稼穑而欲望有秋，其可得乎？"

丙午四月癸亥。淮安降将梅思祖等至建康，太祖谕之曰："汝等多故赵均用部曲，往往皆授重名。继归张氏，复食其禄。今来归我，宁无旧主之思乎？"

诸将对曰："草昧之际，诚欲择豪杰以自附。今幸去彼而从主上，犹出昏暗睹天日，岂敢有反覆耶？"

太祖曰："汝岂真知我之可附哉？"

诸将曰："臣观主上豁达大度，英明果断，推赤心以任人，辍衣食以赏士，令行禁止，真命世之主。臣等诚得所归。"

太祖曰："尔等既无二心，当戮力建功，以保富贵。"

诸将皆顿首谢。

七月丁未。太祖以淮安诸郡既平，遂议讨张士诚，召中书省及大都督府臣，谓曰："张士诚据姑苏，数侵扰吾，近皆为吾境内之寇，不可不讨。诸公其熟计之。"

右相国李善长对曰："张氏宜讨久矣。然以臣愚观之，其势虽屡屈，而兵力未衰，土沃民富，又多储积，恐难卒拔，宜候隙而动。"

太祖曰："彼昏淫益甚，挑衅不已，今不除之，终为后患。且彼疆域日蹙，长淮东北之地皆为吾有，吾以胜师临之，何忧不拔？况彼败形已露，何待观隙？"

徐达进曰："张氏骄横，暴殄奢侈，此天亡之时也。其所任骁将如李伯昇、吕珍之徒，皆龌龊不足数，徒拥兵众为富贵之娱耳。其居中用事者，黄、蔡、叶三参军辈，迂阔书生，不知大计。臣奉王上威德，率精锐之师，声罪致讨，三吴可计日而定。"

太祖喜，顾达曰："诸人局于所见，独尔合吾意，事必济矣。"

八月辛亥。命中书左相国徐达为大将军、平章常遇春为副将军，帅师二十万伐张士诚。

太祖御戟门，集将佐谕之曰："古人立大功于天地间者，必因其时以立其志，如伊尹佐汤以伐桀，吕望佐武王以剪商，皆得其时，而志在于天下苍生也。自大乱以来，豪杰并起，所在割据称名号者不可胜数。江南乱雄，西有陈友谅，东有张士诚，皆连地千里，拥众数十万。吾介乎二人之间，相与抗者十余年。观二人所为，其志岂在于民？不过贪富贵、聚渊薮、劫夺寇攘而已。友谅败灭，独士诚据有浙西，北连两淮，恃其强力，数侵吾之疆场。

256

赖诸将连岁往讨，克取两淮之地，今惟浙西姑苏诸郡未下，故命卿等讨之。卿等宜戒饬士卒，毋肆虏略，毋妄杀戮，毋废丘陇，毋毁庐舍。闻张士诚母葬姑苏城外，慎勿侵毁其墓。汝等毋忘吾言，诸将帅务在辑睦，勿纵左右欺凌军士。凡为将之功，必资士卒，善抚恤之。大抵克敌者必以成功为效，树德者必以广恩为务。卿等勉之。"

诸将皆再拜受命。

吴元年七月戊寅。太祖谕诸将曰："兵以地乱，非为乱也。若假兵以逞志，仁者所不为。曩者元季兵兴，群雄角逐，恃威凭陵者非止一人。其间有以货财而贪戾者，有以声色而淫暴者，有因仇雠而报复者，有因忿怒而加诛者。提兵奋旅，求快意于一时，而不知伤人害物，有不胜其荼毒。朕往往行师之际，必申严号令，以戢贪暴。汝等从事征讨，宜体此意。若曹彬、曹翰之事，可为劝戒矣。吾尝以此谕徐达为将之道，虽务威严，要之以仁爱为本。达能听吾言，攻城下邑，不肆杀戮，可谓善将矣。汝等其勉效之。"

九月甲戌。命参政朱亮祖帅浙江衢州、金华等卫马步舟师讨方国珍。

太祖曰："方国珍鱼盐负贩，旹窃偷生，观望从违，志怀首鼠。今出师讨之，势当必克。彼无长策，惟有泛海遁耳。三州之民疲困已甚，城下之日，毋杀一人。"

于是亮祖顿首受命而行。

戊子。太祖御戟门阅试将士，因谕千户赵宗等曰："军士行伍不可不整，进退不可无节。虽营庐舍，亦必部伍严整，遇有调发，易于呼名，不致失次。自今居营者必以总旗为首，小旗次之，军人又次之，列屋而居。凡有出征，虽妇女在家，亦得互相保爱。临敌之时，亦如前法。居则部伍不乱，行则进退有节。加之将有智谋，不战则已，战则必胜。"

复简阅骑士弓弩，各为部分，谕之曰："汝等知弓力乎？其力但能至百步，百步之外，又加五步焉，不能入矣。故善射者求中于百步之内，则弓无败折之患。驭马亦然。其力能至百里，百里之外，加十里焉，则马力疲矣。故善驭马者，常使其力有余而不尽，则马无蹶伤之失。况攻战之际，马力居多，平原旷野驰骋，上下无不从志，克敌追奔，所向无前，皆在马力。若不善于调养，使其力乏，则临阵之际必至败事，无以成功矣。"

因下令将士不得私乘战马及载他物，违令者罪之。

十月甲子。命中书右丞相信国公徐达为征虏大将军、中书平章掌军国重事，鄂国公常遇春为征虏副将军，率甲士二十五万，由长淮入大河，北取中原；中书平章胡廷瑞为征南将军、江西行省左丞何文辉为副将军，率吉安、宁国、南昌、袁、赣、滁、和、无为等卫军，由江西取福建；以湖广参政戴德随征湖广；平章杨璟、左丞周德兴、参政张彬，率武昌、荆州、益阳、常德、潭、岳、衡、沙等卫军取广西。

太祖召诸将谕之曰："征伐所以奉天命、平祸乱、安生民，故命将出师，必在得人。今诸将非不健斗，然能持重，师有纪律，战胜攻取，得为将之体者，莫如大将军达；当百万之众，勇敢先登，摧降陷阵，所向披靡，莫如副将军遇春。然吾不患遇春不能战，但患其轻敌耳。吾前在武昌，亲见遇春才遇数骑挑战，即轻身赴之。彼陈氏如张定边者何足称数？尚据城指挥，遇春为大将，顾与小校争能，甚非所望，切宜戒之。若临大敌，遇春须领前锋，或敌势强，则遇春与参将冯宗异分为左右翼，各将精锐以击之。左丞薛显、参政傅友德，皆勇略冠诸军，可各领一军，使当一面。或有孤城小敌，但遣一将有胆略者，付以总制之权，皆可成功。达则专主中军，策励群帅，运筹决胜，不可轻动。古云：'将在军，君不与者胜。'汝等其识之。"

又谓达曰："间外之事，汝实任之。兹行必自山东次第进取。山东，古云十二山河之地。师行之际，须严部伍，明分数，一众心，审进退之机，适通变之宜。使战必胜，攻必取。我虚而彼实则避之，我实而彼虚则击之。将者，三军之司命，立威者胜，任势者强。威立则士用命，势重则敌不敢犯。吾尝与诸豪杰并，观其取败者，未有不由威不立而势轻也。汝其慎之。"

谕友德曰："此行汝当努力。昔汉高祖与项羽争衡，彭越宣力于山东，今用师自山东始，汝其勉之。"

谕廷瑞曰："汝以陈氏丞相来归，事吾数年，忠实无过，故命汝总兵往取福建。何文辉为尔之副，湖广参政戴德从汝调拨。二人皆吾亲近之人，勿以此故废军政。凡号令征战，一以军法从事。吾昔微时在行伍中，见将帅统御无法，心窃鄙之。及后握兵柄，所领一军，皆亲附之士，一日驱之野战，有二人犯令，即斩以徇，众皆股栗，莫敢违吾节度。人能立志，何事不可为？闻汝往年尝攻闽中，必深知其地理险易。今总大军进往，凡攻围城邑，必择便利可否为之进退，无失机宜。克定之功，全赖于汝。"于是达等辞出。

是日，大将军徐达等与诸将各率兵启行。太祖复大召诸将士谕之曰："今命尔诸将各率所部以定中原，汝等师行，非必略地攻城而已，要在削平祸乱，以安生民。凡遇敌则战，若所经之处，及城下之日，勿妄杀人，勿夺民财，勿毁民居，勿废农具，勿杀耕牛，勿掠人子女。民间或有遗弃孤幼在营，父母亲戚来求者，即还之。此阴骘美事，好共为之。"

复谕杨璟等曰："南方之地皆入版图，惟北山东尚未宁一，两广、八闽尚未归附。已命丞相徐达、平章常遇春等北定中原，平章胡廷瑞等分道南征，以取八闽。俟八闽既定，就以其师航海趋广东。故命尔等率荆湘之众，进取广西。两军合势，何征不克？何坚不摧？尔其务靖乱止暴，抚绥顺附，使远人畏服，懋建乃勋，毋替予命。"

诸将皆顿首受命，各引兵发。

十二月辛亥。太祖遣人谕大将军徐达、副将军常遇春曰："闻将军已下齐鲁诸郡，中外皆庆，予独谓胜而能戒者，可以常胜；安而能警者，可以常安。戒者，虽胜若始战；警者，虽安若履危。夫屡胜之兵易骄，久劳之师易溃。能虑于败，乃可以无败；能慎于成，乃可以有成。必须周防谨密，常若临敌，勿生懈怠，为人所乘。慎之！慎之！"

洪武元年正月丙子。征南将军汤和移师进攻延平，太祖遣使赏，敕谕和曰："军中之事，难于执一，惟当以德服人，必其负固弗顺，然后威以震之。凡推德必先迩者，迩者远之所瞻，示威必先大者，大者小之所凭。迩服则远来，大慑则小惧。"又曰："若欲人不违己，当使之以信；欲人成功，当任之以专。不信则令不一，不专则权有所分矣。凡此皆汝所短，故特谕之。"

三月甲戌。太祖谕武臣曰："汝曹从朕起兵，攻城略地，多宣劳力。然近日新降附者，亦有升擢居汝辈之上，而尔反在其下，非弃旧取新。今天下一家，用人之道，至公无私。彼有智谋才略，克建功勋，故居汝辈之上。夫有兼人之才，出众之智，乃有超人之爵赏。汝辈苟能日亲贤士大夫以广其智识，努力以建业，不患爵位之不显也。"

于是皆顿首感激。各赐绣衣以慰勉之。

乙酉。太祖御奉天门，与刘基论兵事。

太祖曰："克敌在兵，而制兵在将。兵无节制则将不任，将非人则兵必败。是以两军之间，决死生成败之际，有精兵不如有良将。"

基对曰："臣荷圣上厚恩，得侍左右。每观庙算，初谓未必皆然，及至摧锋破敌，动若神明，臣由是知任。将在陛下，将之胜不若主之胜也。然臣观陛下常不拘古法而胜，此尤所难也。"

太祖曰："兵者，谋也。因敌制胜，岂必泥于古哉？朕尝亲当矢石，观战陈之事，阖辟奇正，顷刻变化，犹风云之无常势，要在通其变耳。亦何暇论古法耶？"

洪武二年正月丙申。太祖御奉天殿受朝贺，大宴群臣。宴毕，太祖见诸功臣进退有礼，召前谕之曰："朝廷之间，以礼为主。人之有礼，如衣之有章。朕闻元世祖命伯颜、阿术二人平江南，班师之日，世祖遣儒臣许衡斋酒郊迎之，两人推让，莫肯先饮。伯颜曰：'阿术之功当先酌。'阿术曰：'伯颜之功当先酌。'相让者久之。衡叹曰：'贤矣哉！'古有拔剑击柱而争功者，视此何如？今观卿等虽出身行阵，而进退周旋，不失礼度，朕为之喜。卿等能始终如此，何患后世无称道之者。"

三月丙申。命京卫将士练习武艺。是时，诸将率师平定中原，入关陕，而将士之留京师者多安逸。

太祖谕之曰："凡事必预备然后有济。先时浚流，临旱免忧；已涸而汲，沃焦弗及。汝等当闲暇之日，宜练习武艺，不可谓无事，使可宴安也。夫溺于宴安者，必至于危亡；安而虑危者，乃可以常安。"又曰："成功非易，保禄尤难。今国家之用人，正如用车，苟有龃龉不行，即移载他车矣。汝等其戒之！"

诸将皆顿首谢。

戊戌。太祖谕指挥同知袁义曰："尔所统军士，多山东健儿，勇而好斗，若加训练，悉是精兵。然当推恩意以怀之，严号令以一之，庶几临敌之际，得其死力。今新升武职者多，不知训练之法，不思今日富贵皆自战功得之。且智超百人，为百人之长；智超千人，为千人之长；智超万人，为万人之长。昔平章俞通海与陈氏战鄱阳湖，陈氏以巨舰压通海舟，势危急，其所统军士皆奋勇力，以首舣舰①，铁帽尽坏而后得脱。非通海训练有素，恩威兼济，安能得其死力若此？尔等宜效之，慎毋怠惰废事。"

庚子。太祖谕诸将校曰："自古帝王，居安虑危，处治思乱。今天下初定，岂可遽以为安而忘警戒？朕观尔等智虑多不及此，唯知享富贵，取娱乐，于所统军士懵然不知简练。倘一旦有警，将安用之？朕昔下金华时，馆于廉访司，有给扫除老兵数人，能言元时点兵事。使者问其主将曰：'尔兵有乎？'曰：'有。'使者曰：'何在？'主将举所佩繁囊，出片纸，指其名曰：'尽在此矣。'其怠弛如此。及天下乱，无兵可用，乃集农夫、驱市民为兵，至不能弯弓发一矢，骈首就戮，妻子为俘。国之亡者，实此辈亡之矣。汝等可不戒哉！"

洪武三年六月庚辰。以大都督府都督佥事张温兼陕西行都督府佥事。温先从大将军攻兰州有功，及是入谢。太祖谕之曰："兰州之捷，可谓奇功。夫将帅之道，有功不伐，则功益显；恃功骄恣，则名益隳。是故惟仁者不矜其功，而智者克成其名。仁智兼全，所向无敌。若乏仁寡智，虽有勇敢之士百万，不足恃也。古者仁智之将，抚摩安辑，见情达变，坐而制胜，以树勋立名于当时者，国家莫不倚重之。功名始终，万古不朽。其余悍骄恣横者，

---

① 舣（dì）舰：一种战船。

264

及其成功之后，即复纵肆，以致败亡。此盖勇力有余而仁智不足故也。《传》曰：'高而不危，满而不溢。'又曰：'功盖天下，守之以谦。'尔能守此为戒，则可以长保富贵矣。"

十一月辛丑。太祖朝罢，退坐东阁，召诸武臣问之曰："尔等退朝之暇，所务者何事？所接者何人？亦尝近亲儒生乎？往在战阵之间，提兵御敌，以勇敢为先，以战斗为能，以必胜为功。今居闲无事，勇力无所施，当与儒生讲求古之名将成功立业之后，事君有道，持身有礼，谦恭不伐，能保全其功名者何人？骄淫奢侈，暴横不法，不能保全始终者何人？常以此为鉴戒，择其善者而从之，则可与古之贤将并矣。"

十二月戊午。太祖闻指挥有笞虐军士者，乃召羽林卫指挥使叶昇等谕之曰："尔等指挥之职，乃五千人之长也。简阅士伍，当示以恩信，抚而教之，不可恃威势辄加凌虐。且居京师治军，与阃外行军之法不同。彼号令不严，则失机误事。在京唯当勤操练、善抚绥而已。近闻指挥多以细故箠楚①军士，尔辈独不念所得名爵，皆军士之力也？今天下无事，尔既各享富贵，军士无预，乃不加抚恤，反凌虐之，大失人心。汝等其戒之。若复尔，罪必不宥！"

---

① 箠楚：同"棰楚"，一种鞭杖类刑具。指鞭杖之刑。

己未。太祖谓诸武臣曰："治定功成，颁爵授禄。尔等享有富贵，正当与贤人君子讲学，以明道理，以广见闻，通达古今之务，以成远大之器。岂可苟且自足，止于武夫而已？夫位隆而不知学，徒长骄傲之心；生今而不知古，岂识成败之迹？古之良将，皆文武相资，尔等不可以为两途。有识者必然吾言，其次在从违之间，其下者耳若不闻。吾言谆切，尔等其勉识之。"

洪武五年十一月壬申。命赏征甘肃京卫军士一万四百三十五人白金四万四千两。时公侯、都督、指挥、千百户，以匿所获马骡牛羊，不赏。

太祖因谕之曰："为将者不私其身，况于物乎？昔祭遵为将，忧国奉公；曹彬平南唐，所载惟图书。汝等能法古人，则令名无穷。今之不赏汝等，当省躬以思补过。"

诸将皆叩头谢罪而退。

洪武六年三月戊申。太祖亲阅武于教场。既罢，谕诸将臣曰："畜兵所以卫民，劳民所以养兵。兵民相资，彼此相利。今尔等无耕耨之劳而充其食，无织纴之苦而足其衣，是皆出于民也。较于民之勤苦，而衣食常有不足。然无知之徒，不知捍御之道，横起凌虐之心，以害其民。民受其害而至于困弊者，是自损其衣食之本也。不仁甚矣！尔等勤劳建功，皆已荣显，宜戒其纵恣之心，体朕恤下之意。且贵能思贱、富能思贫者，善处富贵也；忧能同其忧、乐能同其乐者，善体众情也。不违下民之欲，斯能合上天之心；合乎上天之心，斯可以享有富贵矣。"

洪武七年四月壬寅。永道、桂阳诸州蛮寇窃发，命金吾右卫指挥同知陆龄率兵讨之。

太祖谕之曰："蛮夷梗化，自作不靖，今命卿等讨之。军旅之事，以仁为本，以威为用。申明号令，不可姑息。号令明则士有励心，姑息行则人怀怠志。士心励，虽少必济；人志怠，虽众弗克。所谓仁者非姑息，威者非杀伐。仁以抚众，威以振旅，则鲜有不克。"龄受命行，皆讨平之。

洪武十二年十二月丁亥。太祖御奉天门，谓左都督丁玉曰："尔近征威、茂诸州，幸已成功。然闻尔在军中谋士甚少，间有之，又待之不得其心。夫为将必先智谋，智谋必在用士。故推诚待人，则人为我用；若待之不诚，亦孰肯尽心效用哉？盖得士者胜，失人者弱。苟不知此，惟力之是尚，何足以制敌？固有竭万人之力以应敌而不足，有用一人之智以制敌而有余，此用智力之殊也。既往之功，幸焉有成，后将有命，宜审于此。"

洪武二十年十月己酉。太祖与诸将论兵政。太祖曰："国家用兵，犹医之用药。蓄药以治疾，不以无疾而服药。国家未宁，用兵以戡定祸乱。及四方承平，只宜修甲兵，练士卒，使常有备也。盖兵能弭祸，亦能召乱。若恃其富强，喜功生事，结怨启衅，适足以召乱耳。正犹医家妄以瞑眩之药强进无病之人，纵不残躯陨命，亦伤元气。故为国者但当常讲武事，不可穷兵黩武。尔等皆有军旅之寄，宜深体朕意，庶几无失。"

洪武二十一年六月。是月，太祖闻世袭武臣有苛刻不恤军士者，特敕谕之曰："尔今居位食禄者，岂尔之能哉？皆由尔祖父能抚恤军士，流庆①于尔也。朕观国初诸老成将官，初起兵时，收抚士卒，或一二十人，或一百人、二百人，至四五百人，必以恩抚之，亲如兄弟，爱如骨肉。故攻战之际，诸士卒争先效力，奋身不顾，以此所向克捷。人皆称其善战，而不知由其善抚士卒，故能如此。甚至疾患扶持，服劳奔走，一如子弟之于父兄，无不尽心。至论功定赏，大者为公侯，小者为千百户。若以一人之身，无士卒之助，能敌几何人哉？今尔等承袭祖父之职，自思富贵由士卒而来，或苦虐之，使强者致讼，弱者怀怨，众心不辅，遇攻战则先退，遇患难则弃走。上以败国事，下以丧身家，此何异农夫种田，拔其嘉苗，致饥以死也！夫为人之长而虐其下，不仁；败国之事，不忠；亡先人之业，不孝。尔等何不思之？其贤父母、

① 流庆：泽被，荫泽。如《享太庙乐章》："积德可报，流庆无疆。"

兄弟、妻子及乡党朋友知事者，亦各以朕言互相劝戒，守法度，恤军士，则永享太平安乐之福矣。"

洪武二十一年七月丙戌。赐天下武臣《大诰》，令其子弟肄习。

太祖谓兵部左侍郎沈溍等曰："曩因武臣有违法厉①军者，朕尝著《大诰》昭示训戒，格其非心，开其善道。今思其子孙世袭其职，若不知教，他日承袭，抚驭军士，或蹈覆辙，必至害军。不治则法不行，治之又非保全功臣之意。盖导人以善行，如示之以大路；训人以善言，如济之以舟楫。尔兵部其申谕之。"

---

① 厉：通"疠"，疾病。此处指败坏军队。

第六卷

第45章 谕群臣

甲辰二月甲寅。太祖召诸将谕之曰："诸公久从吾，劳苦者至矣。然职其劳苦，图其安逸，若农之耕，勤苦于春夏，至秋乃获，由其用力于前而取获于后。今日之事正犹是也。所以必惩乎暇豫。是故劳者逸之本，否者泰之机也。吾与诸公先图其劳，而后其逸，如农之望岁，于是乎可待。至于有旱涝螟螣之不足者，此则系乎天时，有非勤怠之所致耳。"

三月丁丑。太祖谕中书省臣曰："先王之世，不施赏而民劝于善，不施罚而民不为非。若是何也？有仁义以为之本也。夫圣人统驭四海而宰制万物者，仁以居之，义以行之，故贤者乐有仁义，而不肖者有所视效焉。是故商变乎夏，周变乎商，而仁义未尝改也。天之生民，治乱相继，亘万世而不易者，其惟此乎？故汤武用是而兴，桀纣忽是而亡。今天下纷纭，靡有底定，彼恃夫智力之私而戕贼于民者，岂复知有仁义哉？卿等职居枢要，所以辅吾者，舍是则无以为治国之本也。卿等勉之。"

乙巳六月乙卯。以儒士滕毅、杨训文为起居注。

太祖谕毅曰："吾见元末大臣门下之士多不以正是处，惟务谄谀以图苟合。见其人所为非是，不相与正救；及其败也，卒陷罪戾。尔从徐相国幕下久而无过，故授尔是职。宜尽心所事，勿为苟容。苟事有差谬，皆足为己之累。譬之良玉，一有瑕疵，即为弃物，不能成器矣。"

谕训文曰："起居之职，非专事纪录而已。要在输忠纳诲，致主于无过之地，而后为尽职也。吾平时于百官所言，有善者寻绎不已。今尔在吾左右，可不尽言？且尔素称谨厚，当始终一致，苟易其所守，则患必生矣。譬如驰马，能戒于险阻则不坠，肆意于平旷则颠蹶。吾每以此自警，故以勖尔等也。"

他日复命训文、毅集古无道之君若夏桀、商纣、秦皇、隋炀帝所行之事以进，曰："往古人君所为善恶，皆可以为龟鉴。吾所以观此者，正欲知其丧乱之由，以为之戒耳。"

七月丁巳。命降将元佥院张德山归襄阳招徕未附山寨。

谕之曰："自古豪杰识察于未形，故夏将亡而终古先奔于商，

274

殷将亡而向义先归于周，不待其迹之著见。待其迹之著见而后来归者，此常人，非豪杰也。汝能审存亡之几，推诚归我，实有可嘉。汝之才如美箭利镞，必求善射者用之，庶不枉其才。若付之于不善射者，岂不甚可惜哉！今令归襄阳招徕未附，当晓以大义，告以成败之由。若彼不审其几，而恃险以为固，终非自全之计。尔往谕之，俾知所以图存。能全众而来，功亦不细矣。"

因厚赐而遣之。

辛酉。以王天锡为湖广行省都事，谕之曰："汝往襄阳赞助邓平章设施政治，当参酌事宜，修城池、练甲兵、樽节财用、抚绥人民。处事贵于果断，御众必以镇静。密以防奸，谨以待敌。敌至，则坚壁清野，以乘其弊，切不可轻犯其锋。方镇之寄，固在将帅，赞画之助，实资幕僚，恪尽厥心，毋负吾委任之意。"

丙午正月。是月，命按察司佥事周浈等定议按察司事宜，条其宪纲所当务者以进。

谕之曰："风宪纪纲之司，惟在得人，则法清弊革。人言神明能行威福，鬼魅能为妖祸。尔等若能兴利除害，辅国裕民，此即神明；若阴私诡诈，蠹国害民，此即鬼魅也。凡事当存大体，有可言者，勿缄默不言；有不可言者，勿沽名卖直。苟察察以为明，苛刻以为能，下必有不堪之患，非吾所望于风宪矣。"

三月丁未。太祖谕群臣曰："尝闻昔者圣人不出户庭而天下治，盖由政成而化洽[①]也。治天下能使政成而化洽，故不令而民从，不施而民悦。吾甚慕之。今师旅未休，民未苏息，政化何以能若是也？"

起居注王祎对曰："政化修否，系乎在上之人。主上此心拳拳，何忧政化之不成也！"

六月癸亥。太祖谕群臣曰："国家休戚，我与卿等同之。曩者群雄并起，东西角立，孰不欲成大业？然不数年，徐氏以柔懦灭，陈氏以刚暴亡，今惟张氏存。来者咸谓其政事纵弛，亲昵奸回，上下蒙蔽；民心离怨，而费用无经；士卒困败，而征调不息。此将亡之时也。夫察于亡者然后可以图存，审于危者然后可以求安。彼昧乎存亡安危之机而能有成者，鲜矣。若吾之君臣傲怠不戒，亦终蹈其覆辙，岂不可惧！卿等宜竭忠宣力，以匡予不逮。钦哉毋忽。"

吴元年七月丙子。除郡县官二百三十四人。

语中书省臣曰："新授郡县官多出布衣，到任之初，或假贷于人，或侵渔百姓，不有以养其廉，欲其奉公难矣。"遂赐予道里费。明日，各郡县官既受赐，入谢。

---

① 化洽：指教化普沾，万民谐和。

276

太祖谕之曰:"自古生民之众,必立之君长以统治之。不然,则强者愈强,弱者愈弱,纷纭吞噬,乱无宁日矣。然天下之大,人君不能独治,必设置百官有司以分理之。锄强扶弱,奖善去奸,使民得遂其所安。民得其安,然后可以尽力田亩,足其衣食,输租赋以资国用。予今命汝等为牧民之官,以民所出租赋为尔等俸禄,尔当勤于政事,尽心于民。民有词讼,当为辨理曲直,毋惑尸位素餐,贪冒坏法,自触宪纲。尔往,其慎之。"

八月戊申。有吏受赃,人发其事,吏赴井死。上闻之,谕群臣曰:"彼知利之利,而不知利之害;徒知爱利,而不知爱身。人之愚孰有甚于此者?君子闻义则善,见利则耻。小人则舍生为利,所为相反。然其人既死,有不足恤,其事可以为世之贪污者戒。"

九月己丑。张士诚既死,太祖谓群臣曰:"张士诚,吾本欲生全之。但其为人刚悻无识,天命予夺之际,岂可以力争!吾初定建康,各守境土,未尝有意攻伐。彼诪诱吾将士,自开兵衅,战斗连年,卒为我擒。使其早能省觉,外睦邻国,内抚百姓,岂易破之!乃骄侈自娱,不念民艰。其下又无忠良,卒以诡诈取败。其死也,吾甚怜之。"

壬寅。太祖视朝戟门,召浙西来归诸将谕之曰:"汝等旧事

277

张氏，为将领兵，计穷势屈，始降于我。吾待以厚恩，列于将校。吾所用诸将，皆濠、泗、汝颍、寿春、定远诸州之人，勤苦俭约，不知奢侈，非比浙江富庶，耽于逸乐。汝等亦非素富贵之家，一旦为将握兵，多取子女玉帛，非礼纵横。今既归于我，当革去旧习，如吾濠、泗诸将，庶可以保爵位。人莫不慕富贵，然致富贵易，保富贵难。汝等诚能尽心效职，从大军除暴平乱，使大业早定，非独己受富贵，子孙亦得以世享其福。若肆志一时，虑不顾后，虽暂得快乐，旋复丧败，何足为真富贵乎？此皆汝等所亲见者，不可不戒也。"

十月壬子。以汤和为左御史大夫，邓愈为右御史大夫，刘基、章溢为御史中丞，文原吉、范显祖为治书侍御史，安庆为殿中侍御史，钱用壬为经历①，何士弘、吴去疾等为监察御史，基仍兼太史院使。

太祖谕之曰："国家新立，惟三大府总天下之政。中书政之本，都督府掌军旅，御史台纠察百司，朝廷纪纲，尽系于此。卿等当思正己以率下，忠勤以事上。盖己不正则不能正人，是故治人者必先自治。能自治则人有所瞻仰，毋徒拥虚位而漫不可否，毋委靡因循以纵奸长恶，毋假公济私以伤人害物。《诗》云：'刚亦不

---

① 经历：古代官职名。源于金朝，明清之际，都察院、通政使司、布政使司、按察使司等皆置经历一职，掌出纳文书。职能类似于今天的办公室主任。

吐，桑亦不茹。'此大臣之体也，卿等勉之。"

又谕御史大夫汤和曰："聊以武臣而处文职，当求儒者讲论自古人臣立身行己、事君治人之道，尽心所事，以成功业，他日名书史册，垂耀千载，岂不美哉！"和顿首谢。

十一月乙未。冬至，文武官朝贺如常仪。是日，太史院使刘基及其僚高翼进《戊申大统历》，太祖览之，谓基曰："此众人之为乎？"

基曰："是臣一人详定。"

太祖曰："历数者，国之大事，帝王敬天勤民之本也。天象之行有迟速，古今历法有疏密，一不得其要，不能无差。春秋之时，郑国为一词命必裨谌草创，世叔讨论，子羽修饰，子产润色，然后用之。故少有阙失。辞命尚如此，而况于造历乎？卿等推步，须各尽其心，必求至当，庶几副朕敬授民时之意。"

基等顿首而退。乃复以所录再加详较，而后刊之。

十二月癸卯。太祖御白虎殿，谕群臣曰："自古忠贤之士，大概有三：辅国安邦，孜孜图治；从容委曲，劝君为善；君虽未听，言必再三。人君感悟而听用之，则朝廷尊安，庶务咸理。至于进用贤能，使野无遗逸，黜退邪佞，处置当法，而人不敢怨，此上等之贤也。博习古人之言，深知已成之事，其心虽忠于辅国，而胸中无机变之才，是古非今，胶柱鼓瑟，而强人君以难行之事。然观其本情忠鲠，亦可谓端人正士矣。屡遭斥辱，其志不怠，此亦忠于为国，乃中等之贤也。又有经史之学虽无不通，然泥于古人之陈迹，不识经济之权衡，胸中混然不能辨别，每扬言高论，以为进谏，竟不知何者宜先，何者宜后，何者可行，何者不可行。凡其谋事，自以为当，而实不切于用。人君听之则以之自高，不听则谓不能行其言，既无益于国家，徒使人君有拒谏之名。然其心亦无他，不识时达变耳。此下等之贤也。予今论此三者，有识者自见耳。"

戊辰。太祖谕中书省臣曰："自古圣贤之君，不以禄私亲，不以官私爱。惟求贤才，以治其民，所以示天下至公也。元朝出于沙漠，惟任一己之私，不明先王之道，所在官司辄以蒙古色目人为之长。但欲私其族类，羁縻其民而已，非公天下爱民图治之心也。况奸吏从而蒙蔽之，舞文弄法。朝廷之上，贿赂公行。苟且之政，因循岁月。上下同风，不以为怪。末年以来，其弊尤甚，以致社稷倾危，而卒莫之救。卿等宜以为戒。选官之际，慎择其人而用之，勿循其弊也。"

洪武元年正月癸未。太祖谕省府臣曰："尔诸大臣，既受封爵，进职位，可谓尊显矣。当同心辅国，以享禄位。朕尝思古之君臣，居安不忘儆戒，盈满常惧骄纵，兢兢业业，一慎一日，故能始终相保，不失富贵。大抵开基创业之主，待功臣非不欲始终尽善，如韩信、彭越，自不能保全其功，深可惜也。至承平之后，旧臣多有获罪者，究其所以，盖其事主之心日骄，富贵之志日淫，以致于败。古人置欹器于坐侧，正以戒其骄盈耳。汝等宜戒慎之。"

又谓都督府臣康茂才等曰："汝等今成大功，岂汝一人之能哉？非军士同心效力，曷能致此！切不可挟功骄恣，轻忽下人。若此，则鲜有不败者。朕故拳拳为尔等言之。古之人主待其臣下，往往以权术驾驭，不以至诚相感，故易生猜疑。今吾以直言告汝，常相警戒，非止在于汝身，汝又当以朕意训汝子孙，则可与国同其久长矣。"

时皇太子侍侧，太祖指谓之曰："太子年幼，未历世故，朕尝以此意诲之。使他日汝子成立，与吾儿共享太平，常如今日，则子子孙孙，有无穷也。"

群臣皆拜谢而退。

八月戊寅。太祖将复幸北京，谕六部官曰："自古帝王肇造之初，所用人材，率资于前代，如汉、唐、宋、元，皆用隋、五代、宋、金旧人。朕始定中原，卿等多前代良材，悉归于朕。既设六部，选用卿等，各任其事。凡铨选、钱谷、典礼、军政、刑名、役作等事，须用心经理，勿使委人。盖任人弗当，不能无失。朕将北巡，卿等留守京师，宜体朕意，以供厥职，毋或废怠。"

十二月辛卯。以宋冕为开封府知府。太祖谕之曰："元以六事责守令，徒具虚文。今丧乱之后，中原草莽，人民稀少。所谓田野辟，户口增，此正中原今日之急务。若江南，则无此旷土流民矣。汝往治郡，务在安辑民人，劝课农桑，以求实效。勿学迂儒，但能谈论而已。"

洪武二年二月丙寅朔。诏修《元史》，太祖谕廷臣曰："近克元都，得元十三朝实录。元虽亡国，事当纪载。况史纪成败，示劝惩，不可废也。"

乃诏中书左丞相、宣国公李善长为监修，前起居注宋濂、漳州府通判王祎为总裁，征山林遗逸之士汪克宽、胡翰、宋禧、陶凯、陈基、赵埙、曾鲁、高启、赵汸、张文海、徐尊生、黄篪、傅恕、王锜、傅著、谢徽十六人同为纂修，开局于天界寺。复取元《经世大典》诸书，以资参考。

诸儒至，太祖谕之曰："自古有天下国家者，行事见于当时，是非公于后世。故一代之兴衰，必有一代之史以载之。元主中国，殆将百年。其初君臣朴厚，政事简略，与民休息，时号小康。然昧于先王之道，酣溺胡虏之俗，制度疏阔，礼乐无闻。至其季世，嗣君荒淫，权臣跋扈，兵戈四起，民命颠危。其间虽有贤智之臣，言不见用，用不见信，天下遂至土崩。然其间君臣行事，有善有否，贤人君子，或隐或显，其言行亦多可称者。今命尔等修纂，以备一代之史。务直述其事，毋溢美，毋隐恶，庶合公论，以垂鉴戒。"

甲午。太祖谕群臣曰："昔元时不重名爵，或以私爱辄授以官职，名虽易得，实无益于事，徒拥虚名而已。朕今命官，必因其才官之，所治必尽其事。所以然者，天禄不可虚费也。又尝思昔在民间时，见州县官吏多不恤民，往往贪财好色，饮酒废事，凡民疾苦，视之漠然，心实怒之，故令严法禁。但遇官吏贪污，蠹害吾民者，罪之不恕。卿等当体朕言。若守己廉而奉法公，犹人行坦途，从容自适。苟贪贿罹法，犹行荆棘中，寸步不可移。纵得出，体无完肤矣。可不戒哉！"

洪武三年正月癸巳。以驸马都尉王恭为福建行省参政。

太祖谕恭曰："国家用人，惟才是与。使苟贤，无间于疏远。使不肖，何恤于亲昵。福建从昔富庶，元末因于弊政，朘剥尤甚，民病未苏。今命汝往抚绥之，汝无恃亲故，以生骄纵，贻患于民。国家政令，一本至公，尔不能守法，失人臣之道，朕亦岂敢纵法违天下公议？汝其钦哉！"

甲午。各道按察司官来朝，太祖因召御史台臣并谕之曰："风宪之任，本以折奸邪，理冤抑，纠正庶事，肃清纪纲，以正朝廷。而元末台宪每假公法，挟私愤，以相倾排。今日彼倾此之亲戚，明日此陷彼之故旧，譬犹蛇蝎，自相毒螫，卒致败亡而后已。如此，则何以为台谏也？今卿等司风纪，当以大公至正为心，扬善遏恶，辨别邪正，不可循习故常，挟公以济私。苟或如此，不惟负朕委任，亦失其职守矣。"

洪武四年闰三月庚辰。改兵部尚书刘贞为治书侍御史。

太祖谕之曰："台宪之官，不专于纠察，朝廷政事或有遗阙，皆得言之。人君日理万几，听断之际，岂能一一尽善？若臣下阿意顺旨，不肯匡正，则贻患无穷。今擢卿为侍御史，居朝廷之上，当怀謇谔① 之风，以为百司表率。至于激浊扬清，使奸邪屏迹，善人汇进，则御史之职兼尽矣。"

四月壬辰。太祖谕群臣曰："凡事勤则成，怠则废，思则通，昏则窒。故善持其志者不为昏怠所乘，是以业日广，德日进。圣人初无异于常人，而常人不能如圣人者，以弗勤弗思耳。思日孜孜，禹所以成大功；不遑暇食，文王所以开王业。后人之未勤庶政，先为优逸，若元之季世，上下晏安，骄奢淫纵，政事不理，

① 謇谔：正直敢言。

民穷不恤，卒以此失天下，可不戒哉！"

　　洪武五年二月己卯。太祖谕群臣曰："凡居官者，任之大小虽不同，要皆尽其职而已。昔范文正公居位，凡日之所为，必求与食相称，或有不及，明日必补之，其心始安。贤人君子，于国家尽心如此，朝廷岂有废事？天下安得不治？元之将亡，内外诸官皆安于苟且，不修职事，惟日食肥甘，因循度日。凡生民疾苦，政事得失，略不究心。由是纪纲废弛，民心日离，遂致土崩。此皆近事，可为明鉴。朕每夜不安寝，未明视朝，常恐天下之事或有废怠不举，民受其弊。卿等当体朕怀，夙夜尽心，能修厥职，则无负国家。异日全名青史，岂不美哉！"

　　壬午。太祖谕群臣曰："朝廷设官，各有定分，上不凌下，下不谄上，恪守乃职，是为正人。昔寇准在相位，丁谓为参政，尝会食，食污准须，谓起拂之。准正色曰：'岂有身为执政，亲为宰相拂须耶？'谓惭而退。是谓以谄事准，准以正待之。君子、小人可见矣。又闻前元国初，风宪体制甚严，尝有宪臣寝疾，掾史往候之，宪官力疾强起，扶杖而行。因以杖授吏，拱手却立不受。如是者再三。宪官悟其意，乃止。明日见吏，逊辞谢之。吏曰：'然某为吏属，非公家僮，不敢避劳，虑伤礼体尔。'以此观之，则宪吏亦正人也。尔等宜鉴于此，邪者戒之，正者效之，可也。"

八月戊子。太祖召诸勋臣谕之曰："难成者功，难得者爵。卿等捐躯以从朕，百战以有功，岂非成之难乎？然因功以定爵，高出等伦，岂非得之难乎？知成之难，则思所以保之；知得之难，则思所以守之。保守之道，惟敬谨而已，不以功大而有骄心，不以爵隆而有怠心，故能享其荣盛，延及后世。大抵敬谨为受福之本，骄怠为招祸之原。惟知道者可以语此。"

洪武六年正月乙巳。太祖谕来朝守令曰："朕设置百官，各司厥职，以分理庶务。惟都守、县令为牧民之官，凡赋敛、徭役、诉讼，皆先由县，次方至府。若县令贤明，则赋敛平，徭役均，诉讼简。一县之事既治，则府可以无忧矣。苟县官贪虐以毒民，或怠弛以废事，民间利病，尸坐不闻，不惟民受其殃，府亦受其弊矣。为府官者知其弊，能绳其奸贪，去其阘茸^①，请更贤者而任之，则上下皆安矣。若知而不举，上下蒙蔽，虽苟且一时，终必为其所累。智人君子，必能察于此矣。尔等勿谓身居远外，朕不能知。异日政绩有闻，必有嘉赏，顾尔等为政何如耳。"命赐以酒食。

明日陛辞，太祖复谕之曰："慈祥恺悌，身之德也；刻薄残酷，德之贼也。君子成其德而去其贼，故惠及于人；小人养其贼而悖其德，故殃流于众。且人莫不有是德，君子守之不失，故天理恒

---

① 阘茸：资质愚钝。

存；小人舍而不为，故私欲恒蔽。朕之任官，所用惟贤；举廉兴孝，惟欲厚俗；崇德劝善，惟欲成化。若伪为慈祥，必无仁爱之实；伪为恺悌，必无乐易之诚。尔等宜勉修厥职，广施惠政，以副朕怀。"

丙辰。太祖谕御史台臣曰："为人不可太刚，亦不可太柔。刚则伤物，柔则废事，二者相济，始克有成。往见贪饕之徒，常执谦下，不拂人意，盖缘所守不正，恐举劾其奸，故为此取媚之态。人喜其媚己以为贤，则堕其术中矣。其不贪者，自谓操守广洁，无敢谁何，故与人言议稍有不合，辄起争端，此虽刚强，人恶其排己以为不肖，则失人矣。夫以中而处刚，则必无矫激之情；以正而处柔，则必无畏偄之态。修身在己，人亦岂得而是非之也。"

四月甲戌。以工部尚书黄肃、刑部尚书高万杰为广西行省参政，刑部郎中高晖、磨勘司令吕宗艺为福建行省参政。

太祖谕之曰："方面之任，贵在廉明而戒于苛察，贵在刚果而戒于急暴，贵在有礼而戒于诡诶，贵在有仁而戒于姑息。凡行欲当理，事欲成功，上足以分朝廷之忧，下足以慰郡邑之望，为一道之福星，如古之君子，垂德声于不朽，岂不伟哉！卿等其勉之。"

戊子。太祖御谨身殿，谕省臣曰："朕观唐太宗言，贾胡剖身以藏珠，惟知财利，不惜性命。譬如贪官污吏，惟知好赂犯法，而不爱身命，其与贾胡剖身藏珠何异？若使官吏爱身守廉，安得有丧身之患？只为任情恣欲，重利轻身，以致祸败耳。"

七月丁卯。以户部侍郎陈则为大同府同知。陛辞，太祖谕之曰："大同居边塞之间，昔之有司不能自立，多为守将迫协，以坏法废事，而罹刑罪者比比有之。尔往，毋蹈彼覆辙，当守法奉公，不为阿私。如边将妄有所求，当告以朝廷法度，阻其非心，则汝可以远罪，而边将亦得以保全其功。"

洪武七年三月戊辰。以兵部尚书刘仁、刑部主事郑九成为广东行省参政。陛辞，太祖谕之曰："岭海在京师数千里之外，方面之寄，必得重臣以授之，庶可以辑宁其人。兹特命卿等以往，凡政事之施，宜恩威兼济。若为政一以恩而无威，则宽而无制，事不立矣；若徒以威而不仁，则严而无恩，民不堪矣。惟恩不流于姑息，威不伤于刻暴，则政事自举，民生自遂。使下之为郡县吏者转相视效，虽海岭之遥，朝廷可无忧矣。"

五月壬辰。以兵部员外郎杨基为山西按察司副使，监察御史答禄与权为广西按察司佥事，吕本为北平按察司佥事。
太祖谕之曰："风宪之设，本在整肃纪纲，澄清吏治，非专理刑名。尔等往修厥职，务明大体，毋徒效俗吏拘拘于绳墨之末。至于处事之际，毫忽须谨。善虽小，为之不已，将为全德；过虽小，积之不已，将为大慝。岂不见干云之台，由寸土之积；燎原之火，本一爝之微。可不慎哉！"

洪武九年九月辛巳。太祖谕群臣曰："水趋下则流，人法上则哲。故希贤者不已，可以齐贤；希圣者有恒，可以齐圣。古之人知成身之难，恒兢兢焉以自勉，惟恐善名之不立，故卒能显名于天下后世。今之任官者多图苟安，不顾清议，而甘为碌碌之人，身没而名随以泯。尔等宜勉之，毋自弃也。"

十月甲寅。太祖谕群臣曰："《书》云：'惟辟作福，惟辟作威，惟辟玉食。臣无有作福、作威、玉食。'君臣之分，如天尊地卑，不可逾越，故《春秋》有谨始之义，《诗》有凌分之讥。圣人著之于经，所以垂训天下后世者至矣。尔在廷群臣，以道事朕，当有鉴于彼，毋擅作威福，逾越礼分，庶几上下相保，而身名垂于不朽也。"

洪武十年七月。是月，诏遣监察御史巡按州县。入辞，太祖谕之曰："近日山东王基言事，不务正论，乃用财利之术以惑朕听，甚乖朕意。今汝等出巡天下，事有当言者，须以实论列，勿事虚

289

文。凡为治，以安民为本，民安则国安。汝等当询民疾苦，廉察风俗，申明教化。处事之际须据法守正，务得民情。惟专志以立功，勿要名以取誉。朕深居九重之中，所赖以宣布条章、申达民情者，皆在汝等。汝其慎之。"

十一月。是月，新除有司官，太祖谕之曰："近者天下有司奏缺官，朝廷以时选补。比除未久，有司又复奏缺，是何犯罪罢黜者之众也？若移其作奸之心以为善，亦何不可？国家俸禄如井泉，汲而不竭，彼皆不思守法以保之，欺人欺天，兢为赃利，虽积钱充屋，一旦事觉，皆非己有。夫丈夫立志为善，功业不难矣。苟念虑一失，沦于不善，迷而不悟，遂不可救。夫不知为善者，愚人也；能为善者，贤人也。至于为恶者，乃下愚无顾忌之人也。然为善为恶，特在人之存心何如耳。圣贤之教，率性修道而已。人能推行之，终身用之不尽。夫人幼不识事，长则知孝友，此乃天赋善。若以此道日日行之，即是率性之道。我为善事，而他人有志者效之，是修道之教。推广此意，则何善不立？何事不成？今汝等之官，宜鉴彼前非，勉于为善，则永安禄位矣。"

十二月。是月，各道按察司官来朝，太祖谕之曰："朕以天下之大，民之奸宄者多，牧民之官不能悉知其贤否，故设风宪之官为朕耳目，察其善恶，激浊扬清，绳愆纠缪，此其职也。凡任风宪者，宜体朕此意，以至公为心，廉洁自守。国家法律，必务精详，用法有失，鬼神鉴焉。至于奸民犯法，吾所甚恶，必务除之，不可贷也。有司以抚治吾民为职，享民之奉而不思恤民，惟以贪饕掊尅为务，此民之蠹也，宜纠治其罪，毋以姑息，纵其为害。汝等安坐高堂，其视民相去远矣。不思问民疾苦，公其听断，将安用汝乎？今官以九年为考，非一日积也。汝当谨守法度，思称其职。苟或不然，瘝厥官矣。"

洪武十三年十月。是月，吏部引选国子学生二十四人，命为府州县官。太祖召至前，谕之曰："诸生皆学古入官。夫为臣之职，事君、抚民二者而已。然能尽抚民之心，即所以尽事君之道。故贤臣之事君也，视君如亲，视国如家，视民如子。苟可以安国家、利民人者，知无不为。若避难而惮劳，则事不立矣。事不立则民失望，国何赖焉？尔等尚服朕言，必思尽其职也。"

洪武十四年正月乙巳。以国子监助教赵新等为布政使。

太祖谕之曰："今布政司，视古之州牧，其任甚重。所以重者何？重在承流宣化、通达民情者也。若上德不下究，则郁而不彰；下情不上达，则郁塞而不通。为政郁塞，则远迩乖隔，上下不亲，得失无所闻，美恶无所见。如此，则弊政百出，民不可得而治矣。卿等所学，常怀致君泽民之志，朕所以用卿等，冀儒术之有异于常人也。尚宜勉之。"

洪武十五年二月己卯。吏部奏引除县官五十余人。太祖悉召前，谕之曰："县官之职，最亲于民。古之称循吏者，多由此出。苟有善政及民而民称之，美名即传于远迩；若蠹政害民而民怨之，恶声亦不可掩也。为善为恶，朝廷公论有在。尔等其慎之。苟治民而有成绩，他日不患不至崇要也。"

三月乙亥。太祖谕六部、察院诸臣曰："朕观《书》以元首喻君，股肱喻臣。自古君臣，本同一体，若君独用则臣职废，臣不任则君事劳。君臣之间，贵在一德，以共济天下。朕所以恳恳与卿等言者，以六部为朕总理庶务，察院为朕耳目，日与内外诸司事体相关，当思尽心赞辅，共成理道，以安生民。"

洪武十八年六月。是月，吏部引奏下第举人除授教官。太祖谕之曰："教学之方，非求速成。譬之为层台者必基于篑土，行千里者必始于跬步。但当勉其勤力，循序渐进，自有其效耳。若急遽苟且，未得于此而即求于彼，非但学者无益，尔亦徒劳矣。且尔等年方壮盛，虽职在教人，尤当自修。夫自修之道，又须常存谦抑，不可自满。即如工人习技，常见己不若人，则所习益高；常见人不若己，则所习益下矣。汝其勉之。"

洪武十九年四月。是月，吏部奏用国子监十四人皆为六品以下官。太祖谕之曰："事君之道，惟尽忠不欺；治民之道，惟至公无蔽。盖一郡一邑之民，必有饥寒不得其所者，有狱讼冤抑者，有贤才不举者，有豪猾蠹民者。汝等到任，能不为私欲所蔽、人言所惑，则方寸自明而诸弊可息。一牵于私欲，而惑于人言，则冥然如坐暗室，饥寒者无由获济，冤抑者无由伸理，贤才壅蔽而豪猾纵横，则为废职矣。古人有言：'人始入官，如入暗室，久而乃明，明乃治。'汝等切记之，毋为人蔽惑也。"

洪武二十年二月甲辰。《御注洪范》成。太祖尝命儒臣书《洪范》揭于御座之右，朝夕观览，乃自为注。至是注成，召赞善刘三吾曰："朕观《洪范》一篇，帝王为治之要道也，所以叙彝伦，立皇极，保万民，叙四时，成百谷，本于天道而验于人事。箕子为武王陈之，武王犹自谦曰：'五帝之道，吾未能焉。'朕每为惕然，遂疏其旨为注，朝夕省览。"

三吾对曰："陛下留心是书，上明圣道，下福生民，为万世开太平者也。"

四月丙申。有国子生初任陕西知县，人告其尝受民财，刑部逮问之，以闻。

太祖谓之曰："所难得者爵禄，所易得者货贿。难得者守之则获福，易得者溺之则受祸。尔以书生受民社之寄，古称郎官，出宰百里，上应列宿，诚难得也。苟能思其所难得而保之，岂特为一身之福，施及父母、妻子，其福莫大焉。乃不能廉洁以律己，受污辱之名，以为父母羞。朕念尔年少，更事未多，特宥还职。尔其改过自新，力行为善，庶有立于将来。"

　　洪武二十四年五月癸卯。太祖御华盖殿，谓六部臣曰："天下事体，皆有至当之理，但人识见不同，决断之顷，各执一偏，故难尽善。惟揆之于理，则无此弊。自今凡有政令，必会官详议，所论金可，然后施行。欲事皆善，必当如此。卿等其各尽乃心，毋阿比①以为同，毋矫讦②以为异，允执厥中，以副朕所托。"

　　十月甲寅。太祖谓群臣曰："为君为臣，烛理③贵明，处事贵断。昔唐太宗与群臣论教化，封德彝以为三代之后，人渐浇诡④，欲化而不能。独魏征劝太宗行之，卒致贞观之治，可谓烛理明。宪宗欲伐吴元济，举朝以为不可，独裴度劝伐之，卒成大功，此可谓能果断。自古国家兴衰，皆系于此。若为臣者优游度日，无所建明，上无刚明果断之主，则政日弊，国日衰，如汉元帝是已。

---

① 阿（ē）比：偏袒勾结。
② 矫讦（jié）：同"骄讦"。指傲慢而击人之短，揭人阴私。
③ 烛理：考察事理。
④ 浇诡：浇薄欺诈，即不淳朴而多诡诈。

《书》曰：'功崇惟志，业广惟勤。惟克果断，乃罔后艰。'若等事朕左右，当立功立业，以希古人。"

洪武二十九年七月庚申。太祖谕侍臣曰："人之常情，待己厚而待人薄。己之所为有不善，虽大亦隐忍不露；他人所为或有过失，虽小必不能容忍。亦有过在己而咎怨他人者，若此皆不明之所致。惟明者，责己厚而责人薄。责己厚，故能成德；责人薄，故得寡怨。昧者责己薄而责人厚。责己薄，故德不修；责人厚，故人多怨。"

洪武三十年七月丙寅。太祖谕群臣曰："凡人所为，不能无过举，但当平其心，则可以知其过矣。其心本公，所为之事或谬，此则识见未至，致有过误。若缘私意而所行有谬戾者，此特故为耳。君子、小人之过，于此可见。然君子之过，虽微必彰；小人之过，虽大弗形。盖君子直道而行，固无所回互；小人巧于修饰，固多所隐蔽。人君苟不察其微，则君子、小人莫能辨别。"又曰："朕观往昔议论于廷，有忤人主之意者，必君子也；其顺从人主之意者，必小人也。以忤己而怒之，以顺己而悦之，故小人得幸，而君子见斥矣。人主取人，权衡在己，当兼取众论，不可以一时之喜怒为进退尔。"

第46章　武备

戊戌十一月辛丑。立管领民兵万户府。谕行中书省臣曰："古者寓兵于农，有事则战，无事则耕，暇则讲武。今兵争之际，当因时制宜。所定郡县，民间岂无武勇之材？宜精加简拔，编辑为伍，立民兵万户府领之，俾农时则耕，闲则练习，有事则用之。事平，有功者一体升擢，无功者令还为民。如此，则民无坐食之弊，国无不练之兵。以战则胜，以守则固，庶几寓兵于农之意也。"

甲辰正月庚午。太祖坐白虎殿，与孔克仁论天下形势，因曰："自元运既斁，连年争战，加以饥馑疾疫，十室九虚。天厌于上，人困于下。中原豪杰智均力齐，互相仇敌，必将有变，欲并而一之，势猝未能。吾欲以两淮、江南诸郡归附之民，各于近城耕种，练则为兵，耕则为农，兵农兼资，进可以取，退可以守。仍于两淮之间馈运可通之处，积粮以俟。兵食既足，观时而动，以图中原。卿以为何如？"

克仁对曰："积粮训兵，待时而动，此长策也。"

吴元年二月乙卯。太祖闻傅友德败元兵于陵子村，谓大都督府臣曰："近陵子村之捷，盖扩廓帖木儿游兵，彼故以此饵我，使吾将骄兵惰，掩吾不备。古人之戒，正在于此，不可不知。善战者知彼知己，察于未形，故不出庙堂，折冲千里。可语安丰、六安、临濠、徐、邳守将严为之备，常如敌至，则无患矣。"

洪武三年正月甲辰。太祖谓将臣曰："用兵之道，必先固其本。本固而战，多胜少败。何谓本？内是也。内欲其实，实则难破。何谓实？有备之谓也。后世不知务此，至有战胜之余，遂亡武备，往往至于取败。人孰不曰：'天下平定之时，可以息兵偃武。'殊不知治兵然后可言息兵，讲武而后可言偃武。若晋撤州郡之备，卒召五胡之扰；唐撤中国之备，终致安史之乱。此无备之验也。夫当天下无虞之时，正须常守不虞之戒。然则武备其可一日而忘哉！"

洪武六年三月壬子。命魏国公徐达为征虏大将军，率诸将校往山西、北平等处备边。

太祖御奉天殿，谕达等曰："创业之初，君臣同其艰难。及事平之后，岂不欲少与休息？然居安虑危，古人所慎，故常命卿等在西北防边。既行，朕复思边守既定，远备劳兵，乃召卿等还。今闻胡人窥伺，有入寇之意，事不可已，故再命卿等总率将士往镇边陲。然夷狄豺狼，出没无常，但保障清野，使来无所得。俟其惰归，则率锐击之，必掩群而获。卿等老将，临机制胜之道熟矣，非朕所能遥度。至边宜先图上方略，使朕览之。"

洪武九年正月。是月，命中山侯汤和、颍川侯傅友德等帅师往延安防边。

太祖谕和等曰："自古重于边防，边境安则中国无事，四夷可以坐制。今延安地控西北，与胡虏接境，虏人散聚无常，若边防不严，即入为寇。待其入寇而后逐之，则塞上之民必然受害。朕常敕边将严为之备，复恐久而懈惰，为彼所乘，今特命卿等率众以往。众至边上，常存戒心。虽不见敌，常若临敌，则不至有失矣。"

洪武十七年正月庚戌。太祖与翰林侍讲学士李翀等论武事，翀曰："用兵重在任将。"

太祖曰："任将之道固重，然必任之专、信之笃，而后可以

298

成功。昔齐用司马穰苴，魏用乐羊，可谓任之专、信之笃，故能有功。若唐肃宗用鱼朝恩、宪宗用吐突承璀为监军，使诸将掣肘，以致败事者，是任将不专、信之不笃故也。"

䎖曰："惟陛下圣明，深知此失。"

太祖曰："将必择有识有谋、有仁有勇者。有识能察几于未形，有谋能制胜于未动，有仁能得士心，有勇能摧坚破锐。兼是四者，庶可成功，然亦在人君任之何如耳。"

第47章 驭夷狄

洪武二年七月丁未。中书省臣言广西诸洞虽平，宜迁其人内地，可无边患。

太祖曰："溪洞①猺獠杂处，其人不知理义，顺之则服，逆之则变，未可轻动。今惟以兵分守要害，以镇服之。俾之日渐教化，则自不为非。数年之后，皆为良民，何必迁也。"

洪武四年九月辛未。太祖御奉天门，谕省、府、台臣曰："海外蛮夷之国，有为患于中国者，不可不讨；不为中国患者，不可辄自兴兵。古人有言，地广非久安之计，民劳乃易乱之源。如隋炀帝妄兴师旅，征讨琉球，杀害夷人，焚其宫室，俘虏男女数千人。得其地不足以供给，得其民不足以使令，徒慕虚名，自弊中土。载诸史册，为后世讥。朕以海外诸蛮夷小国，阻山越海，僻

---

① 溪洞：古代指今苗、侗、壮等少数民族聚居之西南诸地。

在一隅。彼不为中国患者，朕决不伐之。惟西北胡戎，世为中国患，不可不谨备之耳。卿等当记所言，知朕此意。"

洪武五年三月。是月，高丽国王王颛遣密直同知洪师范、郑梦周等奉表贺平夏[①]，贡方物，且请遣子弟入太学。其词曰："秉彝好德，无古今愚智之殊；用夏蛮夷，在礼乐诗书之习。故我东夷之人，自昔以来，皆遣子弟入太学。不惟知君臣父子之伦，亦且仰声名文物之盛。伏望皇仁察臣向化之诚，使互乡[②]之童得齿虞庠之胄，不胜庆幸。"

太祖顾谓中书省臣曰："高丽欲遣子弟入学，此亦美事。但其涉海远来，离其父母，未免彼此怀思。尔中书宜令其国王与群下熟议之，为父兄者果愿遣子弟入学，为子弟者果听父兄之命，无所勉强，即遣使护送至京，或居一年半年，听其归省也。"

洪武十七年十一月丙寅。江西布政司参议胡昱言："纳哈出名虽元臣，其实跋扈。然其麾下哈喇章、蛮子、阿纳失里诸将，各相猜忌，又势孤援绝，若发兵击之，可一举而擒也。"

太祖曰："利其弱而取之，非武也；因其衅而乘之，非仁也。

---

① 平夏：平定华夏，使其一统之谓。
② 互乡：风俗鄙陋之乡。出自《论语·述而》："互乡难与言。"郑玄注曰："互乡，乡名也。其乡人言语自专，不达时宜。"又，《幼学琼林·地舆类》："美俗曰仁里，恶俗曰互乡。"

纳哈出之为人，朕素知之，不过假元世臣之名以威其众耳。然人心外合内离，亦岂能久？今姑待之。若其一旦觉悟，念昔释归之恩，幡然而来，不犹愈于用兵乎？不然，为恶不悛，将自取覆。尔言虽善，然未可遽动。"

洪武十八年六月甲午。广西都司言："频年猺寇窃发，皆因居近溪洞之民与之相通，诱引为患。请先捕戮此辈，庶绝其党。"

太祖曰："溪洞之民引诱猺獠为寇，此诚有之。然其间岂无良善？若一概捕戮，恐及无辜。大抵驭蛮夷之道，惟当安近以来远①，不可因恶以累善。非实有左验，不宜捕戮。"

洪武二十年六月己卯。广西浔州府知府沈信言："府境接连柳、象、梧、藤等州，山溪险峻，猺贼出没不常，实为民患。臣愚以为桂平、平南二县旧附猺民，皆便习弓弩，惯历险阻。若选其少壮千余人，免其差徭，给以军器衣装，俾各团村寨置烽火，与巡检司民兵相为声援，协同捕逐，可以歼之。"

太祖曰："蛮夷梗化②，彼习然也。使守土之官能招徕之，何用杀戮？若无事，但当谨其防御，使不为患耳。苟其为寇不已，民有不堪，则发兵讨之，何必团寨？"

---

① 来远：同"徕远"。招抚边地百姓，使其归化。
② 梗化：顽固难育，不服教化。

第48章　怀远人

洪武元年八月戊寅。湖广行省平章杨璟等还自广西，入见，太祖问广西两江、黄岑二处边务。璟言："蛮夷之人，性习顽犷，散则为民，聚则为盗，难以文治，当临之以兵，彼始畏服。"

太祖曰："蛮夷之人性习虽殊，然其好生恶死之心未尝不同，若抚之以安静，待之以诚意，谕之以道理，彼岂有不从化者哉？此所谓以不治治之，何事于兵也！"

洪武三年十二月戊午。中书省臣言："西北诸虏归附者，不宜处边。盖夷狄之情无常，方其势穷力屈，则不得已而来归，及其安养闲暇，不无观望于其间。恐一旦反侧，边镇不能制也。宜迁之内地，庶无后患。"

太祖曰："凡治胡虏，当顺其性。胡人所居，习于苦寒。今迁之内地，必驱而南，去寒凉而即炎热，失其本性，反易为乱。若不顺而抚之，使其归就边地，择水草孳牧①，彼得遂其生，自然安矣。"

洪武七年三月甲戌。户部奏："播州宣慰司土地既入版图，即同王民，当收其贡赋。请令自洪武四年始，每岁纳粮二百七十三石，著为令。兼其所有自实田赋，并请征之。"

太祖曰："播州，西南夷之地也，自昔皆入版图，供贡赋。但当以静治之，苟或扰之，非其性矣。朕君临天下，彼率先来归，所有田赋，随其所入，不必复为定额，以征其赋。"

七月。是月，有御史自广西还，进《平蛮六策》，内有曰："立威。"太祖览毕，谕之曰："汝策甚善，但立威之说亦有偏耳。夫中国之于蛮夷，在制驭之何如。盖蛮夷非威不畏，非惠不怀。然一于威则不能感其心，一于惠则不能慑其暴。惟威惠并行，此驭蛮夷之道也。古人有言：'以怀德畏威为强。'政以此耳。"

洪武九年八月乙未。播州宣慰使杨铿率其属张坤、赵简来朝贡马，赐赉甚厚。陛辞，太祖谕之曰："尔先世世笃忠贞，故使子孙代有爵土。然继世非难，保业为难。知保业为难，则志不可骄，欲不可纵。志骄则失众，欲纵则灭身。尔能益励忠勤，永坚臣节，

---

① 孳牧：繁殖牧养。

则可保世禄于永久矣。"

庚戌。思南宣慰使田仁智入觐，贡马及方物。

太祖谕之曰："汝在西南，远来朝贡，其意甚勤。朕以天下守土之臣皆朝廷命吏，人民皆朝廷赤子，汝归善抚之，使得各安其生，则汝亦可以长享富贵矣。夫礼莫大于敬上，德莫盛于爱下。能敬能爱，人臣之道也。"

仁智辞归，至九江龙城驿，病卒，有司以闻。太祖命礼部遣官致祭，敕有司送其柩于思南。

洪武十七年闰十月庚申。象州土吏覃仁用言："其父景安，故元时尝任本州巡检，有兵獞①二百人，今皆为民，请收集为军。"太祖不许，因谕之曰："兵獞既为民矣，国家之兵岂少此二百人？朕尝下令，凡故元时士卒隶民籍者，不许相告。岂可以尔一人之言而格朝廷之令乎？"

洪武二十一年二月庚申。户部奏："贵州宣慰使霭翠、金筑安抚使密定所属租税，累累逋负②，蛮人恃其顽险，不服输送，请遣使督之。"

---

① 兵獞（tóng）：土兵。古代封建统治者对我国少数民族壮族的蔑称。獞，狗也。
② 逋（bū）负：拖欠赋税、债务。

太祖曰："蛮夷僻远，其知畏朝廷，纳赋税，是能遵声教矣。其逋负，岂敢为耶？必其岁收有水旱之灾，故不能及时输纳耳。所逋租悉行蠲免^①。今宜定其常数，务从宽减。"

---

① 蠲（juān）免：去除，免除。

第49章 辨邪正

洪武元年八月丁丑。有风宪官二人各评所短于廷，其一人言甚便捷，其一人言简而缓。

太祖曰："理原于心，言发于口。心无所亏，辞出而简；心有所蔽，辞胜于理。彼二人者，其言寡者真，其言多者非。"遂召廷臣诘之，言寡者果直。

太祖谓群臣曰："彼二人者皆居风宪，当持公正以纠率群司，何致以私怨相加乎？所以贤人贵知言，能知言，则邪正了然自辨。区区以便佞取给者，复何所庸哉？"

洪武六年二月壬寅。命御史台令监察御史及各道按察司，察举天下有司官有无过犯，奏报黜陟 [①]。

太祖谕台臣曰："古人言，礼义以待君子，刑戮加于小人。盖君子有犯，或出于过误，可以情恕；小人之心，奸诡百端，无所不至，若有犯，当按法去之，不尔则遗民患。君子过误，责之以礼义，则自知愧悚，必思改为①。彼小人者，不识廉耻，终无忌惮，所以不得不去之也。故朕以廉耻之官虽或有过，常加宥免。若贪虐之徒，虽小罪，亦不赦也。"

十一月壬寅。太祖谕皇太子、诸王曰："用人之道，当知奸良。人之奸良固为难识，惟授之以职，试之以事，则情伪自见。若知其良而不能用，知其奸而不能去，则误国自此始矣。历代多因姑息，以致奸人惑侮。当未知之初一概委用，既识其奸，退亦何难？《书》曰：'任贤勿贰，去邪勿疑。'尔等其慎之。"

洪武十四年正月己丑。太祖与吏部臣论任官。太祖曰："树艺非其土则不蕃②，授官非其才则不任。任官当取方正之士，而邪佞者去之。"

吏部臣对曰："人之邪正，实亦难辨。"

太祖曰："众人恶之，一人悦之，未必正也；众人悦之，一人恶之，未必邪也。盖出于众人为公论，出于一人为私意。然正人

---

① 改为：即改过。为，通"讹"。
② 蕃：茂盛，繁茂。

所为，治官事则不私其家，在公门则不私其利，当公法则不私其亲。邪人反是。此亦足辨。"

洪武二十二年十一月癸未。太祖谓侍臣曰："兴治之要，当进君子、退小人也。"

兵部尚书沈溍对曰："君子、小人，猝未易识。"

太祖曰："独行之士不随流俗，正直之节必异庸常。譬如良玉委于污泥，其色不变；君子杂于众人，德操自异。何难识也？"

溍又曰："自古君子常少，小人常多，亦岂能悉去？"

太祖曰："善者进之，足以劝善；恶者去之，足以惩恶。故太阳出而群阴消，贤者举而不仁者远，夫何难去哉？"

洪武二十四年三月甲午。太祖谓群臣曰："朕常命寺人发库藏中古镜十余，以鉴容貌，多失真。召冶工数人而问之，莫能答。最后一人言曰：'锻炼不至，范模不正，故镜体偏邪，照人失真。'朕闻之，惕然感悟。夫镜，一物耳，略有偏邪，乃不可鉴形。人君主宰天下，辨别邪正，一察是非，皆原于心。心有不正，百度^①乖矣。正心之功，其可忽乎！"

洪武二十五年正月丁亥。右都御史袁泰奏监察御史胡昌龄等

---

① 百度（duó）：百般揣测。

四十一人缄口不言时政，王惟名等四人阘茸不称职，当罪之。

太祖曰："言之非难，言而当理者为难。昌龄辈安知其终不言乎？若阘茸不称职者，罢之。"

泰复执奏曰："昌龄等非不能言，但心怀谲诈，不肯言耳。"

太祖曰："人臣进言于君，必有关于国之利病，民之休戚，亦岂得轻易？若遽以心怀谲诈罪之，此何异张汤腹诽之法？"

于是泰不敢复言。

第50章　育人材

洪武二年六月丁卯。太祖谕国子学官曰："治天下以人材为本，人材以教导为先。今太学之教，本之以德行，文之以六艺者，遵古制也。人材之兴，将有其效。夫山，木之所生；川，水之所聚；太学，人材所出。欲木之常茂者必培其根，欲水之常流者必浚其源，欲人材之成效，必养其德性。苟无作养之功，而欲其成材，譬犹壅百川而欲水流，折方长而求大木，其得哉？"

庚午。太祖召国子生问曰："尔等读书之余，习骑射否？"

对曰："皆习。"

曰："习熟否？"

对曰："未。"

乃谕之曰："古之学者，文足以经邦，武足以戡乱。故能出入将相，安定社稷。今天下承平，尔等虽专务文学，亦岂可不知武事？《诗》曰：'文武吉甫，万邦为宪。'惟其有文武之才，则万邦以之为法矣。"

洪武六年五月癸卯。太祖谕中书省臣曰："马虽至驽，策励可以致远；木虽至朴，绳削可以致用；人虽至愚，勉教可使成材。故圣人之教无弃人，君子之化无鄙俗。朕观今之为吏者，寡于学术，惟弄文法，故犯罪者多。若得贤官长以表率之，又日聚而教之，及告以古人为吏而致通显者，与夫守身保家之道，岂有不化而为善乎？自今省、台、六部官遇有暇时，集属吏，或教以经史，或讲以时务，以变其气质。年终考之，视其率教与否，则可以知其贤不肖矣。"

洪武十年八月癸丑。命大都督府官选武臣子弟入国子学读书。
太祖谕之曰："武臣从朕定天下，以功世禄，其子弟长于富贵，又以父兄早殁，鲜知问学。宜令读书，知古今，识道理。俟有成立，然后命官，庶几得其实用也。昔霍光功非不高，身死未久，而子孙横肆，卒致夷灭者，不学故也。郭子仪中兴唐室，功盖天下，位极人臣，而心常谦退，保全令名，而福及后嗣者，识道理也。今武臣子弟但知习武事，特患在不知学耳。"

洪武十四年四月丙辰朔。命国子生兼读刘向《说苑》及《律令》。

太祖谕祭酒李敬曰："士之为学，贵于知古今，穷物理。圣经贤传，学者所必习。若《说苑》一书，刘向之所论次，多载前言往行，善善恶恶，昭然于方册之间。朕尝于暇时观之，深有劝戒。至于《律令》，载国家法制，参酌古今之宜，观之者亦可以远刑辟。卿以朕命导诸生读经史之暇，兼读《说苑》，讲《律令》，必有所益。"

洪武二十一年九月甲午。诏更定岁贡生员例：府学岁一人，州学二岁一人，县学三岁一人。

太祖谓礼部尚书李原名曰："昔人有言，不素养士欲求贤，譬犹不琢玉而求文采。夫天下未尝无贤才，顾养之之道何如耳。尝命天下学校，凡民间子弟愿遣入学者听，复其家。今定岁贡之例，必资性淳厚、学问有成、年二十以上，方许充贡 ①。尔礼部其申明之。"

洪武二十三年三月戊子。通政使茹瑺引奏："潮州府学生陈质言其父戍大宁，已死，今有司取其补伍。自念从幼至今，荷蒙国

---

① 充贡：作为贡生。贡生，即封建科举时代，择府、州、县生员之优异者，升入国子监读书，谓之贡生。

恩教育，愿赐卒业，以图上报。"

太祖谓兵部尚书沈溍曰："国家得一卒易，得一材难。此生有志于学，可削其兵籍，遣归进学。"

溍对曰："此生学未见成效，若遽削其兵籍，则缺军伍。"

太祖曰："国家于人材，必养之于未用之先，而用之于既成之后。譬之稼，必预耕，则有获。若刈不待熟，则无用。且事有轻重，难拘一律。苟军士缺伍，不过失一力士耳。若奖成一贤材，以资任用，其系岂不重乎！"

第51章 务实

丙午九月己亥。夏主明昇遣使来聘。太祖因与语，使者辄自言其国东有瞿塘三峡之阻，北有剑阁栈道之险，古人谓一夫守之，百人莫过。而西控成都，沃壤千里，财利富饶，实天府之国也。

太祖笑曰："蜀人不以修德保民为本，而恃山川之险夸其富饶，此岂为国长久之道耶？然自用兵以来，商贾路绝，民疲财匮，乃独称富饶，岂自天而降耶？"使者退。

太祖因语侍臣曰："吾平日为事，只要务实，不尚浮伪。此人不能称述其主之善，而但称其国险固，失奉使之职矣。吾尝遣使四方，戒其谨于言语，勿为夸大，恐贻笑于人。盖以诚示人，不事虚诞。如蜀使者之谬妄，当以为戒也。"

吴元年正月辛丑。太祖谓中书省臣曰："古人祝颂其君，皆寓警戒之意。适观群下所进笺文，颂美之词过多，规戒之言未见，殊非古人君臣相告以诚之道。今后笺文，只今文意平实，勿以虚词为美也。"

四月壬子。太祖谕起居注詹同等曰："国史贵乎直笔，是非善恶皆当书之。昔唐太宗观史，虽失大体，然命直书建成之事，是欲以公天下也。予平日言行可纪之事，是非善恶，汝等当明白直书，勿宜隐讳，使后世观之，不失其实也。"

洪武二年三月戊申。太祖谓翰林侍读学士詹同曰："古人为文章，或以明道德，或以通当世之务。如典谟之言，皆明白易知，无深怪险僻之语。至如诸葛孔明《出师表》，亦何尝雕刻为文？而诚意溢出，至今使人诵之，自然忠义感激。近世文士，不究道德之本，不达当世之务，有词虽艰深，意实浅近，即使过于相如、杨雄，何裨实用？自今翰林为文，但取通道理、明世务者，无事浮藻。"

附 录

明史·太祖本纪

[清] 张廷玉 等著

太祖开天行道肇纪立极大圣至神仁文义武俊德成功高皇帝，讳元璋，字国瑞，姓朱氏。先世家沛，徙句容，再徙泗州。父世珍，始徙濠州之钟离。生四子，太祖其季也。母陈氏，方娠，梦神授药一丸，置掌中有光，吞之，寤，口余香气。及产，红光满室。自是夜数有光起，邻里望见，惊以为火，辄奔救，至则无有。比长，姿貌雄杰，奇骨贯顶。志意廓然，人莫能测。

至正四年，旱蝗，大饥疫。太祖时年十七，父、母、兄相继殁，贫不克葬。里人刘继祖与之地，乃克葬，即凤阳陵也。太祖孤无所依，乃入皇觉寺为僧。逾月，游食合肥。道病，二紫衣人与俱，护视甚至。病已，失所在。凡历光、固、汝、颍诸州三年，复还寺。当是时，元政不纲，盗贼四起。刘福通奉韩山童假宋后起颍，徐寿辉僭帝号起蕲，李二、彭大、赵均用起徐，众各数万，并置将帅，杀吏，侵略郡县，而方国珍已先起海上。他盗拥兵据地，寇掠甚众。天下大乱。

十二年春二月，定远人郭子兴与其党孙德崖等起兵濠州。元将彻里不花惮不敢攻，而日俘良民以邀赏。太祖时年二十四，谋避兵，卜于神，去留皆不吉。乃曰："得毋当举大事乎？"卜之，吉，大喜，遂以闰三月甲戌朔入濠见子兴。子兴奇其状貌，留为亲兵。战辄胜，遂妻以所抚马公女，即高皇后也。子兴与德崖龃龉，太祖屡调护之。秋九月，元兵复徐州，李二走死，彭大、赵均用奔濠，德崖等纳之。子兴礼大而易均用，均用怨之。德崖遂与谋，伺子兴出，执而械诸孙氏，将杀之。太祖方在淮北，闻难驰至，诉于彭大。大怒，呼兵以行，太祖亦甲而拥盾，发屋出子兴，破械，使人负以归，遂免。是冬，元将贾鲁围濠。太祖与子兴力拒之。

十三年春，贾鲁死，围解。太祖收里中兵，得七百人。子兴喜，署为镇抚。时彭、赵所部暴横，子兴弱，太祖度无足与共事，乃以兵属他将，独与徐达、汤和、费聚等南略定远。计降驴牌寨民兵三千，与俱东。夜袭元将张知院于横涧山，收其卒二万。道遇定远人李善长，与语，大悦，遂与俱攻滁州，下之。是年，张士诚据高邮，自称诚王。

十四年冬十月，元丞相脱脱大败士诚于高邮，分兵围六合。

太祖曰："六合破，滁且不免。"与耿再成军瓦梁垒，救之。力战，卫老弱还滁。元兵寻大至，攻滁，太祖设伏诱败之。然度元兵势盛且再至，乃还所获马，遣父老具牛酒谢元将曰："守城备他盗耳，奈何舍巨寇戮良民？"元兵引去，城赖以完。脱脱既破士诚，军声大振，会中谗，遽解兵柄，江淮乱益炽。

十五年春正月，子兴用太祖计，遣张天祐等拔和州，檄太祖总其军。太祖虑诸将不相下，秘其檄，期旦日会厅事。时席尚右，诸将先入，皆踞右。太祖故后至，就左。比视事，剖决如流，众瞠目不能发一语，始稍稍屈。议分工葺城，期三日。太祖工竣，诸将皆后。于是始出檄，南面坐曰："奉命总诸公兵，今葺城皆后期，如军法何？"诸将皆惶恐谢。乃搜军中所掠妇女纵还家，民大悦。元兵十万攻和，拒守三月，食且尽，而太子秃坚、枢密副使绊住马、民兵元帅陈野先分屯新塘、高望、鸡笼山以绝饷道。太祖率众破之，元兵皆走渡江。三月，郭子兴卒。时刘福通迎立韩山童子林儿于亳，国号宋，建元龙凤。檄子兴子天叙为都元帅，张天祐、太祖为左右副元帅。太祖慨然曰："大丈夫宁能受制于人耶？"遂不受。然念林儿势盛，可倚藉，乃用其年号以令军中。

夏四月，常遇春来归。五月，太祖谋渡江，无舟。会巢湖帅廖永安、俞通海以水军千艘来附，太祖大喜，往抚其众。而元中丞蛮子海牙扼铜城闸、马场河诸隘，巢湖舟师不得出。忽大雨，太祖喜曰："天助我也！"遂乘水涨，从小港纵舟还。因击海牙于

321

峪溪口，大败之，遂定计渡江。诸将请直趋集庆。太祖曰："取集庆必自采石始。采石重镇，守必固，牛渚前临大江，彼难为备，可必克也。"六月乙卯，乘风引帆，直达牛渚。常遇春先登，拔之。采石兵亦溃。缘江诸垒悉附。诸将以和州饥，争取资粮谋归。太祖谓徐达曰："渡江幸捷，若舍而归，江东非吾有也。"乃悉断舟缆，放急流中，谓诸将曰："太平甚近，当与公等取之。"遂乘胜拔太平，执万户纳哈出。总管靳义赴水死，太祖曰："义士也。"礼葬之。揭榜禁剽掠。有卒违令，斩以徇，军中肃然。改路曰府。置太平兴国翼元帅府，自领元帅事，召陶安参幕府事，李习为知府。时太平四面皆元兵。右丞阿鲁灰、中丞蛮子海牙等严师截姑孰口，陈野先水军帅康茂才以数万众攻城。太祖遣徐达、邓愈、汤和逆战，别将潜出其后，夹击之，擒野先，并降其众，阿鲁灰等引去。秋九月，郭天叙、张天祐攻集庆，野先叛，二人皆战死，于是子兴部将尽归太祖矣。野先寻为民兵所杀，从子兆先收其众，屯方山，与海牙掎角以窥太平。冬十二月壬子，释纳哈出北归。

十六年春二月丙子，大破海牙于采石。三月癸未，进攻集庆，擒兆先，降其众三万六千人，皆疑惧不自保。太祖择骁健者五百人入卫，解甲酣寝达旦，众心始安。庚寅，再败元兵于蒋山。元御史大夫福寿力战死之，蛮子海牙遁归张士诚，康茂才降。太祖入城，悉召官吏父老谕之曰："元政渎扰，干戈蜂起，我来为民除乱耳，其各安堵如故。贤士吾礼用之，旧政不便者除之，吏毋贪暴殄吾民。"民乃大喜过望。改集庆路为应天府,辟夏煜、孙炎、杨宪等十余人,葬御史大夫福寿,以旌其忠。

当是时,元将定定扼镇江,别不华、杨仲英屯宁国,青衣军张明鉴据扬州,八思尔不花驻徽州,石抹宜孙守处州,其弟厚孙守婺州,宋伯颜不花守衢州,而池州已为徐寿辉将所据,张士诚自淮东陷平江,转掠浙西。太祖既定集庆,虑士诚、寿辉强,江左、浙右诸郡为所并,于是遣徐达攻镇江,拔之,定定战死。夏六月,邓愈克广德。

秋七月己卯,诸将奉太祖为吴国公。置江南行中书省,自总省事,置僚佐。贻书张士诚,士诚不报,引兵攻镇江。徐达败之,进围常州,不下。九月戊寅,如镇江,谒孔子庙。遣儒士告谕父老,劝农桑,寻还应天。

十七年春二月,耿炳文克长兴。三月,徐达克常州。夏四月丁卯,自将攻宁国,取之,别不华降。五月,上元、宁国、句容献瑞麦。六月,赵继祖克江阴。秋七月,徐达克常熟;胡大海克徽州,八思尔不花遁。冬十月,常遇春克池州,缪大亨克扬州,张明鉴降。十二月己丑,释囚。是年,徐寿辉将明玉珍据重庆路。

十八年春二月乙亥,以康茂才为营田使。三月己酉,录囚。邓愈克建德路。夏四月,徐寿辉将陈友谅遣赵普胜陷池州。是月,友谅据龙兴路。五月,刘福通破汴梁,迎韩林儿都之。初,福通遣将分道四出,破山东,寇秦晋,掠幽蓟,中原大乱,太祖故得次第略定江表。所过不杀，收召才隽，由是人心日附。冬十二月，胡大海攻婺州，久不下，太祖自将往击之。石抹宜孙遣将率车师由松溪来援，太祖曰："道狭，车战适取败耳。"命胡德济迎战于梅花门，大破之，婺州降，执厚孙。先一日，城中人望见城西五色云如车盖，以为异，及是乃知为太祖驻兵地。入城，发粟振贫民，改州为宁越府。辟范祖干、叶仪、许元等十三人分直讲经史。戊子，遣使招谕方国珍。

十九年春正月乙巳，太祖谋取浙东未下诸路。戒诸将曰："克城以武，戡乱以仁。吾比入集庆，秋毫无犯，故一举而定。每闻诸将得一城不妄杀，辄喜不自胜。夫师行如火，不戢将燎原。为将能以不杀为武，岂惟国家之利，子孙实受其福。"庚申，胡大海克诸暨。是月，命宁越知府王宗显立郡学。三月甲午，赦大逆以下。丁巳，方国珍以温、台、庆元来献，遣其子关为质，不受。夏四月，俞通海等复池州。时耿炳文守长兴，吴良守江阴，汤和守常州，皆数败士诚兵。太祖以故久留宁越，徇浙东。六月壬戌，还应天。秋八月，元察罕帖木儿复汴梁，福通以林儿退保安丰。九月，常遇春克衢州，擒宋伯颜不花。冬十月，遣夏煜授方国珍行省平章，国珍以疾辞。十一月壬寅，胡大海克处州，石抹宜孙遁。时元守兵单弱，且闻中原乱，人心离散，以故江左、浙右诸郡，兵至皆下，遂西与友谅邻。

二十年春二月，元福建行省参政袁天禄以福宁降。三月戊子，征刘基、宋濂、章溢、叶琛至。夏五月，徐达、常遇春败陈友谅于池州。闰月丙辰，友谅陷太平，守将朱文逊，院判花云、王鼎，知府许瑗死之。未几，友谅弑其主徐寿辉，自称皇帝，国号汉，尽有江西、湖广地，约士诚合攻应天，应天大震。诸将议先复太平以牵之，太祖曰："不可。彼居上游，舟师十倍于我，猝难复也。"或请自将迎击，太祖曰："不可。彼以偏师缀我，而全军趋金陵，顺流半日可达，吾步骑急难引还，百里趋战，兵法所忌，非策也。"乃驰谕胡大海捣信州牵其后，而令康茂才以书绐友谅，令速来。友谅果引兵东。于是常遇春伏石灰山，徐达阵南门外，杨璟屯大胜港，张德胜等以舟师出龙江关，太祖亲督军卢龙山。乙丑，友谅至龙湾，众欲战，太祖曰："天且雨，趣食，乘雨击之。"须臾，果大雨，士卒竞奋，雨止合战，水陆夹击，大破之，友谅乘别舸走。遂复太平，下安庆，而大海亦克信州。初，太祖令茂才绐友谅，李善长以为疑。太祖曰："二寇合，吾首尾受敌，惟速其来而先破之，则士诚胆落矣。"已而士诚兵竟不出。丁卯，置儒学提举司，以宋濂为提举，遣子标受经学。六月，耿再成败石抹宜孙于庆元，宜孙战死，遣使祭之。秋九月，徐寿辉旧将欧普祥以袁州降。冬十二月，复遣夏煜以书谕国珍。

二十一年春二月甲申，立盐茶课。己亥，置宝源局。三月丁丑，改枢密院为大都督府。元将薛显以泗州降。戊寅，国珍遣使来谢，饰金玉马鞍以献。却之曰："今有事四方，所需者人材，所用者粟帛，宝玩非所好也。"秋七月，友谅将张定边陷安庆。八月，遣使于元平章察罕帖木儿。时察罕平山东，降田丰，军声大振，故太祖与通好。会察罕方攻益都未下，太祖乃自将舟师征陈友谅。戊戌，克安庆，友谅将丁普郎、傅友德迎降。壬寅，次湖口，追败友谅于江州，克其城，友谅奔武昌。分徇南康、建昌、饶、蕲、黄、广济，皆下。冬十一月己未，克抚州。

二十二年春正月，友谅江西行省丞相胡廷瑞以龙兴降。乙卯，如龙兴，改为洪都府。谒孔子庙。告谕父老，除陈氏苛政，罢诸军需，存恤贫无告者，民大悦。袁、瑞、临江、吉安相继下。二月，还应天。邓愈留守洪都。癸未，降人蒋英杀金华守将胡大海，郎中王恺死之，英叛降张士诚。处州降人李祐之闻变，亦杀行枢密院判耿再成反，都事孙炎、知府王道同、元帅朱文刚死之。三月癸亥，降人祝宗、康泰反，陷洪都，邓愈走应天，知府叶琛、都事万思诚死之。是月，明玉珍称帝于重庆，国号夏。夏四月己卯，邵荣复处州。甲午，徐达复洪都。五月丙午，朱文正、赵德胜、邓愈镇洪都。六月戊寅，察罕以书来报，留我使人不遣。察罕寻为田丰所杀。秋七月丙辰，平章邵荣、参政赵继祖谋逆，伏诛。冬十二月，元遣尚书张昶航海至庆元，授太祖江西行省平章政事，不受。察罕子扩廓帖木儿致书归使者。

二十三年春正月丙寅，遣汪河报之。二月壬申，命将士屯田积谷。是月，友谅将张定边陷饶州。士诚将吕珍破安丰，杀刘福

326

通。三月辛丑，太祖自将救安丰，珍败走，以韩林儿归滁州，乃还应天。夏四月壬戌，友谅大举兵围洪都。乙丑，诸全守将谢再兴叛，附于士诚。五月，筑礼贤馆。友谅分兵陷吉安，参政刘齐、知府朱叔华死之。陷临江，同知赵天麟死之。陷无为州，知州董曾死之。秋七月癸酉，太祖自将救洪都。癸未，次湖口，先伏兵泾江口及南湖觜，遏友谅归路，檄信州兵守武阳渡。友谅闻太祖至，解围，逆战于鄱阳湖。友谅兵号六十万，联巨舟为阵，楼橹高十余丈，绵亘数十里，旌旗戈盾，望之如山。丁亥，遇于康郎山，太祖分军十一队以御之。戊子，合战，徐达击其前锋，俞通海以火炮焚其舟数十，杀伤略相当。友谅骁将张定边直犯太祖舟，舟胶于沙，不得退，危甚。常遇春从旁射中定边，通海复来援，舟骤进，水涌太祖舟，乃得脱。己丑，友谅悉巨舰出战，诸将舟小，仰攻不利，有怖色。太祖亲麾之，不前，斩退缩者十余人，人皆殊死战。会日晡，大风起东北，乃命敢死士操七舟，实火药芦苇中，纵火焚友谅舟。风烈火炽，烟焰涨天，湖水尽赤。友谅兵大乱，诸将鼓噪乘之，斩首二千余级，焚溺死者无算，友谅气夺。辛卯，复战，友谅复大败。于是敛舟自守，不敢更战。壬辰，太祖移军扼左蠡，友谅亦退保渚矶。相持三日，其左、右二金吾将军皆降。友谅势益蹙，忿甚，尽杀所获将士。而太祖则悉还所俘，伤者傅以善药，且祭其亲戚诸将阵亡者。八月壬戌，友谅食尽，趋南湖觜，为南湖军所遏，遂突湖口。太祖邀之，顺流搏战，

327

及于泾江。泾江军复遮击之，友谅中流矢死。张定边以其子理奔武昌。九月，还应天，论功行赏。先是，太祖救安丰，刘基谏不听。至是，谓基曰："我不当有安丰之行。使友谅乘虚直捣应天，大事去矣。乃顿兵南昌，不亡何待。友谅亡，天下不难定也。"壬午，自将征陈理。是月，张士诚自称吴王。冬十月壬寅，围武昌，分徇湖北诸路，皆下。十二月丙申，还应天，常遇春留督诸军。

二十四年春正月丙寅朔，李善长等率群臣劝进，不允。固请，乃即吴王位。建百官。以善长为右相国，徐达为左相国，常遇春、俞通海为平章政事。谕之曰："立国之初，当先正纪纲。元氏暗弱，威福下移，驯至于乱，今宜鉴之。"立子标为世子。二月乙未，复自将征武昌，陈理降，汉、沔、荆、岳皆下。三月乙丑，还应天。丁卯，置起居注。庚午，罢诸翼元帅府，置十七卫亲军指挥使司，命中书省辟文武人材。夏四月，建祠，祀死事丁普郎等于康郎山，赵德胜等于南昌。秋七月丁丑，徐达克庐州。戊寅，常遇春徇江西。八月戊戌，复吉安，遂围赣州。达徇荆、湘诸路。九月甲申，下江陵，夷陵、潭、归皆降。冬十二月庚寅，达克辰州，遣别将下衡州。

二十五年春正月己巳，徐达下宝庆，湖湘平。常遇春克赣州，熊天瑞降。遂趋南安，招谕岭南诸路，下韶州、南雄。甲申，如南昌，执大都督朱文正以归，数其罪，安置桐城。二月己丑，福建行省平章陈友定侵处州，参军胡深击败之，遂下浦城。丙午，

328

士诚将李伯升攻诸全之新城，李文忠大败之。夏四月庚寅，常遇春徇襄、汉诸路。五月乙亥，克安陆。己卯，下襄阳。六月壬子，朱亮祖、胡深攻建宁，战于城下，深被执，死之。秋七月，令从渡江士卒被创废疾者养之，死者赡其妻子。九月丙辰，建国子学。冬十月戊戌，下令讨张士诚。是时，士诚所据，南至绍兴，北有通、泰、高邮、淮安、濠、泗，又北至于济宁。乃命徐达、常遇春等先规取淮东。闰月，围泰州，克之。十一月，张士诚寇宜兴，徐达击败之，遂自宜兴还攻高邮。

二十六年春正月癸未，士诚窥江阴。太祖自将救之，士诚遁，康茂才追败之于浮子门。太祖还应天。二月，明玉珍死，子升自立。三月丙申，令中书严选举。徐达克高邮。夏四月乙卯，袭破士诚将徐义水军于淮安，义遁，梅思祖以城降。濠、徐、宿三州相继下，淮东平。甲子，如濠州省墓，置守冢二十家，赐故人汪文、刘英粟帛。置酒召父老饮，极欢，曰："吾去乡十有余年，艰难百战，乃得归省坟墓，与父老子弟复相见。今苦不得久留欢聚为乐。父老幸教子弟孝弟力田，毋远贾，滨淮郡县尚苦寇掠，父老善自爱。"令有司除租赋，皆顿首谢。辛未，徐达克安丰，分兵败扩廓于徐州。夏五月壬午，至自濠。庚寅，求遗书。秋八月庚戌，改筑应天城，作新宫钟山之阳。辛亥，命徐达为大将军，常遇春为副将军，帅师二十万讨张士诚。御戟门誓师曰："城下之日，毋杀掠，毋毁庐舍，毋发丘垄。士诚母葬平江城外，毋侵毁。"既而召问达、遇春，用兵当何先。遇春欲直捣平江。太祖曰："湖州张天骐、杭州潘原明为士诚臂指，平江穷蹙，两人悉力赴援，难以取胜。不若先攻湖州，使疲于奔命。羽翼既披，平江势孤，立破矣。"甲戌，败张天骐于湖州，士诚亲率兵来援，复败之于皂林。九月乙未，李文忠攻杭州。冬十月壬子，遇春败士诚兵于乌镇。十一月甲申，张天骐降。辛卯，李文忠下余杭，潘原明降，旁郡悉下。癸卯，围平江。十二月，韩林儿卒。以明年为吴元年，建庙社宫室，祭告山川。所司进宫殿图，命去雕琢奇丽者。是岁，元扩廓帖木儿与李思齐、张良弼构怨，屡相攻击，朝命不行，中原民益困。

二十七年春正月戊戌，谕中书省曰："东南久罹兵革，民生凋敝，吾甚悯之。且太平、应天诸郡，吾渡江开创地，供亿烦劳久矣。今比户空虚，有司急催科，重困吾民，将何以堪。其赐太平田租二年，应天、镇江、宁国、广德各一年。"二月丁未，傅友德败扩廓将李二于徐州，执之。三月丁丑，始设文武科取士。夏四月，方国珍阴遣人通扩廓及陈友定，移书责之。五月己亥，初置翰林院。是月，以旱减膳素食，复徐、宿、濠、泗、寿、邳、东海、安东、襄阳、安陆及新附地田租三年。六月戊辰，大雨，群臣请复膳。太祖曰："虽雨，伤禾已多，其赐民今年田租。"癸酉，命朝贺罢女乐。秋七月丙子，给府州县官之任费，赐绮帛，及其父母妻长子有差，著为令。己丑，雷震宫门兽吻，赦罪囚。庚寅，遣使责方国珍贡粮。八月癸丑，圜丘、方丘、社稷坛成。九月甲戌，太庙成。朱亮祖帅师讨国珍。戊寅，诏曰："先王之政，罪不及孥。自今除大逆不道，毋连坐。"辛巳，徐达克平江，执士诚，吴地平。戊戌，遣使致书于元主，送其宗室神保大王等北还。辛丑，论平吴功，封李善长宣国公，徐达信国公，常遇春鄂国公，将士赐赉有差。朱亮祖克台州。癸卯，新宫成。

冬十月甲辰，遣起居注吴琳、魏观以币求遗贤于四方。丙午，令百官礼仪尚左。改李善长左相国，徐达右相国。辛亥，祀元臣余阙于安庆，李黼于江州。壬子，置御史台。癸丑，汤和为征南将军，吴祯副之，讨国珍。甲寅，定律令。戊午，正郊社、太庙雅乐。

庚申，召诸将议北征。太祖曰："山东则王宣反侧，河南则扩廓跋扈，关陇则李思齐、张思道枭张猜忌，元祚将亡，中原涂炭。今将北伐，拯生民于水火，何以决胜？"遇春对曰："以我百战之师，敌彼久逸之卒，直捣元都，破竹之势也。"太祖曰："元建国百年，守备必固，悬军深入，馈饷不前，援兵四集，危道也。吾欲先取山东，撤彼屏蔽，移兵两河，破其藩篱，拔潼关而守之，扼其户槛。天下形胜入我掌握，然后进兵，元都势孤援绝，不战自克。鼓行而西，云中、九原、关陇可席卷也。"诸将皆曰善。

甲子，徐达为征虏大将军，常遇春为副将军，帅师二十五万，由淮入河，北取中原。胡廷瑞为征南将军，何文辉为副将军，取

331

福建。湖广行省平章杨璟、左丞周德兴、参政张彬取广西。己巳，朱亮祖克温州。十一月辛巳，汤和克庆元，方国珍遁入海。壬午，徐达克沂州，斩王宣。己丑，廖永忠为征南副将军，自海道会和讨国珍。乙未，颁《大统历》。辛丑，徐达克益都。十二月甲辰，颁律令。丁未，方国珍降，浙东平。张兴祖下东平，兖东州县相继降。己酉，徐达下济南。胡廷瑞下邵武。癸丑，李善长帅百官劝进，表三上，乃许。甲子，告于上帝。庚午，汤和、廖永忠由海道克福州。

洪武元年春正月乙亥，祀天地于南郊，即皇帝位。定有天下之号曰明，建元洪武。追尊高祖考曰玄皇帝，庙号德祖，曾祖考曰恒皇帝，庙号懿祖；祖考曰裕皇帝，庙号熙祖，皇考曰淳皇帝，庙号仁祖；妣皆皇后。立妃马氏为皇后，世子标为皇太子。以李善长、徐达为左、右丞相，诸功臣进爵有差。丙子，颁即位诏于天下。追封皇伯考以下皆为王。辛巳，李善长、徐达等兼东宫官。甲申，遣使核浙西田赋。壬辰，胡廷瑞克建宁。庚子，邓愈为征戍将军，略南阳以北州郡。汤和克延平，执元平章陈友定，福建平。是月，天下府州县官来朝。谕曰："天下始定，民财力俱困，要在休养安息，惟廉者能约己而利人，勉之。"二月壬寅，定郊社宗庙礼，岁必亲祀，以为常。癸卯，汤和提督海运。廖永忠为征南将军，朱亮祖副之，由海道取广东。丁未，以太牢祀先师孔子于国学。戊申，祀社稷。壬子，诏衣冠如唐制。癸丑，常遇春克东昌，山东平。甲寅，杨璟克宝庆。三月辛未，诏儒臣修女诫，戒后妃毋预政。壬申，周德兴克全州。丁酉，邓愈克南阳。己亥，徐达徇汴梁，左君弼降。夏四月辛丑，蕲州进竹簟，却之，命四方毋妄献。廖永忠师至广州，元守臣何真降，广东平。丁未，祫享太庙。戊申，徐达、常遇春大破元兵于洛水北，遂围河南。梁王阿鲁温降，河南平。丁巳，杨璟克永州。甲子，幸汴梁。丙寅，冯胜克潼关，李思齐、张思道遁。五月己卯，廖永忠下梧州，浔、贵、容、郁林诸州皆降。辛卯，改汴梁路为开封府。六月庚子，徐达朝行在。甲辰，海南、海北诸道降。壬戌，杨璟、朱亮祖克靖江。秋七月戊子，廖永忠下象州，广西平。庚寅，振恤中原贫民。辛卯，将还应天，谕达等曰："中原之民，久为群雄所苦，流离相望，故命将北征，拯民水火。元祖宗功德在人，其子孙罔恤民隐，天厌弃之。君则有罪，民复何辜。前代革命之际，肆行屠戮，违天虐民，朕实不忍。诸将克城，毋肆焚掠妄杀人，元之宗戚，咸俾保全。庶几上答天心，下慰人望，以副朕伐罪安民之意。不恭命者，罚无赦。"丙申，命冯胜留守开封。闰月丁未，至自开封。己酉，徐达会诸将兵于临清。壬子，常遇春克德州。丙寅，克通州，元帝趋上都。是月，征天下贤才为守令。免吴江、庆德、太平、宁国、滁、和被灾田租。八月己巳，以应天为南京，开封为北京。庚午，徐达入元都，封府库图籍，守宫门，禁士卒侵暴，遣将巡古北口诸隘。壬申，以京师火，四方水旱，诏中书省集议便民事。丁丑，定六部官制。御史中丞刘基致仕。己卯，赦殊死以下。将士从征者恤其家，逋逃许自首。新克州郡毋妄杀。输赋道远者，官为转运，灾荒以实闻。免镇江租税。避乱民复业者，听垦荒地，复三年。衍圣公袭封及授曲阜知县，并如前代制。有司以礼聘致贤士，学校毋事虚文。平刑，毋非时决囚。除书籍田器税，民间逋负免征。蒙古、色目人有才能者，许擢用。鳏寡孤独废疾者，存恤之。民年七十以上，一子复。他利害当兴革不在诏内者，有司具以闻。壬午，幸北京。改大都路曰北平府。征元故臣。癸未，诏徐达、常遇春取山西。甲午，放元官人。九月癸亥，诏曰："天下之治，天下之贤共理之。今贤士多隐岩穴，岂有司失于敦劝欤，朝廷疏于礼待欤？抑朕寡昧不足致贤，将在位者壅蔽使不上达欤？不然，贤士大夫，幼学壮行，岂甘没世而已哉。天下甫定，朕愿与诸儒讲明治道。有能辅朕济民者，有司礼遣。"乙丑，常遇春下保定，遂下真定。冬十月庚午，冯胜、汤和下怀庆，泽、潞相继下。丁丑，至自北京。戊寅，以元都平，诏天下。十一月己亥，遣使分行天下，访求贤才。庚子，始祀上帝于圜丘。癸亥，诏刘基还。十二月丁卯，徐达克太原，扩廓帖木儿走甘肃，山西平。己巳，置登闻鼓。壬辰，以书谕明升。

二年春正月乙巳，立功臣庙于鸡笼山。丁未，享太庙。庚戌，诏曰："朕淮右布衣，因天下乱，率众渡江，保民图治，今十有五年。荷天眷祐，悉皆戡定。用是命将北征，齐鲁之民，馈粮给军，不惮千里。朕轸厥劳，已免元年田租。遭旱民未苏，其更赐一年。顷者大军平燕都，下晋、冀，民被兵燹，困征敛，北平、燕南、河东、山西今年田租亦与蠲免。河南诸郡归附，久欲惠之，西北未平，师过其地，是以未遑。今晋、冀平矣，西抵潼关，北界大河，南至唐、邓、光、息，今年税粮悉除之。"又诏曰："应天、太平、镇江、宣城、广德供亿浩穰。去岁蠲租，遇旱惠不及下。其再免诸郡及无为州今年租税。"庚申，常遇春取大同。是月，倭寇山东滨海郡县。二月丙寅朔，诏修元史。壬午，耕藉田。三月庚子，徐达至奉元，张思道遁。振陕西饥，户米三石。丙午，常遇春至凤翔，李思齐奔临洮。夏四月丙寅，遇春还师北平。己巳，诸王子受经于博士孔克仁。令功臣子弟入学。乙亥，编《祖训录》，定封建诸王之制。徐达下巩昌。丙子，赐秦、陇新附州县税粮。丁丑，冯胜至临洮，李思齐降。乙酉，徐达袭破元豫王于西宁。五月甲午朔，日有食之。丁酉，徐达下平凉、延安。张良臣以庆阳降，寻叛。癸卯，始祀地于方丘。六月己卯，常遇春克开平，元帝北走。壬午，封陈日煃为安南国王。秋七月己亥，鄂国公常遇春卒于军，诏李文忠领其众。辛亥，扩廓帖木儿遣将破原州、泾州。辛酉，冯胜击走之。丙辰，明升遣使来。八月丙寅，元兵攻大同，李文忠击败之。己巳，定内侍官制。谕吏部曰："内臣但备使令，毋多人，古来若辈擅权，可为鉴戒。驭之之道，当使之畏法，勿令有功，有功则骄恣矣。"癸酉，《元史》成。丙子，

335

封王颛为高丽国王。癸未，徐达克庆阳，斩张良臣，陕西平。是月，命儒臣纂礼书。九月辛丑，召徐达、汤和还，冯胜留总军事。癸卯，以临濠为中都。戊午，征南师还。冬十月壬戌，遣杨璟谕明升。甲戌，甘露降于钟山，群臣请告庙，不许。辛卯，诏天下郡县立学。是月，遣使赍元帝书。十一月乙巳，祀上帝于圜丘，以仁祖配。十二月甲戌，封阿答阿者为占城国王。甲申，振西安诸府饥，户米二石。己丑，大赉平定中原及征南将士。庚寅，扩廓帖木儿攻兰州，指挥于光死之。是年，占城、安南、高丽入贡。

三年春正月癸巳，徐达为征虏大将军，李文忠、冯胜、邓愈、汤和副之，分道北征。二月癸未，追封郭子兴滁阳王。戊子，诏求贤才可任六部者。是月，李文忠下兴和，进兵察罕脑儿，执元平章竹贞。三月庚寅，免南畿、河南、山东、北平、浙东、江西广信、饶州今年田租。夏四月乙丑，封皇子樉为秦王，㭎晋王，棣燕王，橚吴王，桢楚王，槫齐王，梓潭王，杞赵王，檀鲁王，从孙守谦靖江王。徐达大破扩廓帖木儿于沈儿峪，尽降其众，扩廓走和林。丙戌，元帝崩于应昌，子爱猷识理达腊嗣。是月，慈利土官覃垕作乱。五月己丑，徐达取兴元。分遣邓愈招谕吐蕃。丁酉，诏守令举学识笃行之士。己亥，设科取士。甲辰，李文忠克应昌。元嗣君北走，获其子买的里八剌，降五万余人，穷追至北庆州，不及而还。丁未，诏行大射礼。戊申，祀地于方丘，以仁祖配。辛亥，徐达下兴元。邓愈克河州。丁巳，诏开国时将帅无嗣者禄其家。是月旱，斋戒，后妃亲执爨，皇太子诸王馈于斋所。六月戊午朔，素服草屦，步祷山川坛，露宿凡三日，还斋于西庑。辛酉，赉将士，省狱囚，命有司访求通经术明治道者。壬戌，大雨。壬申，李文忠捷奏至，命仕元者勿贺。谥元主曰顺帝。癸酉，买的里八刺至京师，群臣请献俘。帝曰："武王伐殷用之乎？"省臣以唐太宗尝行之对。帝曰："太宗是待王世充耳。若遇隋之子孙，恐不尔也。"遂不许。又以捷奏多侈辞，谓宰相曰："元主中国百年，朕与卿等父母皆赖其生养，奈何为此浮薄之言？亟改之。"乙亥，封买的里八刺为崇礼侯。丙子，告捷于南郊。丁丑，告太庙，诏示天下。辛巳，徙苏州、松江、嘉兴、湖州、杭州民无业者田临濠，给资粮牛种，复三年。是月，倭寇山东、浙江、福建滨海州县。秋七月丙辰，明升将吴友仁寇汉中，参政傅友德击却之。中书左丞杨宪有罪诛。八月乙酉，遣使瘗中原遗骸。冬十月丙辰，诏儒士更直午门，为武臣讲经史。癸亥，周德兴为征南将军，讨覃垕，垕遁。辛巳，贻元嗣君书。十一月壬辰，北征师还。甲午，告武成于郊庙。丙申，大封功臣。进李善长韩国公，徐达魏国公，封李文忠曹国公，冯胜宋国公，邓愈卫国公，常遇春子茂郑国公，汤和等侯者二十八人。己亥，设坛亲祭战没将士。庚戌，有事于圜丘。辛亥，诏户部置户籍、户帖，岁计登耗以闻，著为令。乙卯，封中书右丞汪广洋忠勤伯，御史中丞刘基诚意伯。十二月癸亥，复贻元嗣君书，并谕和林诸部。甲子，建奉先殿。庚午，遣使祭历代帝王陵寝，并加修葺。己卯，赐勋臣田。壬午，以正月至是月，日中屡有黑子，诏廷臣言得失。是年，占城、爪哇、西洋入贡。

四年春正月丙戌，李善长罢，汪广洋为右丞相。丁亥，中山侯汤和为征西将军，江夏侯周德兴、德庆侯廖永忠副之，率舟师由瞿塘，颍川侯傅友德为征虏前将军，济宁侯顾时副之，率步骑由秦陇伐蜀。魏国公徐达练兵北平。戊子，卫国公邓愈督饷给征蜀军。庚寅，建郊庙于中都。丁未，诏设科取士，连举三年，嗣后三年一举。戊申，免山西旱灾田租。二月甲戌，幸中都。壬午，至自中都。元平章刘益以辽东降。是月，蠲太平、镇江、宁国田租。三月乙酉朔，始策试天下贡士，赐吴伯宗等进士及第、出身有差。乙巳，徙山后民万七千户屯北平。丁未，诚意伯刘基致仕。夏四月丙戌，傅友德克阶州，文、隆、绵三州相继下。五月，免江西、浙江秋粮。六月壬午，傅友德克汉州。辛卯，廖永忠克夔州。戊戌，明升将丁世贞破文州，守将朱显忠死之。癸卯，汤和至重庆，明升降。戊申，倭寇胶州。是月，徙山后民三万五千户于内地，又徙沙漠遗民三万二千户屯田北平。秋七月辛亥，徐达练兵山西。辛酉，傅友德下成都，四川平。乙丑，明升至京师，封归义侯。八月甲午，免中都、淮、扬及泰、滁、无为田租。己酉，振陕西饥。是月，高州海寇乱，通判王名善死之。九月庚戌朔，日有食之。冬十月丙申，征蜀师还。十一月丙辰，有事于圜丘。庚申，命官吏犯赃者罪勿贷。是月，免陕西、河南被灾田租。十二月，徐达还。是年，安南、浡泥、高丽、三佛齐、暹罗、日本、真腊入贡。

五年春正月癸丑，待制王祎使云南，诏谕元梁王把匝剌瓦尔密。祎至，不屈死。乙丑，徙陈理、明升于高丽。甲戌，魏国公徐达为征虏大将军，出雁门，趋和林，曹国公李文忠为左副将军，出应昌，宋国公冯胜为征西将军，取甘肃，征扩廓帖木儿。靖海侯吴祯督海运，饷辽东。卫国公邓愈为征南将军，江夏侯周德兴、江阴侯吴良副之，分道讨湖南、广西洞蛮。二月丙戌，安南陈叔明弑其主日熞自立，遣使入贡，却之。三月丁卯，都督佥事蓝玉败扩廓于土剌河。夏四月己卯，振济南、莱州饥。戊戌，始行乡饮酒礼。庚子，邓愈平散毛诸洞蛮。五月壬子，徐达及元兵战于岭北，败绩。是月，诏曰："天下大定，礼仪风俗不可不正。诸遭乱为人奴隶者复为民。冻馁者里中富室假贷之，孤寡残疾者官养之，毋失所。乡党论齿，相见揖拜，毋违礼。婚姻毋论财。丧事称家有无，毋惑阴阳拘忌，停枢暴露。流民复业者各就丁力耕种，毋以旧田为限。僧道斋醮杂男女，恣饮食，有司严治之。闽、粤豪家毋阉人子为火者，犯者抵罪。"六月丙子，定宦官禁令。丁丑，定宫官女职之制。戊寅，冯胜克甘肃，追败元兵于瓜、沙州。癸巳，定六部职掌及岁终考绩法。壬寅，吴良平靖州蛮。甲辰，李文忠败元兵于阿鲁浑河，宣宁侯曹良臣战没。乙巳，作铁榜诫功臣。是月，振山东饥，免被灾郡县田租。秋七月丙辰，汤和及元兵战于断头山，败绩。八月丙申，吴良平五开、古州诸蛮。甲辰，元兵犯云内，同知黄理死之。九月戊午，周德兴平婪凤、安田诸蛮。冬十月丁酉，冯胜师还。是月，免应天、太平、镇江、宁国、广德田租。十一月辛酉，有事于圜丘。甲子，征南师还。壬申，纳哈出犯辽东。是月，召徐达、李文忠还。十二月甲戌，诏以农桑学校课有司。辛巳，命百官奏事启皇太子。庚子，邓愈为征西将军，征吐番。壬寅，贻元嗣君书。是年，琐里、占城、高丽、琉球、乌斯藏入贡。高丽贡使再至，谕自后三年一贡。

六年春正月甲寅，谪汪广洋为广东参政。二月乙未，谕暂罢科举，察举贤才。壬寅，命御史及按察使考察有司。三月癸卯朔，日有食之。颁《昭鉴录》，训诫诸王。戊申，太阅。壬子，徐达为征虏大将军，李文忠、冯胜、邓愈、汤和副之，备边山西、北平。甲子，指挥使于显为总兵官，备倭。夏四月己丑，令有司上山川险易图。六月壬午，盱眙献瑞麦，荐宗庙。壬辰，扩廓帖木儿遣兵攻雁门，指挥吴均击却之。是月，免北平、河间、河南、开封、延安、汾州被灾田租。秋七月壬寅，命户部稽渡江以来各省水旱灾伤分数，优恤之。壬子，胡惟庸为右丞相，八月乙亥，诏祀三皇及历代帝王。冬十月辛巳，召徐达、冯胜还。十一月壬子，扩廓帖木儿犯大同，徐达遣将击败之，达仍留镇。甲子，遣兵部尚书刘仁振真定饥。丙寅，冬至，帝不豫，改卜郊。闰月乙亥，录故功臣子孙未嗣者二百九人。壬午，有事于圜丘。庚寅，颁定《大明律》。是年，暹罗、高丽、占城、真腊、三佛齐入贡。命安南陈叔明权知国事。

七年春正月甲戌，都督金事王简、王诚、平章李伯升屯田河南、山东、北平。靖海侯吴祯为总兵官，都督于显副之，巡海捕倭。二月丁酉朔，日有食之。戊午，修曲阜孔子庙，设孔、颜、孟三氏学。是月，平阳、太原、汾州、历城、汲县旱蝗，并免租税。夏四月己亥，都督蓝玉败元兵于白酒泉，遂拔兴和。壬寅，金吾指挥陆龄讨永、道诸州蛮，平之。五月丙子，免真定等四十二府州县被灾田租。辛巳，振苏州饥民三十万户。癸巳，减苏、松、嘉、湖极重田租之半。六月，陕西平凉、延安、靖宁、鄜州雨雹，山西、山东、北平、河南蝗，并蠲田租。秋七月甲子，李文忠破元兵于大宁、高州。壬申，倭寇登、莱。八月甲午朔，祀历代帝王庙。辛丑，诏军士阵殁父母妻子不能自存者，官为存养。百姓避兵离散或客死，遗老幼，并资遣还。远宦卒官，妻子不能归者，有司给舟车资送。庚申，振河间、广平、顺德、真定饥，蠲租税。九月丁丑，遣崇礼侯买的里八剌归，遗元嗣君书。冬十一月壬戌，纳哈出犯辽阳，千户吴寿击走之。辛未，有事于圜丘。十二月戊戌，召邓愈、汤和还。是年，阿难功德国、暹罗、琉球、三佛齐、乌斯藏、撒里、畏兀儿入贡。

八年春正月辛未，增祀鸡笼山功臣庙一百八人。癸酉，命有司察穷民无告者，给屋舍衣食。辛巳，邓愈、汤和等十三人屯戍北平、陕西、河南。丁亥，诏天下立社学。是月，河决开封，发民夫塞之。二月甲午，宥杂犯死罪以下及官犯私罪者，谪凤阳输作屯种赎罪。癸丑，耕耤田。召徐达、李文忠、冯胜还，傅友德等留镇北平。三月辛酉，立钞法。辛巳，罢宝源局铸钱。夏四月辛卯，幸中都。丁巳，至自中都。免彰德、大名、临洮、平凉、河州被灾田租。罢营中都。致仕诚意伯刘基卒。五月己巳，永嘉侯朱亮祖偕傅友德镇北平。六月壬寅，指挥同知胡汝平贵州蛮。秋七月己未朔，日有食之。辛酉，改作太庙。壬戌，召傅友德、朱亮祖还，李文忠、顾时镇山西、北平。戊辰，诏百官奔父母丧不俟报。京师地震。丁丑，免应天、太平、宁国镇江及蕲、黄诸府被灾田租。八月己酉，元扩廓帖木儿卒。冬十月丁亥，诏举富民素行端洁达时务者。壬子，命皇太子诸王讲武中都。十一月丁丑，有事于圜丘。十二月戊子，京师地震。甲寅，遣使振苏州、湖州、嘉兴、松江、常州、太平、宁国、杭州水灾。是月，纳哈出犯辽东，指挥马云、叶旺大败之。是年，撒里、高丽、占城、暹罗、日本、爪哇、三佛齐入贡。

九年春正月，中山侯汤和，颍川侯傅友德，都督佥事蓝玉、王弼，中书右丞丁玉，备边延安。三月己卯，诏曰："比年西征敦煌，北伐沙漠，军需甲仗，皆资山、陕，又以秦、晋二府宫殿之役，重困吾民。平定以来，闾阎未息。国都始建，土木屡兴。畿辅既极烦劳，外郡疲于转运。今蓄储有余，其淮、扬、安、徽、池五府及山西、陕西、河南、福建、江西、浙江、北平、湖广今年租赋，悉免之。"夏四月庚戌，京师自去年八月不雨，是日始雨。五月癸酉，自庚戌雨，至是日始霁。六月甲午，改行中书省为承宣布政使司。辛丑，李文忠还。秋七月癸丑朔，日有食之。是月，蠲苏、松、嘉、湖水灾田租，振永平旱灾。元将伯颜帖木儿犯延安，傅友德败降之。八月己酉，遣官省历代帝王陵寝，禁刍牧，置守陵户。忠臣烈士祠，有司以时葺治。分遣国子生修岳镇海渎祠。西番朵儿只巴寇罕东，河州指挥宁正击走之。闰九月庚寅，以灾异诏求直言。冬十月己未，太庙成，自是行合享礼。丙子，命秦、晋、燕、吴、楚、齐诸王治兵凤阳。十一月壬午，有事于圜丘。戊子，徙山西及真定民无产者田凤阳。十二月甲寅，振畿内、浙江、湖北水灾。己卯，遣都督同知沐英乘传诣陕西问民疾苦。是年，览邦、琉球、安南、日本、乌斯藏、高丽入贡。

十年春正月辛卯，以羽林等卫军益秦、晋、燕三府护卫。是春，振苏、松、嘉、湖水灾。夏四月己酉，邓愈为征西将军，沐英为副将军，率师讨吐番，大破之。是月，振太平、宁国及宜兴、钱塘诸县水灾。五月庚子，韩国公李善长、曹国公李文忠总中书省、大都督府、御史台，议军国重事。癸卯，振湖广水灾。丙午，户部主事赵乾振荆、蕲迟缓，伏诛。六月丁巳，诏臣民言事者，实封达御前。丙寅，命政事启皇太子裁决奏闻。秋七月甲申，置通政司。是月，始遣御史巡按州县。八月庚戌，改建大祀殿于南郊。癸丑，选武臣子弟读书国子监。九月丙申，振绍兴、金华、衢州水灾。辛丑，胡惟庸为左丞相，汪广洋为右丞相。冬十月戊午，封沐英四平侯。辛酉，赐百官公田。十一月癸未，卫国公邓愈卒。丁亥，合祀天地于奉天殿。是月，免河南、陕西、广东、湖广田租。威茂蛮叛，御史大夫丁玉为平羌将军，讨平之。十二月乙巳朔，日有食之。丁未，录故功臣子孙百百余人，授官有差。是年，占城、三佛齐、暹罗、爪哇、真腊入贡。高丽使五至，以嗣王未立，却之。

十一年春正月甲戌，封皇子椿为蜀王，柏湘王，桂豫王，楧汉王，植卫王。改封吴王橚为周王。己卯，进封汤和信国公。是月，征天下布政使及知府来朝。二月，指挥胡渊平茂州蛮。三月壬午，命奏事毋关白中书省。是月，第来朝官为三等。夏四月，元嗣君爱猷识理达腊殂，子脱古思帖木儿嗣。五月丁酉，存问苏、松、嘉、湖被水灾民，户赐米一石，蠲逋赋六十五万有奇。六月壬子，遣使祭故元嗣君。己巳，五开蛮叛，杀靖州指挥过兴，以辰州指挥杨仲名为总兵官，讨之。秋七月丁丑，振平阳饥。是月，苏、松、扬、台海溢，遣官存恤。八月，免应天、太平、镇江、宁国、广德诸府州秋粮。九月丙申，追封刘继祖为义惠侯。冬十月甲子，大祀殿成。十一月庚午，征西将军西平侯沐英率都督蓝玉、玉弼讨西番。是月，五开蛮平。是年，暹罗、阇婆、高丽、琉球、占城、三佛齐、朵甘、乌斯藏、彭亨、百花入贡。

十二年春正月己卯，始合礼天地于南郊。甲申，洮州十八族番叛，命沐英移兵讨之。丙申，丁玉平松州蛮。二月戊戌，李文忠督理河、岷、临、巩军事。乙巳，诏曰："今春雨雪经旬。天下贫民困于饥寒者多有，其令有司给以钞。"丙寅，信国公汤和率列侯练兵临清。夏五月癸未，蠲北平田租。六月丁卯，都督马云征大宁。秋七月丙辰，丁玉回师讨眉县贼，平之。己未，李文忠还掌大都督府事。八月辛巳，诏凡致仕官复其家，终身无所与。九月己亥，沐英大破西番，擒其部长三副使。冬十一月甲午，沐英班师，封仇成、蓝玉等十二人为侯。庚申，大宁平。十二月，汪广洋贬广南，赐死。徵天下博学老成之士至京师。是年，占城、爪哇、暹罗、日本、安南、高丽入贡。高丽贡黄金百斤、白金万两，以不如约，却之。

十三年春正月戊戌，左丞相胡惟庸谋反，及其党御史大夫陈宁、中丞涂节等伏诛。癸卯，大祀天地于南郊。罢中书省，废丞相等官，更定六部官秩，改大都督府为中、左、右、前、后五军都督府。二月壬戌朔，诏举聪明正直、孝弟力田、贤良方正、文学术数之士。发丹符，验天下金谷之数。戊辰，文武官年六十以上者听致仕，给以诰敕。三月壬辰，减苏、松、嘉、湖重赋十之二。壬寅，燕王棣之国北平。壬子，沐英袭元将脱火赤于亦集乃，擒之，尽降其众。夏四月己丑，命群臣各举所知。五月甲午，雷

345

震谨身殿。乙未，大赦。丙申，释在京及临濠屯田输作者。己亥，免天下田租。吏以过误罢者还其职。壬寅，都督濮英进兵赤斤站，获故元豳王亦怜真及其部曲而还。是月，罢御史台。命从征士卒老疾者许以子代，老而无子及寡妇，有司资遣还。六月丙寅，雷震奉天门，避正殿省愆。丁卯，罢王府工役。丁丑，置谏院官。秋八月，命天下学校师生，日给廪膳。九月辛卯，景川侯曹震、营阳侯杨璟、永城侯恭显屯田北平。乙巳，天寿节，始受群臣朝贺，赐宴于谨身殿，后以为常。丙午，置四辅官，告于太庙。以儒士王本、估佑、龚敩、杜敩、赵民望、吴源为春、夏官。是月，诏陕西卫军以三分之二屯田。安置翰林学士承旨宋濂于茂州，道卒。冬十一月乙未，徐达还。丙午，元平章完者不花、乃儿不花犯永平，指挥刘广战没，千户王辂击败之，擒完者不花。十二月，天下府州县所举士至者八百六十余人，授官有差。南雄侯赵庸镇广东，讨阳春蛮。是年，琉球、日本、安南、占城、真腊、爪哇入贡，日本以无表却之。

十四年春正月戊子，徐达为征虏大将军，汤和、傅友德为左、右副将军，帅师讨乃儿不花。命新授官者各举所知。乙未，大祀天地于南郊。壬子，罢天下岁造兵器。癸丑，命公侯子弟入国学。丙辰，诏求隐逸。二月庚辰，核天下官田。三月丙戌，大赦。辛丑，颁《五经》《四书》于北方学校。夏四月庚午，徐达率诸将出塞，至北黄河，击破元兵，获全宁四部以归。五月，五溪蛮叛，江夏侯周德兴讨平之。秋八月丙子，诏求明经老成之士，有司礼送京师。庚辰，河决原武、祥符、中牟。辛巳，徐达还。九月壬午朔，傅友德为征南将军，蓝玉、沐英为左、右副将军，帅征支南。徐达镇北平。丙午，周德兴移师讨施州蛮，平之。冬十月壬子朔，日有食之。癸丑，命法司录囚，会翰林院给事中及春坊官会议平允以闻。甲寅，免应天、太平、应德、镇江、宁国田租。癸亥，分遣御史录囚。己卯，延安侯唐胜宗帅师讨浙东山寇，平之。十一月壬午，吉安侯陆仲亨镇成都。庚戌，赵庸讨广州海寇，大破之。十二月丁巳，命翰林春坊官考驳诸司章奏。戊辰，傅友德大败元兵于白石江，遂下曲靖。壬申，元梁王把匝剌瓦尔密走普宁自杀。是年，暹罗、安南、爪哇、朵甘、乌斯藏入贡。以安南寇思明，不纳。

十五年春正月辛巳，宴群臣于谨身殿，始用九奏乐。景川侯曹震、定远侯王弼下威楚路。壬午，元曲靖宣慰司及中庆、澄江、武定诸路俱降，云南平。己丑，减大辟囚。乙未，大祀天地于南郊。庚戌，命天下朝觐官各举所知一人。二月壬子。河决河南，命驸马都尉李祺振之。甲寅，以云南平，诏天下。闰月癸卯，蓝玉、沐英克大理，分兵徇鹤庆、丽江、金齿，俱下。三月庚午，河决朝邑。夏四月甲申，迁元梁王把匝剌瓦儿密及威顺王子伯伯等家属于耽罗。丙戌，诏天下通祀孔子。壬辰，免畿内、浙江、江西、河南、山东税粮。五月乙丑，太学成，释奠于先师孔子。

丙子，广平府吏王允道请开磁州铁冶。帝曰："朕闻王者使天下无遗贤，不闻无遗利。今军器不乏，而民业已定，无益于国，且重扰民。"杖之，流岭南。丁丑，遣行人访经明行修之士。秋七月乙卯，河决荥泽、阳武。辛酉，罢四辅官。乙亥，傅友德、沐英击乌撒蛮，大败之。八月丁丑，复设科取士，三年一行，为定制。丙戌，皇后崩。己丑，延安侯唐胜宗、长兴侯耿炳文屯田陕西。丁酉，擢秀才曾泰为户部尚书。辛丑，命征至秀才分六科试用。九月己酉，吏部以经明行修之士郑韬等三千七百余人入见，令举所知，复遣使征之。赐韬等钞，寻各授布政使、参政等官有差。庚午，葬孝慈皇后于孝陵。冬十月丙子，置都察院。丙申，录囚。甲辰，徐达还。是月，广东群盗平，诏赵庸班师。十一月戊午，置殿阁大学士，以邵质、吴伯宗、宋讷、吴沉为之。十二月辛卯，振北平被灾屯田士卒。乙亥，永城侯薛显理山西军务。是年，爪哇、琉球、乌斯藏、占城入贡。

十六年春正月乙卯，大祀天地于南郊。戊午，徐达镇北平。二月丙申，初命天下学校岁贡士于京师。三月甲辰，召征南师还，沐英留镇云南。丙寅，复凤阳、临淮二县民徭赋，世世无所与。夏五月庚申，免畿内各府田租。六月辛卯，免畿内十二州县养马户田租一年，滁州免二年。秋七月，分遣御史录囚。八月壬申朔，日有食之。九月癸亥，申国公邓镇为征南将军，讨龙泉山寇，平之。冬十月丁丑，召徐达等还。十二月甲午，刑部尚书开济有罪诛。是年，琉球、占城、西番、打箭炉、暹罗、须文达那入贡。

十七年春正月丁未，太祀天地于南郊。戊申，徐达镇北平。壬戌，汤和巡视沿海诸城防倭。三月戊戌朔，颁科举取士式。曹国公李文忠卒。甲子，大赦天下。夏四月壬午，论平云南功，进封傅友德颍国公，陈桓等侯者四人，大赉将士。庚寅，收阵亡遗骸。增筑国子学舍。五月丙寅，凉州指挥宋晟讨西番于亦集乃，败之。秋七月戊戌，禁内官预外事，敕诸司毋通内官监文移。癸丑，诏百官迎养父母者，官给舟车。丁巳，免畿内今年田租之半。庚申，录囚。壬戌，盱眙人献天书，斩之。八月丙寅，河决开封。壬申，决杞县，遣官塞之。己丑，蠲河南诸省逋赋。冬十月丙子，河南、北平大水，分遣驸马都尉李祺等振之。闰月癸丑，诏天下罪囚，刑部、都察院详议，大理寺覆谳后奏决。是月，召徐达还。十二月壬子，蠲云南逋赋。是年，琉球、暹罗、安南、占城入贡。

十八年春正月辛未，大祀天地于南郊。癸酉，朝觐官分五等考绩，黜陟有差。二月甲辰，以久阴雨雷雹，诏臣民极言得失。己未，魏国公徐达卒。三月壬戌，赐丁显等进士及第、出身有差。诏中外官父母殁任所者，有司给舟车归其丧，著为令。乙亥，免畿内今年田租。命天下郡县瘗暴骨。丙子，初选进士为翰林院、承敕监、六科庶吉士。己丑，户部侍郎郭桓坐盗官粮诛。夏四月丁酉，吏部尚书余熂以罪诛。丙辰，思州蛮叛，汤和为征虏将军，周德兴为副将军，帅师从楚王桢讨之。六月戊申，定外官三年一

349

朝，著为令。秋七月甲戌，封王禑为高丽国王。庚辰，五开蛮叛。八月庚戌，冯胜、傅友德、蓝玉备边北平。是月，振河南水灾。冬十月己丑，颁《大诰》于天下。癸卯，召冯胜还。甲辰，诏曰："孟子传道，有功名教。历年既久，子孙甚微。近有以罪输作者，岂礼先贤之意哉。其加意询访，凡圣贤后裔输作者，皆免之。"是月，楚王桢、信国公汤和讨平五开蛮。十一月乙亥，蠲河南、山东、北平田租。十二月丙午，诏有司举孝廉。癸丑，麓川平缅宣慰使思伦发反，都督冯诚败绩，千户王升死之。是年，高丽、琉球、安南、暹罗入贡。

十九年春正月辛酉，振大名及江浦水灾。甲子，大祀天地于南郊。是月，征蛮师还。二月丙申，耕耤田。癸丑，振河南饥。夏四月甲辰，诏赎河南饥民所鬻子女。六月甲辰，诏有司存问高年。贫民年八十以上，月给米五斗，酒三斗，肉五斤；九十以上，岁加帛一匹，絮一斤；有田产者罢给米。应天、凤阳富民年八十以上赐爵社士，九十以上乡士；天下富民八十以上里士，九十以上社士。皆与县官均礼，复其家。鳏寡孤独不能自存者，岁给米六石。士卒战伤除其籍，赐复三年。将校阵亡，其子世袭加一秩。岩穴之士，以礼聘遣。丁未，振青州及郑州饥。秋七月癸未，诏举经明行修练达时务之士。年六十以上者，置翰林备顾问，六十以下，于六部、布按二司用之。八月甲辰，命皇太子修泗州盱眙祖陵，葬德祖以下帝后冕服。九月庚申，屯田云南。冬十月，命

350

官军已亡子女幼或父母老者皆给全俸，著为令。十二月癸未朔，日有食之。是月，命宋国公冯胜分兵防边。发北平、山东、山西、河南民运粮于大宁。是年，高丽、琉球、暹罗、占城、安南入贡。

二十年春正月癸丑，冯胜为征虏大将军，傅友德、蓝玉副之，率师征纳哈出。焚锦衣卫刑具，以系囚付刑部。甲子，大祀天地于南郊。礼成，天气清明。侍臣进曰："此陛下敬天之诚所致。"帝曰："所谓敬天者，不独严而有礼，当有其实。天以子民之任付于君，为君者欲求事天，必先恤民。恤民者，事天之实也。即如国家命人任守令之事，若不能福民，则是弃君之命，不敬孰大焉。"又曰："为人君者，父天母地子民，皆职分之所当尽，祀天地，非祈福于己，实为天下苍生也。"二月壬午，阅武。乙未，耕藉田。三月辛亥，冯胜率师出松亭关，城大宁、宽河、会州、富峪。夏四月戊子，江夏侯周德兴筑福建濒海城，练兵防倭。六月庚子，临江侯陈镛从征失道，战没。癸卯，冯胜兵逾金山。丁未，纳哈出降。闰月庚申，师还次金山，都督濮英殿军遇伏，死之。秋八月癸酉，收冯胜将军印，召还，蓝玉摄军事。景川侯曹震屯田云南品甸。九月戊寅，封纳哈出海西侯。癸未，置大宁都指挥使司。丁酉，安置郑国公常茂于龙州。丁未，蓝玉为征虏大将军，延安侯唐胜宗、武定侯郭英副之，北征沙漠。是月，城西宁。冬十月戊申，封朱寿为舳舻侯，张赫为航海侯。是月，冯胜罢归凤阳，奉朝请。十一月壬午，普定侯陈桓、靖宁侯叶升屯田定边、

351

姚安、毕节诸卫。己丑，汤和还，凡筑宁海、临山等五十九城。十二月，振登、莱饥。是年，琉球、安南、高丽、占城、真腊、朵甘、乌斯藏入贡。

二十一年春正月辛巳，麓川蛮思伦发入寇马龙他郎甸，都督宁正击败之。辛卯，大祀天地于南郊。甲午，振青州饥，逮治有司匿不以闻者。三月乙亥，赐任亨泰等进士及第、出身有差。丙戌，振东昌饥。甲辰，沐英讨思伦发，败之。夏四月丙辰，蓝玉袭破元嗣君于捕鱼儿海，获其次子地保奴及妃主王公以下数万人而还。五月甲戌朔，日有食之。六月甲辰，信国公汤和归凤阳。甲子，傅友德为征南将军，沐英、陈桓为左、右副将军，帅师讨东川叛蛮。秋七月戊寅，安置地保奴于琉球。八月癸丑，徙泽、潞民无业者垦河南、北田，赐钞备农具，复三年。丁卯，蓝玉师还，大赉北征将士。戊辰，封孙恪为全宁侯。是月，御制八谕饬武臣。九月丙戌，秦、晋、燕、周、楚、齐、湘、鲁、潭九王来朝。癸巳，越州蛮阿资叛，沐英会傅友德讨之。冬十月丁未，东川蛮平。十二月壬戌，进封蓝玉凉国公。是年，高丽、占城、琉球、暹罗、真腊、撒马儿罕、安南入贡。诏安南三岁一朝，象犀之属毋献。安南黎季犛弑其主炜。

二十二年春正月丙戌，改大宗正院曰宗人府，以秦王樉为宗人令，晋王㭎、燕王棣为左、右宗正，周王橚、楚王桢为左、右宗人。丁亥，大祀天地于南郊。乙未，傅友德破阿资于普安。二月

352

己未，蓝玉练兵四川。壬戌，禁武臣预民事。癸亥，湖广千户夏得忠结九溪蛮作乱，靖宁侯叶升讨平之，得忠伏诛。是月，阿资降。三月庚午，傅友德帅诸将分屯四川、湖广，防西南蛮。夏四月己亥，徙江南民田淮南，赐钞备农具，复三年。癸丑，魏国公徐允恭、开国公常升等练兵湖广。甲寅，徙元降王于眈罗。是月，遣御史按山东官匿灾不奏者。五月辛卯，置泰宁、朵颜、福余三卫于兀良哈。秋七月，傅友德等还。八月乙卯，诏天下举高年有德识时务者。是月，更定《大明律》。九月丙寅朔，日有食之。冬十一月丙寅，宣德侯金镇等练兵湖广。己卯，思伦发入贡谢罪，麓川平。十二月甲辰，周王橚有罪，迁云南，寻罢徙，留居京师。定远侯王弼等练兵山西、河南、陕西。是年，高丽、安南、占城、暹罗、真腊入贡。元也速迭儿弑其主脱古思帖木儿而立坤帖木儿。高丽废其主禑，又废其主昌。安南黎季犛复弑其主日焜。

二十三年春正月丁卯，晋王枫、燕王棣帅师征元丞相咬住、太尉乃儿不花，征虏前将军颍国公傅友德等皆听节制。己卯，大祀天地于南郊。庚辰，贵州蛮叛，延安侯唐胜宗讨平之。乙酉，齐王榑帅师从燕王棣北征。赣州贼为乱，东川侯胡海充总兵官，普定侯陈桓、靖宁侯叶升为副将，讨平之。唐胜宗督贵州各卫屯田。二月戊申，蓝玉讨平西番叛蛮。丙辰，耕耤田。癸亥，河决归德，发诸军民塞之。三月癸巳，燕王棣师次迤都，咬住等降。夏四月，吉安侯陆仲亨等坐胡惟庸党下狱。丙申，潭王梓自焚死。

闰月丙子，蓝玉平施南、忠建叛蛮。五月甲午，遣诸公侯还里，赐金币有差。乙卯，赐太师韩国公李善长死，陆仲亨等皆坐诛。作《昭示奸党录》，布告天下。六月乙丑，蓝玉遣凤翔侯张龙平都匀、散毛诸蛮。庚寅，授耆民有才德知典故者官。秋七月壬辰，河决开封，振之。癸巳，崇明、海门风雨海溢，遣官振之，发民二十五万筑堤。八月壬申，诏毋以吏卒充选举。蓝玉还。是月，振河南、北平、山东水灾。九月庚寅朔，日有食之。冬十月己卯，振湖广饥。十一月癸丑，免山东被灾田租。十二月癸亥，令殊死以下囚输粟北边自赎。壬申，罢天下岁织文绮。是年，墨剌、哈梅里、高丽、占城、真腊、琉球、暹罗入贡。

二十四年春正月癸卯，大祀天地于南郊。戊申，颍国公傅友德为征虏将军，定远侯王弼、武定侯郭英副之，备北平边。丁巳，免山东田租。二月壬申，耕耤田。三月戊子朔，日有食之。魏国公徐辉祖、曹国公李景隆、凉国公蓝玉等备边陕西。乙未，靖宁侯叶升练兵甘肃。丁酉，赐许观等进士及第、出身有差。夏四月辛未，封皇子㮵为庆王，权宁王，楩岷王，橞谷王，松韩王，模沈王，楹安王，桱唐王，栋郢王，㰘伊王。癸未，燕王棣督傅友德诸将出塞，败敌而还。五月戊戌，汉、卫、谷、庆、宁、岷六王练兵临清。六月己未，诏廷臣参考历代礼制，更定冠服、居室、器用制度。甲子，久旱录囚。秋七月庚子，徙富民实京师。辛丑，免畿内官田租之半。八月乙卯，秦王樉有罪，召还京师。乙丑，皇太子巡抚陕西。乙亥，都督佥事刘真、宋晟讨哈梅里，败之。九月乙酉，遣使谕西域。是月，倭寇雷州，百户李玉、镇抚陶鼎战死。冬十月丁巳，免北平、河间被水田租。十一月甲午，五开蛮叛，都督佥事茅鼎讨平之。庚戌，皇太子还京师，晋王枫来朝。辛亥，振河南水灾。十二月庚午，周王橚复国。辛巳，阿资复叛，都督佥事何福讨降之。是年，天下郡县赋役黄册成，计户千六十八万四千四百三十五，丁五千六百七十七万四千五百六十一。琉球、暹罗、别失八里、撒马儿罕入贡。以占城有篡逆事，却之。

二十五年春正月戊子，周王橚来朝，庚寅，河决阳武，发军民塞之，免被水田租。乙未，大祀天地于南郊。何福讨都匀、毕节诸蛮，平之。辛丑，令死困输粟塞十。壬寅，晋王枫、燕王棣、楚王桢、湘王柏来朝。二月戊午，召曹国公李景隆等还京师。靖宁侯叶升等练兵于河南及临、巩、甘、凉、延庆。都督茅鼎等平五开蛮。丙寅，耕耤田。庚辰，诏天下卫所军以十之七屯田。三月癸未，冯胜等十四人分理陕西、山西、河南诸卫军务。庚寅，改封豫王桂为代王，汉王楧为肃王，卫王植为辽王。夏四月壬子，凉国公蓝玉征罕东。癸丑，建昌卫指挥月鲁帖木儿叛，指挥鲁毅败之。丙子，皇太子标薨。戊寅，都督聂纬、徐司马、瞿能讨月鲁帖木儿，俟蓝玉还，并听节制。五月辛巳，蓝玉至罕东，寇遁，遂趋建昌。己丑，振陈州原武水灾。六月丁卯，西平侯沐英卒于云南。秋七月庚辰，秦王樉复国。癸未，指挥瞿能败月鲁帖木儿

355

于双狼寨。八月己未，江夏侯周德兴坐事诛。丁卯，冯胜、傅友德帅开国公常升等分行山西，籍民为军，屯田于大同、东胜，立十六卫。甲戌，给公侯岁禄，归赐田于官。丙子，靖宁侯叶升坐胡惟庸党诛。九月庚寅，立皇孙允炆为皇太孙，高丽李成桂幽其主瑶而自立，以国人表来请命，诏听之，更其国号曰朝鲜。冬十月乙亥，沐春袭封西平侯，镇云南。十一月甲午，蓝玉擒月鲁帖木儿，诛之，召玉还。十二月甲戌，宋国公冯胜、颍国公傅友德等兼东宫师保官。闰月戊戌，冯胜为总兵官，傅友德副之，练兵山西、河南，兼领屯卫。是年，琉球中山、山南、高丽，哈梅里入贡。

二十六年春正月戊申，免天下耆民来朝。辛酉，大祀天地于南郊。二月丁丑，晋王枫统山西、河南军出塞，召冯胜、傅友德、常升、王弼等还。乙酉，蜀王椿来朝。凉国公蓝玉以谋反，并鹤庆侯张翼、普定侯陈桓、景川侯曹震、舳舻侯朱寿、东莞伯何荣、吏部尚书詹徽等皆坐诛。己丑，颁《逆臣录》于天下。庚寅，耕耤田。三月辛亥，代王桂率护卫兵出塞，听晋王节制。长兴侯耿炳文练兵陕西。丙辰，冯胜、傅友德备边山西、北平，其属卫将校悉听晋王、燕王节制。庚申，诏二王军务大者始以闻。壬戌，会宁侯张温坐蓝玉党诛。夏四月乙亥，孝感饥，遣使乘传发仓贷之。诏自今遇岁饥，先贷后闻，著为令。戊子，周王橚来朝。庚寅，旱，诏群臣直言得失，省狱囚。丙申，以安南擅废立，绝其朝贡。秋七月甲辰朔，日有食之。戊申，选秀才张宗浚等随詹事府官分直文华殿，侍皇太孙。八月，秦、晋、燕、周、齐五王来朝。九月癸丑，代、肃、辽、庆、宁五王来朝。赦胡惟庸、蓝玉余党。冬十月丙申，擢国子监生六十四人为布政使等官。十二月，颁《永鉴录》于诸王。是年，琉球、爪哇、暹罗入贡。

二十七年春正月乙卯，大祀天地于南郊。辛酉，李景隆为平羌将军，镇甘肃。发天下仓谷贷贫民。三月庚子，赐张信等进士及第、出身有差。辛丑，魏国公徐辉祖、安陆侯吴杰备倭浙江。庚戌，课民树桑枣木棉。甲子，以四方底平，收藏甲兵，示不复用。秋八月甲戌，吴杰及永定侯张铨率致仕武臣，备倭广东。乙亥，遣国子监生分行天下。督吏民修水利。丙戌，阶、文军乱，都督宁正为平羌将军讨之。九月，徐辉祖节制陕西沿边诸军。冬十一月乙丑，颍国公傅友德坐事诛。阿资复叛，西平侯沐春击败之。十二月乙亥，定远侯王弼坐事诛。是年，乌斯藏、琉球、缅、朵甘、爪哇、撒马儿罕、朝鲜入贡。安南来贡，却之。

二十八年春正月丙午，阶、文寇平，甯正以兵从秦王樉征洮州叛番。丁未，大祀天地于南郊。甲子，西平侯沐春擒斩阿资，越州平。是月，周王橚、晋王棡率河南、山西诸卫军出塞，筑城屯田。燕王棣帅总兵官周兴出辽东塞。二月丁卯，宋国公冯胜坐事诛。己丑，谕户部编民百户为里。婚姻死丧疾病患难，里中富者助财，贫者助力。春秋耕获，通力合作，以教民睦。夏六月壬申，诏诸土司皆立儒学。辛巳，周兴等自开原追敌至甫答迷城，不及而还。己丑，御奉天门，谕群臣曰："朕起兵至今四十余年，灼见情伪，惩创奸顽，或法外用刑，本非常典。后嗣止颁《律》与《大诰》，不许用黥刺、刖、劓、阉割之刑。臣下敢以请者，置重典。"又曰："朕罢丞相，设府、部、都察院分理庶政，事权归于朝廷。嗣君不许复立丞相。臣下敢以请者置重典。皇亲惟谋逆不赦。余罪，宗亲会议取上裁。法司只许举奏，毋得擅逮。勒诸典章，永为遵守。"秋八月丁卯，都督杨文为征南将军，指挥韩观、都督金事宋晟副之，讨龙州土官赵宗寿。戊辰，信国公汤和卒。辛巳，赵宗寿伏罪来朝，杨文移兵讨奉议、南丹叛蛮。九月丁酉，免畿内、山东秋粮。庚戌，颁《皇明祖训条章》于中外，"后世有言更祖制者，以奸臣论"。十一月乙亥，奉议、南丹蛮悉平。十二月壬辰，诏河南、山东桑枣及二十七年后新垦田毋征税。是年，朝鲜、琉球、暹罗入贡。

二十九年春正月壬申，大祀天地于南郊。二月癸卯，征虏前将军胡冕讨郴、桂蛮，平之。辛亥，燕王棣帅师巡大宁，周世子有燉帅师巡北平关隘。三月辛酉，楚王桢、湘王柏来朝。甲子，燕王败敌于彻彻儿山，又追败之于兀良哈秃城而还。秋八月丁未，免应天、太平五府田租。九月乙亥，召致仕武臣二千五百余人入朝，大赉之，各进秩一级。是年，琉球、安南、朝鲜、乌斯藏入贡。

三十年春正月丙辰，耿炳文为征西将军，郭英副之，巡西北边。丙寅，大祀天地于南郊。丁卯，置行太仆寺于山西、北平、陕西、甘肃、辽东，掌马政。己巳，左都督杨文屯田辽东。是月，沔县盗起，诏耿炳文讨之。二月庚寅，水西蛮叛，都督佥事顾成为征南将军，讨平之。三月癸丑，赐陈郊等进士及第、出身有差。庚辰，古州蛮叛，龙里千户吴得、镇抚井孚战死。夏四月己亥，都指挥齐让为平羌将军，讨之。壬寅，水西蛮平。五月壬子朔，日有食之。乙卯，楚王桢、湘王柏帅师讨古州蛮。六月辛巳，赐礼部覆试贡士韩克忠等进士及第、出身有差。己酉，驸马都尉欧阳伦有罪赐死。秋八月丁亥，河决开封。甲午，李景隆为征虏大将军，练兵河南。九月庚戌，汉、沔寇平。戊辰，麓川平缅土酋刀干孟逐其宣慰使思伦发以叛。乙亥，都督杨文为征虏将军，代齐让。冬十月戊子，停辽东海运。辛卯，耿炳文练兵陕西。乙未，重建国子监先师庙成。十一月癸酉，沐春为征虏前将军，都督何福等副之，讨刀干孟。是年，琉球、占城、朝鲜、暹罗、乌斯藏、泥八剌入贡。

三十一年春正月壬戌，大祀天地于南郊。乙丑，遣使之山东、河南课耕。二月乙酉，倭寇宁海，指挥陶铎击败之。辛丑，古州蛮平，召杨文还。甲辰，都督佥事徐凯讨平么些蛮。夏四月庚辰，廷臣以朝鲜屡生衅隙，请讨，不许。五月丁未，沐春击刀干孟，大败之。甲寅，帝不豫。戊午，都督杨文从燕王棣，武定侯郭英

359

从辽王植，备御开平，俱听燕王节制。闰月癸未，帝疾大渐。乙酉，崩于西宫，年七十有一。遗诏曰："朕膺天命三十有一年，忧危积心，日勤不怠，务有益于民。奈起自寒微，无古人之博知，好善恶恶，不及远矣。今得万物自然之理，其奚哀念之有。皇太孙允炆，仁明孝友，天下归心，宜登大位。内外文武臣僚，同心辅政，以安吾民。丧祭仪物，毋用金玉。孝陵山川因其故，毋改作。天下臣民，哭临三日，皆释服，毋妨嫁娶。诸王临国中，毋至京师。诸不在令中者，推此令从事。"辛卯，葬孝陵。谥曰高皇帝，庙号太祖。永乐元年，谥圣神文武钦明启运俊德成功统天大孝高皇帝。嘉靖十七年，增谥开天行道肇纪立极大圣至神仁文义武俊德成功高皇帝。

帝天授智勇，统一方夏，纬武经文，为汉、唐、宋诸君所未及。当其肇造之初，能沉几观变，次第经略，绰有成算。尝与诸臣论取天下之略，曰："朕遭时丧乱，初起乡土，本图自全。及渡江以来，观群雄所为，徒为生民之患，而张士诚、陈友谅尤为巨蠹。士诚恃富，友谅恃强，朕独无所恃。惟不嗜杀人，布信义，行节俭，与卿等同心共济。初与二寇相持，士诚尤逼近。或谓宜先击之。朕以友谅志骄，士诚器小，志骄则好生事，器小则无远图，故先攻友谅。鄱阳之役，士诚卒不能出姑苏一步以为之援。向使先攻士诚，浙西负固坚守，友谅必空国而来，吾腹背受敌矣。二寇既除，北定中原，所以先山东、次河洛，止潼关之兵不遽取秦、陇者，盖扩廓帖木儿、李思齐、张思道皆百战之余，未肯遽下，急之则并力一隅，猝未易定，故出其不意，反旆而北。燕都既举，然后西征。张、李望绝势穷，不战而克，然扩廓犹力抗不屈。向令未下燕都，骤与角力，胜负未可知也。"帝之雄才大略，料敌制胜，率类此。故能戡定祸乱，以有天下。语云"天道后起者胜"，岂偶然哉?

　　赞曰：太祖以聪明神武之资，抱济世安民之志，乘时应运，豪杰景从，戡乱摧强，十五载而成帝业。崛起布衣，奄奠海宇，西汉以后，所未有也。惩元政废弛，治尚严峻。而能礼致耆儒，考礼定乐，昭揭经义，尊崇正学，加恩胜国，澄清吏治，修人纪，崇风教，正后宫名义，内治肃清，禁宦竖不得干政，五府六部，官职相维，置卫屯田，兵食俱足。武定祸乱，文致太平，太祖实身兼之。至于雅尚志节，听蔡子英北归。晚岁忧民益切，尝以一岁开支河暨塘堰数万以利农桑、备旱潦。用此子孙承业二百余年，士重名义，闾阎充实。至今苗裔蒙泽，尚如东楼、白马，世承先祀，有以哉!

出 品 人：许　永
责任编辑：许宗华
特邀编辑：黎福安
封面设计：海　云
内文排版：百　朗
印制总监：蒋　波
发行总监：田峰峥

投稿信箱：cmsdbj@163.com
发行：北京创美汇品图书有限公司
发行热线：010-59799930

创美工厂　　　　创美工厂
官方微博　　　　微信公众号